古代地中海和中國關係史研究

余太山 著

2016年·北京

图书在版编目(CIP)数据

古代地中海和中國關係史研究/余太山著.—北京：商務印書館，2012（2016.4重印）
ISBN 978－7－100－08489－5

Ⅰ.①古… Ⅱ.①余… Ⅲ.①中外關係－國際關係史－研究－古希臘②中外關係－國際關係史－研究－古羅馬 Ⅳ.①D829.5

中國版本圖書館CIP數據核字(2011)第145826號

所有權利保留。

未經許可，不得以任何方式使用。

古代地中海和中國關係史研究

余太山 著

商 務 印 書 館 出 版
（北京王府井大街36號 郵政編碼 100710）
商 務 印 書 館 發 行
三河市尚藝印裝有限公司印刷
ISBN 978－7－100－08489－5

2012年6月第1版　　開本 880×1230 1/32
2016年4月北京第2次印刷　印張12 3/4
定價：36.00圓

目錄

緒說 ... 001

上卷

一　條枝、黎軒、大秦和有關的西域地理 ... 005

二　漢文史籍有關羅馬帝國的記載 ... 044

三　《後漢書·西域傳》和《魏略·西戎傳》有關大秦國桑蠶絲記載淺析 ... 157

四　《那先比丘經》所見"大秦"及其他 ... 164

五　關於"驪軒問題"的劄記 ... 175

下卷

一　匈奴、鮮卑與西域關係述考 ... 189

二　匈奴—Huns 同族論質疑 ... 234

三　柔然與西域關係述考 ... 275

四　柔然—阿瓦爾同族論質疑——兼說阿瓦爾即悅般 ... 307

五　關於突厥可汗致拜占庭皇帝書 ... 341

徵引文獻之一 ... 352

徵引文獻之二 ... 365

索引 ... 377

後記 ... 393

余太山主要出版物目錄 ... 395

緒說

古代地中海與中國的關係乃指希臘、羅馬世界和中國的關係。本書兩組文章均與此主題有關。

第一組輯錄和詮釋中國史籍所載古代地中海世界及其與中國中原王朝關係的資料。第二組討論古代地中海世界與中國北方遊牧諸族的關係。

公元六世紀之前，中國中原王朝對地中海世界的瞭解非常模糊，傳說盛行。大部份傳說竟出諸中國人自己的想像。這表明當時中國人對地中海世界是多麼嚮往！同樣，希臘、羅馬史家對中國中原王朝的瞭解也十分模糊。

與此相對，地中海世界與中國北方遊牧諸族之間關係卻比較密切。所謂草原之路至遲在公元前七世紀已經形成，商人、使者的往來，尤其是部落的遷徙，不僅加深了彼此的瞭解，也架起了溝通東西文明的橋樑。

遊牧諸族沒有留下文獻，我們主要是通過西方史家的記錄來瞭解他們與地中海世界之間的關係，儘管這些記錄需要推敲之處不少，但實質性交往無疑是存在的。

中原王朝對地中海世界相互瞭解之模糊以及北方諸族與地中海世界之間關係之密切形成了鮮明的對照。早期地中海和中國的關係呈現在我們面前的便是這樣一幅情景。

上卷

一 條枝、黎軒、大秦和有關的西域地理

條枝、黎軒和大秦的地望，是東西史學界頗感興趣的問題之一，討論已持續了三個多世紀。問題的核心是漢魏時代的大秦之地望。諸說可大別爲五類：一指大秦爲羅馬，[1] 二指大秦爲馬其頓，[2] 三指大秦爲敍利亞，[3] 四指大秦爲埃及，[4] 五指大秦爲阿拉比亞。[5] 其中第一、三、四類說法影響較大。

與大秦問題密切相關的是條枝和黎軒。關於條枝，各種意見可大別爲三類。這三類的根本分歧在於漢魏史籍中條枝所臨"西海"之地望。一指西海爲裏海，因而求條枝於裏海沿岸；二指西海爲波斯灣，因而求條枝於波斯灣沿岸；三指西海爲地中海，因而求條枝於地中海沿岸。其中屬於第一類的諸說今天已無人信從。[6] 較有影響的是屬於第二類的 Fars 說、[7] Chaldaea 說、[8] Hira 說、[9] Charax 說、[10] Susiana 說、[11] 以及屬於第三類的敍利亞說。[12] 關於黎軒，因《後漢書·西域傳》有"大秦國一名犂鞬"的記載，故論者在推究其語源、判斷其方位時，多結合大秦問題進行考察。諸說中較有影響的是 Relem 說、[13] 埃及 Alexandria 說、[14] Rhages

說[15]等。至於和條枝、黎軒和大秦有關的其他西域地理問題，也因此難免有種種異說。

眾說既紛紜如此，自然無法在一篇文章中一一分析、批判。因此，在此祇是正面闡述己見；對於不同意見，除非必要，一般不予辯駁；諸家考證，凡採納者，均予注明；力圖在以往研究的基礎上，把這項工作再推進一步。

一

條枝和黎軒首見於《史記·大宛列傳》，是張騫首次西使抵達中亞時所傳聞的兩個大國。因此，溫習一下這次西使前後，中亞、西亞和有關地區的歷史，對於判斷這兩者的地望，無疑具有十分重要的意義。

如所週知，公元前 323 年，馬其頓亞歷山大大王去世，由他創建的大帝國隨即瓦解。馬其頓將領各佔一方，相互混戰，結果大致在原帝國版圖內形成三個勢均力敵的獨立王國：安提珂王國、塞琉古王國和托勒密王國，史稱希臘化王國。和本題有關的主要是後兩個王國。

托勒密王國是亞歷山大部將托勒密（Ptolemy，前 306—前 285 年）所建，因統治中心在埃及，故又稱埃及王國。極盛期所統治的地區除埃及外，還包括巴勒斯坦、南敘利亞、小亞沿海、塞浦路斯和克里特島。後來由於羅馬勢力向地中海東部推進，轄地逐步縮小，終於在公元前 30 年淪爲羅馬行省。

塞琉古王國是亞歷山大部將塞琉古（Seleucus，前 306—前 280 年）所建，因統治中心在敍利亞，故又稱敍利亞王國。極盛期所統治的地區包括小亞、敍利亞、美索不達米亞、伊朗和印度河流域的大片土地，但不久就陸續丟失。公元前 304 年，南亞新興的孔雀王朝佔領了印度河流域；公元前三世紀中葉，座落在王國東北邊陲的巴克特里亞郡和裏海東南隅的帕提亞郡先後宣告獨立；王國在東方的領土喪失殆盡。公元前 190 年，小亞也爲羅馬吞并。以後，日益衰弱，侷趣於地中海東北隅，終於在公元前 64 年爲羅馬將領龐培所滅。

張騫首次西使時，安提珂王國已亡（前 146 年），而托勒密王國和塞琉古王國還在。當時中東地區最強大的是帕提亞波斯，疆域東自巴克特里亞，西抵幼發拉底斯河，北起裏海，南臨波斯灣。張騫到達中亞時，正值 Fraates 二世（前 139/138—前 128 年）的末年，是帝國十分繁榮的時代。

據《史記·大宛列傳》，張騫首次西使身臨的西域大國有大宛、康居、大月氏和大夏；此外，還"傳聞其旁大國五六"，應即烏孫、奄蔡、安息、條枝、黎軒和身毒。其中，安息應即帕提亞波斯，在它的東南方，佔有印度河流域的是身毒；在它的北方，自黑海北部，經裏海、鹹海往東，直至楚河、伊犁河流域一帶遼闊的草原上，活動著大遊牧部族奄蔡、康居和烏孫。另一個大遊牧部族大月氏佔領著阿姆河流域，征服了位於巴克特里亞地區的大夏。在大月氏或大夏的東北即今費爾幹納地區則是所謂大宛。

面對這樣一幅政治地圖，如果要在上面尋找條枝和黎軒的位置的話，自然會想到安息即帕提亞波斯西面的塞琉古朝敍利亞王國和西南面的托勒密朝埃及王國。這兩個希臘化王國不僅歷史悠久，對中東地區影響深遠，而且敍利亞王國的首都安條克和埃及王國的首都亞歷山大都是當時東西交通的重要樞紐，無論從哪一方面來說，都足以同上面提到的各大勢力相提並舉。因此，這兩個王國爲張騫所傳聞不僅是可能的，而且是必然的。鑒於《史記·大宛列傳》有關條枝的記載較黎軒詳細，我們不妨假定條枝爲敍利亞王國、黎軒爲埃及王國；因爲前者離安息較近，關係也更密切。

至於大秦，首見於《後漢書·西域傳》和《魏略·西戎傳》（《三國志·魏書·烏丸鮮卑東夷傳》裴注引）。據載，公元97年，西域都護班超曾遣其屬吏甘英使大秦。按之年代，以及所傳該國的盛大規模，即《魏略·西戎傳》所謂"自葱領西，此國最大"，則完全有理由假定大秦爲取代三個希臘化王國，統治全部地中海地區的羅馬帝國。

下文我們將會看到，上述假定都是可以接受的。

二

《史記·大宛列傳》直接與條枝有關的記載如下：

條枝在安息西數千里，臨西海。暑溼。耕田，田稻。有大鳥，卵如甕。人衆甚多，往往有小君長，而安息役屬之，以爲外國。國善眩。安息長老傳聞條枝有弱水、西王母，而未嘗見。

今案：據此已可基本斷定條枝是敘利亞王國。

1. 條枝在安息之西。如前所述，張騫西使時，敘利亞王國已丟失了幼發拉底斯河以東地區，局趣於地中海東北隅，其位置在安息正西方。所謂"數千里"，乃指安息都城至敘利亞王國都城的距離，因係傳聞，故所言籠統。

2. 條枝所臨"西海"，應卽敘利亞王國所臨地中海。雖然"西海"在中國史籍中並未成爲某一海的專稱，在不同場合，也可用來指青海、鹹海、裏海和波斯灣，但此處衹可能指地中海。一則，"西海"在安息之西，而青海、鹹海在安息之東，無疑均可排除。二則，傳文稱"臨西海"的條枝"有弱水、西王母"。古代中國人相信極東有扶桑國，極西有西王母，均神仙所居。把西王母安置在條枝，可見條枝已是當時人心目中的極西之地。而裏海位於安息之北；《史記·大宛列傳》對於它北面的奄蔡、東南面的大益均有記載，也說明當時對此海已相當瞭解，可見西王母已無容身之地，"西海"不可能指裏海。[16] 三則，傳文稱條枝"暑濕。耕田、田稻"。雖然這旣可以說是地中海沿岸的情況，也可以說是波斯灣頭、特別是巴比侖地區的情況；但傳文又稱條枝"有大鳥，卵如甕"，大鳥卽鴕鳥，棲息於敘利亞沙漠，並非波斯灣的特產。何況波斯灣位於安息之南，不在安息之西；故波斯灣也可以排除。

3.條枝役屬於安息,安息以條枝爲"外國"。按之西史,安息王 Mithridates 一世(前 171—前 139/ 前 138 年)在位時,國力臻於極盛,曾俘虜入侵的敍利亞國王 Demetrius 二世(前 145—前 139/ 前 138 年和前 129—前 125 年)。繼位的 Fraates 二世(前 139/ 前 138—前 129 年)再次擊退敍利亞王國的入侵,消滅敍利亞大軍三十萬人,殺死其王 Antiochus 七世(前 139/138—前 129 年)。Fraates 二世隨卽放回被 Mithridates 一世囚禁的 Demetrius 二世,並娶其女爲妃。[17] 不難想見 Fraates 此舉是爲了有效地控制敍利亞王國,而 Demetrius 二世爲換取自由和復辟,必然對波斯人提出的政治、經濟要求作出某種承諾。這或許就是傳文所載條枝役屬安息的內容。應該指出,所謂"外國"意卽"蕃國",故不可理解爲條枝已被安息并吞。這也可證明條枝不在波斯灣頭。蓋 Mithridates 一世西征後;波斯灣周圍地區卽 Susiana、Persis、巴比侖乃至美索不達米亞等早已進入安息版圖。[18] 另外,傳文稱條枝國"往往有小君長",當指敍利亞王國境內享有一定自治權的希臘化城市的市政長官。這一記載反映了希臘人在敍利亞地區實行殖民統治的情況。

4."條枝"[diəu-tjie],可以認爲是敍利亞王國的都城名 [An]tiochi[a] 的縮譯。[19]

三

《漢書·西域傳上》有關條枝的記載如下:

烏弋山離國，王去長安萬二千二百里。……西與犂靬、條支接。行可百餘日，乃至條支。國臨西海，暑溼，田稻。有大鳥，卵如甕。人衆甚多，往往有小君長，安息役屬之，以爲外國。善眩。安息長老傳聞條支有弱水、西王母，亦未嘗見也。自條支乘水西行，可百餘日，近日所入云。

一望而知，傳文是在《史記·大宛列傳》有關記載的基礎上增補而成。茲將新增加的內容詮釋如下：

1. 傳文稱烏弋山離國"西與犂靬、條支接"。所謂"烏弋山離國"，大致佔有安息東部 Drangiana 和 Arachosia 兩郡之地，都城 Alexandria 在今 Farāh。由於它建立於張騫西使之後，故不見載於《史記·大宛列傳》。[20] 因此，傳文並不是說犂靬、條支和烏弋山離國的西境直接相鄰，而僅僅表示犂靬、條支在該國的西方。同傳所謂安息國"東與烏弋山離、西與條支接"，可證；[21] 傳文之所以強調烏弋山離與條枝的相對方位，不過是爲了引起下文"行可百餘日，乃至條枝"，如此而已。

2. 傳文稱自烏弋山離國"行可百餘日，乃至條支"，並不是說從烏弋山離可直達條枝。以下傳文又云："自玉門、陽關出南道，歷鄯善而南行，至烏弋山離，南道極矣。轉北而東（應爲'西'）得安息"；既然至烏弋山離南道已極，可見這"百餘日"乃指從烏弋山離的都城北行至安息，再西向抵達條枝所需時日。

3. 傳文稱："自條支乘水西行，可百餘日，近日所入云。"這可以認爲是班固所描述的時代對條枝知識的增進，即知道由此更可遠航。但也可能是根據《史記·大宛列傳》所載條枝"臨西海"、雖傳聞"有弱水、西王母,而未嘗見"想像出來的。

四

本節分析《後漢書·西域傳》有關條枝的記載:

> 自皮山西南經烏秅,涉懸度,歷罽賓,六十餘日行至烏弋山離國,地方數千里,時改名排特。復西南馬行百餘日至條支。
>
> 條支國城在山上,周回四十餘里。臨西海,海水曲環其南及東北,三面路絕,唯西北隅通陸道。土地暑溼,出師子、犀牛、封牛、孔雀、大雀。大雀其卵如甕。
>
> 轉北而東,復馬行六十餘日至安息,後役屬條支,爲置大將,監領諸小城焉。
>
> ……和帝永元九年,都護班超遣甘英使大秦,抵條支。臨大海欲度,而安息西界船人謂英曰:海水廣大,往來者逢善風三月乃得度,若遇遲風,亦有二歲者,故入海人皆齎三歲糧。海中善使人思土戀慕,數有死亡者。英聞之乃止。十三年,安息王滿屈復獻師子及條支大鳥,時謂之安息雀。

1.《後漢書·西域傳序》稱:"班固記諸國風土人俗,皆已詳備《前書》。今撰建武以後其事異於先者，以爲'西域傳'，皆安帝末班勇所記云。"然而事實並非如此，有關條枝的記載中就可以發現承襲"前書"的痕蹟。

首先，"自皮山西南經烏秅"至"復西南馬行百餘日至條支"一段，不過是《漢書·西域傳上》："皮山國……西南至烏秅國千三百四十里……西南當罽賓、烏弋山離道"以及"烏弋山離國，王去長安萬二千二百里。……東北至都護治所六十日行，東與罽賓、北與撲挑、西與犁軒、條支接。行可百餘日，乃至條支。……自玉門、陽關出南道，歷鄯善而南行，至烏弋山離，南道極矣。轉北而（東）[西]得安息"這兩段文字的縮略而已，不能認爲到了班超或班勇時代就可以從烏弋山離直達條枝了。因爲自烏弋山離西南行要穿越 Kirman 沙漠，路途險惡，一般旅行者或商人別說從烏弋山離即 Alexandria Prophthasia 赴地中海沿岸的條枝，就連去波斯灣頭，也不必向南迂迴，走此險道。這也就是說，東漢時代和西漢時代一樣，從烏弋山離至條枝，仍然要北行抵安息後再西行。[22]《後漢書·西域傳》論曰："其後甘英乃抵條支而歷安息，臨西海以望大秦"，也證明了這一點。事實上，兩書所載自烏弋山離至條枝所需時日也完全相同，都是"百餘日"。而所謂"西南馬行"云云，乃指從位於裏海東南隅的安息都城赴條枝，先要西南行，經 Eabatana 抵 Ctesiphon；下文稱自條枝"轉北而東，復馬行六十餘日至安息"，不過是承上"西南馬行"而言，理解不可執著。

其次，"後役屬條枝"一段，也是抄襲、改篡《漢書·西域傳》

的有關記載而成，不能認爲是東漢時代的實際情況。

一則，如前所述，《漢書·西域傳上》有關條枝的記載，主要是承襲《史記·大宛列傳》。其中"人衆甚多，往往有小君長。安息役屬之，以爲外國"；可以說一字不差。這裏"役屬"一詞的用法很特別。根據張騫西使時中東的政治形勢，《史記·大宛列傳》原文無疑應讀作"條枝役屬於安息"，而不應讀作"安息役屬於條枝"。而在《漢書·西域傳上》，此詞卻另有用法。例如："西域諸國大率土著，有城郭田畜，與匈奴、烏孫異俗，故皆役屬匈奴。"顏注："服屬於匈奴，爲其所役使也。"這纔是"役屬"一詞的正常用法。《漢書·西域傳》於條枝事情既全抄《史記·大宛列傳》，"役屬"一詞的用法自然也不會例外，祇是顏師古怕引起誤解，在"以爲外國"句下注曰："安息以條枝爲外國，如言蕃國也。"有趣的是，《後漢書·西域傳》"後役屬條支"句，也祇能讀作"條枝役屬於安息"，"役屬"一詞的用法和《史記·大宛列傳》相同。而同傳別處並非如此；例如："大秦國……地方數千里，有四百餘城。小國役屬者數十。"則用法與前引《漢書·西域傳》"皆役屬匈奴"句相同。今案：這是《後漢書·西域傳》在條枝問題上抄襲"前書"的鐵證。

二則，傳文所謂"爲置大將，監領諸小城焉"，可能是《後漢書·西域傳》編者根據《漢書·西域傳》所載條枝國"往往有小君長"想像出來的。因爲這和前文"後役屬條支"句相牴牾，既然安息置將監領條枝，則可見條枝已爲安息所幷，不再是受安息役屬了。《後漢書·西域傳》載月氏"復滅天竺，置將一人監領之"，可以爲證。退一步說，如果條枝役屬安息就是意味著受安息"監領"，則何故"前書"不載。事實上，條枝卽敍利亞王國早已亡於羅馬，因此不可能直至班超或班勇時代還受安息役使或監領。安息入侵已成爲羅馬屬地的敍利亞地區凡二次：一次在公元前 51 年（宣帝甘露三年），曾圍攻安條克城；一次在公元前 40 年（元帝永光四年），一度佔領安條克城，但爲時不長，僅年餘，似乎也談不上置將監領。[23]

要之，古代中國史籍記載外國事情時往往承襲前史，《後漢書·西域傳》也在所不免。我們不能因爲《史記》、《漢書》和《後漢書》都記載條枝役屬安息，而得出條枝自張騫時代至班勇時代一直役屬安息的結論。[24] 事實上，"班勇所記"條枝已不再是對塞琉古朝敍利亞王國、而是對當時已成爲羅馬帝國屬土的敍利亞地區的稱呼了。祇要剔除上面所說的《後漢書·西域傳》抄襲、改篡"前書"的部份，就不難發現，"班勇所記"的重點，確已不是"條支國"，而是甘英西使所得"條支國城"的情況了。

2.《後漢書·西域傳》新增加的內容之一，是甘英西使抵達條枝。對此，需要說明的有以下幾點：

第一，既然"班勇所記"條枝乃指當時已成爲羅馬帝國屬土的敍利亞地區，則何以甘英西使大秦、抵條枝、臨海欲渡之際，得聞"安息西界"船人之語？曰：有兩種可能：

一種可能是：《後漢書·西域傳》載大秦國"與安息、天竺交市於海中"，此海雖未必敍利亞所臨地中海，但也不能說地中海上便沒有安息西界船人。換言之，甘英所遇，是真正的安息人。

另一種可能是：《後漢書·西域傳》受《魏略·西戎傳》影響，以"安息西界"作爲條枝的代名詞使用。案：《後漢書·西域傳》編者無疑讀過《魏略·西戎傳》。《後漢書·西域傳》"大秦條"末尾有一段文字顯然主要是《魏略·西戎傳》有關大秦、條枝記載的節略：

或云其國西有弱水、流沙，近西王母所居處，幾於日所入也。《漢書》云：從條支西行二百餘日，近日所入，則與今書異矣。前世漢使皆自烏弋以還，莫有至條支者也。又云：從安息陸道繞海北行出海西至大秦，人庶連屬，十里一亭，三十里一置，終無盜賊寇警。而道多猛虎、師子，遮害行旅，不百餘人，齎兵器，輒爲所食。又言：有飛橋數百里可度海北諸國。所生奇異玉石諸物，譎怪多不經，故不記云。

因此，不無理由認爲，《後漢書·西域傳》在其他地方也有可能受《魏略·西戎傳》的影響。《魏略·西戎傳》既稱條枝爲"安息西界"（詳下），《後漢書·西域傳》稱甘英在"條支"遇見"安息西界"船人，也就不足爲奇了。準此，則甘英所遇，其實是"條支"即敘利亞人。[25]

不管怎樣，不能因甘英抵條枝，聞"安息西界"船人之言，而求條枝於安息版圖之內。

第二，上引記載表明，條枝位於自安息赴大秦的交通道上。因此，如果本文開頭提出的關於大秦即羅馬帝國這一假定得以證實的話，就能進一步落實條枝即敘利亞王國或敘利亞地區。敘利亞無疑正處在自安息赴意大利半島的重要交通道上。

　　3.《後漢書·西域傳》新增加的內容之二，是關於條枝國城的情況。既然甘英所抵條枝卽敘利亞，"條枝"又是 Antiochia 的縮譯，自然會想到"條枝國城"便是原敘利亞王國的都城 Antiochia。但是，該城形勢和《後漢書·西域傳》所載明顯不符。因此，不妨認爲甘英所傳"條支國城"有可能是 Antiochia 的外港 Seleucia。甘英時代 Seleucia 港的具體情況雖已無從確指，但從其廢墟尚能窺見該城當時的主要特徵。這一廢墟位於峭壁之上，西南俯瞰地中海，東、西均有注入地中海的小河鑿成的深谷，祇有東北隅一條小徑可通陸道。確實是"城在山上"，又面"臨西海"，也稱得上"海水曲環"，"三面路絕"。殘留的城牆約長十公里，古代也許更向東南方延伸。按之《後漢書·西域傳》不盡相合，然而完全可以認爲是甘英觀察或記錄有誤，也可能是傳寫之誤。[26] 又，Seleucia 一直是敘利亞王國的重要城市，是一個易守難攻的要塞。據斯特拉波，龐培征服敘利亞王國時，宣佈該城爲"自由城"。(XVI, 2) [27] 也許因此直至甘英西使時，該城尚保持著較濃厚的塞琉古王朝色彩，居住著不少王朝遺民，在某種意義上成了原敘利亞王國的象徵，纔被當地人或甘英稱爲"條枝國城"的。

五

　　《魏略·西戎傳》與條枝直接有關的記載如下：

前世謬以爲條支在大秦西，今其實在東。前世又謬以爲彊於安息，今更役屬之，號爲安息西界。前世又謬以爲弱水在條支西，今弱水在大秦西。前世又謬以爲從條支西行二百餘日，近日所入，今從大秦西近日所入。

這段文字主要反映了古代中國人對西方知識的逐步豐富。其中，特別值得注意的是"前世又謬以爲彊於安息，今更役屬之，號爲安息西界"三句。

　　1. 安息建國之初，經常受到條枝即塞琉古朝敍利亞王國的威脅，直至 Mithridates 一世即位後纔日益强盛起來。換言之，條枝確曾一度强於安息，前世所傳並非盡謬。這也是條枝即敍利亞王國的明證。[28]

　　2. 條枝役屬安息是張騫時代的事。張騫以後六十餘年，條枝便亡於羅馬，自然也就談不上役屬安息了。因此，所謂"今更役屬之"，應該是張騫時代所獲得的消息，不能看作魚豢時代的實況。《魏略·西戎傳》所載西域事情多屬東漢時代者，有關條枝、黎軒和大秦的部份亦然，故有不少被范曄採入《後漢書·西域傳》，但似乎還有東漢以前者，如上引三句便是。又，前引《後漢書·西域傳》"後役屬條支"句，著一"後"字，顯然是受此處"前世又謬以爲彊於安息，今更役屬之"兩句的影響。

　　3. 至於條枝"號爲安息西界"，無疑始於役屬安息之時。應該指出，既然是"號爲"西界，就不能認爲是真正的西界，更不能據此求條枝於安息西部疆界之內。故此處"西界"簡直可讀作

"西蕃"，它表達了張騫時代條枝與安息關係的實質，卽條枝役屬安息，安息以條枝爲蕃國。後來，條枝雖亡於羅馬，但中亞特別是安息人很可能依舊沿用"安息西界"來稱呼故條枝國之地。故《魏略·西戎傳》中的"安息西界"，可以說是條枝的代名詞。[29] 正如前面指出的，這又可能影響了《後漢書·西域傳》。

六

以下分析《史記·大宛列傳》和《漢書·西域傳》中直接有關黎軒的記載。今案：這些記載同本文開頭提出的黎軒卽托勒密朝埃及王國這一假定毫無矛盾之處。

1. 黎軒的方位。《史記·大宛列傳》載："[安息]北有奄蔡、黎軒。"《漢書·西域傳上》載："[烏弋山離]西與犂軒、條支接。"一說在安息之北，一說在烏弋山離之西，兩史不同，但當從後者。因爲《史記·大宛列傳》所載畢竟祇是張騫的傳聞，而到《漢書·西域傳》所描述的時代，中原和西域的聯繫日益密切，故班固有可能依據較精確的資料。更重要的是，按之張騫時代中、近東的政治形勢，不可能在安息北部找到足以同安息、大夏、大月氏、大宛、康居、奄蔡、烏孫、身毒、條枝相提並舉的大國——黎軒的位置。[30] 而如果以上關於條枝卽塞琉古朝敍利亞王國的考證可以接受的話，那麼實際上祇能位置黎軒於安息西南方。在這個方向上，有可能爲張騫所傳聞者首推托勒密王國。

2.《史記·大宛列傳》載："初，漢使至安息，安息王令將二萬騎迎於東界。……漢使還，而後發使隨漢使來觀漢廣大，以大鳥卵及黎軒善眩人獻于漢。"《漢書·西域傳上》所載略同。兩書均載安息獻"黎軒（犂軒）善眩人"，足見黎軒人善眩。然而兩書同傳又各載條枝國"善眩"，究竟孰是？我認爲"善眩"之國應是黎軒，而不是條枝。[31]因爲前者依據的是事實，後者不過是張騫的傳聞（《漢書·西域傳》所載應襲自《史記·大宛列傳》）；而古埃及的亞歷山大城正以此奇術著稱。[32]

3. 據《漢書·地理志下》，張掖郡置有"驪靬縣"。又，《漢書·張騫傳》載："初置酒泉郡，以通西北國。因益發使抵安息、奄蔡、犛軒、條支、身毒國。"顏注："犛軒卽大秦國也，張掖驪靬縣，蓋取此國爲名耳。驪、犛聲相近，靬讀與軒同。"可知"驪靬縣"實因"犛軒"卽"黎軒"國而得名。又，《漢書·地理志》載上郡有"龜茲縣"。顏注："龜茲國人來降附者，處之於此，故以名云。"案：漢代河西地區是西域進入中原的門戶，胡商蕃客雲集於此。往往長期定居或歸化，上述龜茲人便是一例。如所週知，托勒密朝埃及王國、特別是其首都亞歷山大素以商業發達著稱，商人足蹟遍於各地，勢必也會到達河西地區。張掖郡有以黎軒命名的縣，卽使不能因此肯定該縣所在地有黎軒人定居，至少也表明當時河西地區對黎軒這一名稱並不陌生。這顯然同黎軒卽托勒密朝埃及人積極從事貿易活動有關。[33]

4. "黎軒"，《漢書·西域傳》作"犂靬"，《漢書·張騫傳》作"犛軒"，《後漢書·西域傳》作"犂鞬"，《魏略·西戎傳》作"犂軒"。黎、犂、聲音相同或相近。軒,"張騫傳"李奇注:"同軒";軒、靬又與鞬音近,故以上皆可視爲同名異譯。"黎軒"[lyei-xian]實爲托勒密埃及王國首都 [A]lexan[dria] 之縮譯。[34]

七

《後漢書·西域傳》載:"大秦國一名犂鞬。"《魏略·西戎傳》也說:"大秦國一號犂靬。"今案:不能據此將黎軒和大秦等同起來。因爲黎軒一名傳自張騫,其時羅馬勢力尚未向東方發展,不可能爲漢人所知。同樣,也不能據此認爲大秦卽以埃及爲中心的羅馬帝國在東方的屬土,因爲《後漢書·西域傳》和《魏略·西戎傳》全部有關大秦地理的記載表明,所謂"大秦"應指羅馬帝國本土(詳下)。《後漢書·西域傳》和《魏略·西戎傳》之所以把黎軒和大秦混爲一談,是因爲黎軒卽托勒密朝埃及王國距離遙遠,直至爲羅馬帝國滅亡時,還沒有來得及爲漢人所瞭解,僅知其大致位置而已。而當漢人有可能進一步瞭解西方世界時,黎軒卽托勒密朝埃及王國已不復存在,大秦之名卻如雷貫耳,於是很自然地將黎軒和大秦這兩個表示不同概念的名詞合而爲一了。黎軒成爲大秦的屬土,恐怕也是引起誤會的重要原因。

又,《後漢書·西南夷傳》載:"永寧元年,撣國王雍由調復遣使者詣闕朝賀,獻樂及幻人,能變化吐火,自支解,易牛馬頭。又善跳丸,數乃至千。自言我海西人。海西卽大秦也。撣國西南通大秦。"這裏的"幻人"未必就是《史記·大宛列傳》和《漢書·西域傳》所載黎軒"善眩人"。一則,幻人並未自言我黎軒人。二則,所謂"跳丸"是羅馬人特藝之一,其形象尚能在 Verona 博物館所藏古羅馬 diptych 上見到,拉丁語稱爲 pilarius (juggler)。因此,這幻人可能來自"海西"即地中海西部意大利半島。[35] 退一步說,即使幻人即黎軒的"善眩人",也不能據此認爲黎軒即大秦,或大秦即埃及,因爲其時埃及已屬大秦即羅馬帝國,黎軒人自稱海西即大秦人也是可以理解的。

另外,晉代翻譯的《那先比丘經》(甲種)卷下有云:"王言,我本生大秦國,國名阿荔散。"[36] 在巴利文的 Milindapañha 中,"阿荔散"作 Alasandā,一般認爲即埃及的 Alexandria。準此,則大秦國的本名似乎應該是 Alexandria。而如果以上"黎軒"即 Alexandria 縮譯之說不誤,豈不正好說明大秦的本名是黎軒,亦即大秦實際上是指以埃及爲中心的羅馬帝國東方屬土?[37] 然而事實並非如此。

一則,沒有任何證據表明《那先比丘經》的漢譯者知道"黎軒"即 Alexandria 的音譯。否則,根據東漢以來關於大秦國一號黎軒的記載,譯文就應該是"王言,我本生大秦國,國名黎軒"了。

二則,在巴利原文中,Milinda 王的生地作 Alasandā 島的 Kalasi 村。[38] 可見"阿荔散"並非真正的國名。Alasandā 果指埃及的 Alexandria,漢譯文其實可以而且也應該理解爲"我本生大秦國,島名阿荔散"。

三則,《那先比丘經》的漢譯者之所以把"阿荔散"

（Alasandā, Alexandria）和大秦聯繫起來，是因爲他認爲"阿荔散"役屬大秦國。"本生大秦國，國名阿荔散"云云類似《魏略·西戎傳》所述"海西有遲散國"。"海西"即大秦，"遲散"，同傳又作"烏遲散"，正可視作"阿荔散"之異譯。又，《漢書·地理志下》載張掖郡有"驪靬縣"，李奇注："音遲虔"，知"遲"[diei]與"驪"[lyei]、"荔"[liə]音近。因而上引《魏略·西戎傳》一句可讀作"大秦國有阿荔散"。《魏略·西戎傳》編者既知大秦國有 Alexandria，《那先比丘經》的漢譯者自然也可能知道 Alexandria 屬大秦國。

至於《魏略·西戎傳》一面稱"大秦國一號犂靬"，一面又爲 Alexandria 另取譯名，說明它的編者和《那先比丘經》的漢譯者一樣，也不知道"黎軒"是 Alexandria 的譯名，誤以爲是大秦的同義語，並沒有作進一步的推究。

八

以下結合《魏略·西戎傳》詮釋《後漢書·西域傳》有關大秦的記載。

1.《後漢書·西域傳》載："大秦國一名犂鞬，以在海西，亦云海西國。地方數千里，有四百餘城。小國役屬者數十。"《魏略·西戎傳》亦載大秦"國有小城邑合四百餘，東西南北數千里。……自葱領西，此國最大"。正如本文開頭指出，假定大秦國卽羅馬帝國最根本的理由在於中國史籍所載大秦國具有的盛大規模，當時祇有羅馬帝國可相比擬。

蓋范曄雖稱《後漢書·西域傳》"皆安帝末班勇所記",但事實上該傳敘事有年代可稽者,最晚已至靈帝。又,桓帝以後,東漢已無力控制西域,黃巾起義更使王朝瀕於崩潰,與西域交通終於斷絕。故《後漢書·西域傳》所據原始資料的年代可大致斷在一世紀至二世紀中葉。其中有關大秦的記事自然也不例外。而如所週知,這一段時間正是羅馬帝國最繁榮的時期。

羅馬於公元27年廢除共和制以來,有將近二百年維持了政治的穩定和經濟的發達,意大利本土和所轄各行省均不例外。由於實力雄厚,聲威傳遍四方。中國從何時開始傳聞羅馬帝國,雖無從確知,但可以肯定不會遲於班超出使西域之年。而至和帝永元年間,班超命甘英赴大秦時,漢人對羅馬帝國一定有了相當多的瞭解,且不勝向往之情。

甘英出使之年,正值羅馬帝國安敦尼王朝開始當政的第二年。羅馬帝國在該王朝當政期間(96—192年)臻於極盛,不僅中央政權鞏固,疆域也達到最大範圍。農業、城市手工業、商業都獲得了空前大發展。手工業有呢絨、珠寶、香料、石工、陶器、玻璃、紡織、金屬器等。商品通過地中海、波羅的海、黑海、紅海、印度洋輾轉銷往各地。大商人開展貿易活動的一個重要方面,就是溝通伊朗、中亞、印度乃至中國的市場。

《後漢書·西域傳》載大秦"與安息、天竺交市於海中,利有十倍"。又載:"其王常欲通使於漢,而安息欲以漢繒綵與之交市,故遮閡不得自達。至桓帝延熹九年,大秦王安敦遣使自日南徼外獻象牙、犀角、瑇瑁，始乃一通焉。"應該說是有關羅馬帝國的真實記載。所謂"安敦"，無疑即羅馬帝國安敦尼王朝第五帝 Marcus Aurelius Antonius（161—180 年）。

2.《後漢書·西域傳》載："自安息西行三千四百里至阿蠻國。從阿蠻西行三千六百里至斯賓國。從斯賓南行度河，又西南至于羅國九百六十里，安息西界極矣。自此南乘海，乃通大秦。其土多海西珍奇異物焉。"結合前引有關甘英出使大秦的記載，可知當時自安息赴大秦即羅馬帝國有兩條道路。

一條是從安息都城和櫝（Hecatompylos）[39] 西南行，經阿蠻（Ecbatana），[40] 至斯賓（Ctesiphon），[41] 復自斯賓南行渡底格里斯河至 Seleucia（即《魏略·西戎傳》所載"斯羅"），[42] 又從 Seleucia 溯河而上至于羅（Hatra），由于羅西南行渡幼發拉底斯河至地中海沿岸，然後渡海，或沿海岸至埃及亞歷山大後再渡海，亦可至大秦即意大利半島。這條道路就是《魏略·西戎傳》所說的"南道"。

另一條是從安息都城至 Seleucia 後，溯幼發拉底斯河北上至 Edessa，復西南行渡過幼發拉底斯河抵條枝即原塞琉古朝敘利亞王國的都城 Antiochia，由 Antiochia 渡地中海，亦可至大秦即意大利半島。

如前所述，甘英所抵條枝即敘利亞地區，因此甘英所由很可能是後一條道路。上引《後漢書·西域傳》自安息，經于羅，通大秦一段，接在安息王滿屈（Pacorus II，78—115/116 年）來獻之後敘述，或非傳自甘英。

要之，從安息赴大秦，道分南北，北道通往原敍利亞王國都城 Antiochia，南道可抵原埃及王國都城亞歷山大，兩地均爲羅馬帝國在地中海東岸的重要都會，由此渡海均可赴羅馬帝國的首都。

3. 關於于羅的位置。據《後漢書·西域傳》，"從斯賓南行度河，又西南至于羅國九百六十里"。據《魏略·西戎傳》，于羅"在汜復東北，渡河"。斯賓即 Ctesiphon，汜復即 Damascus（詳下），知于羅應在底格里斯河與幼發拉底斯河之間。然而于羅既在 Damascus 東北，便不可能在 Ctesiphon 西南，故疑"西南至于羅國"句"南"係"北"之誤。《魏略·西戎傳》云："從于羅東北又渡河，斯羅東北又渡河"，亦可爲證。蓋《後漢書·西域傳》所謂"從斯賓南行度河"首先應至斯羅（Seleucia），故"西南至于羅國"乃指自斯羅抵于羅。果然，從于羅東北行應爲斯羅，似乎不可能直接渡河。《魏略·西戎傳》既載自于羅、斯羅均可渡河，祇能認爲于羅不在斯羅或斯賓西南。因此，"于羅" [hiua-lai] 很可能是 Hatra。[43]

另外，《後漢書·西域傳》稱，至于羅則"安息西界極矣"。似乎于羅屬安息，所謂"安息西界"應是名副其實的安息西界。然而《魏略·西戎傳》載"于羅屬大秦"；又載"斯羅國屬安息，與大秦接也"。知《魏略·西戎傳》所描述的時代，安息與羅馬勢力範圍的分界線在斯羅與于羅之間。自于羅以遠，包括于羅在内，都是羅馬帝國的屬土，所謂"斯羅與大秦接"，應是和大秦的屬土于羅及其附近地區相接。于羅即 Hatra 何時屬羅馬，未見記載；祇知道 Trajan（98—117 年）在其末年曾圍攻 Hatra，未克。198 年，Septimius Severus（193—211 年）亦曾圍攻該城，同樣徒勞無功。[44]

然而可見 Hatra 是安息與羅馬的必爭之地，也就是說不能排除該地一度屬羅馬的可能性，《魏略·西戎傳》所傳或可補西史之不足。

4.關於"大秦"這一名稱。《後漢書·西域傳》載："其人民皆長大平正，有類中國，故謂之大秦。"《魏略·西戎傳》亦載："其俗，人長大平正，似中國人而胡服，自云本中國一別也。……其制度，公私宮室爲重屋，旌旗擊鼓，白蓋小車，郵驛亭置，如中國。"可知當時人認爲羅馬帝國"有類中國"，纔稱之爲大秦的。

蓋"秦"係當時北亞和中亞人對中國的稱呼。《漢書·匈奴傳上》："衛律爲單于謀：穿井築城，治樓以藏穀，與秦人守之。"顏注："秦時有人亡入匈奴者，今其子孫尚號秦人。"王先謙《漢書補注》引顧炎武云："顏說非也。彼時匈奴謂中國人爲秦人，猶後世言漢人耳。"

又，《漢書·西域傳下》："匈奴縛馬前後足，置城下，馳言：秦人，我匄若馬。"顏注："謂中國人爲秦人，習故言也。"又，《史記·大宛列傳》："貳師……聞宛城中新得秦人，知穿井。"《漢書·李廣利傳》"秦人"作"漢人"；皆可爲證。果然，"大秦"應爲中亞人對羅馬帝國的稱呼，漢朝似乎不太可能用前朝的國號來指稱西域的一個大國。《魏書·西域傳》稱："外域謂之大秦"，可謂得其真相。

要之，稱之爲"秦"，是因爲在中亞人看來，羅馬帝國"有類中國"；著一"大"字，是因爲羅馬帝國是當時西方第一大國。至於"人民長大"云云，不過是當時中國人根據"大秦"這一名稱想像出來的。[45]

又從《魏略·西戎傳》所載可知，大秦有類中國者，主要是文物制度；有關問題前人多所論及，在此不擬詳談。[46] 大概由於傳聞，不免失真，本土和屬土的情況也不易分清；又因爲當時人相信西方爲神仙所居而有所美化；以致無法一一指實；然而也不能認爲完全是無稽之談，從中至少可以略窺羅馬帝國在當時中國人心目中的形象。

九

《魏略·西戎傳》有關大秦地望的記載如下：

大秦國一號犁靬，在安息、條支西大海之西，從安息界安谷城乘船，直截海西，遇風利二月到，風遲或一歲，無風或三歲。其國在海西，故俗謂之海西。有河出其國，西又有大海。海西有遲散城，從國下直北至烏丹城，西南又渡一河，乘船一日乃過。西南又渡一河，一日乃過。凡有大都三。卻從安谷城陸道直北行之海北，復直西行之海西，復直南行經之烏遲散城，渡一河，乘船一日乃過。周迴繞海，凡當渡大海六日乃到其國。國有小城邑合四百餘，東西南北數千里。……常欲通使於中國，而安息圖其利，不能得過。……從安息繞海北到其國，人民相屬，十里一亭，三十里一置，終無盜賊。但有猛虎、獅子爲害，行道不羣則不得過。……其別枝封小國，曰澤散王，曰驢分王，曰且蘭王，曰賢督王，曰氾復王，曰于羅王，其餘小王國甚多，不能一一詳之也。……數與安息諸國交市於海中。海水苦不可食，故往來者希到其國中。……大秦道既從海北陸通，又循海而南，與交趾七郡外夷比，又有水道通益州、永昌，故永昌出異物。前世但論有水道，不知有陸道，今其略如此。其民人戶數不能備詳也。自蔥領西，此國最大，置諸小王甚多，故錄其屬大者矣。

澤散王屬大秦，其治在海中央，北至驢分，水行半歲，風疾時一月到，最與安息安谷城相近，西南詣大秦都不知里數。驢分王屬大秦，其治去大秦都二千里。從驢分城西之大秦渡海，飛橋長二百三十里，渡海道西南行，繞海直西行。且蘭王屬大秦。從思陶國直南渡河，乃直西行之且蘭三千里。道出河南，乃西行，從且蘭復直西行之氾復國六百里。南道會氾復，乃西南之賢督國。且蘭、氾復直南，乃有積石，積石南乃有大海，出珊瑚、真珠。且蘭、氾復、斯賓、阿蠻北有一山，東西行。大秦、海西東各有一山，皆南北行。賢督王屬大秦，其治東北去氾復六百里。氾復王屬大秦，其治東北去于羅三百四十里渡海也。于羅屬大秦，其治在氾復東北，渡河，從于羅東北又渡河，斯羅東北又渡河。斯羅國屬安息，與大秦接也。大秦西有海水，海水西有河水，河水西南北行有大山，西有赤水，赤水西有白玉山，白玉山有西王母，西王母西有脩流沙……

……又有奄蔡國一名阿蘭，皆與康居同俗。西與大秦東南與康居接。

今案：詮釋這些文字，能最終證明漢魏史籍中的大秦乃指羅馬帝國本土。由於《魏略·西戎傳》有關大秦的記載中，和《後漢書·西域傳》相類似的部份，凡與本題直接有關者，均在前文論及，故本節著重說明不見於《後漢書·西域傳》的部份，尤其是有關大秦屬國的記載。

大秦國"在安息、條支西、大海之西"句，乃指羅馬帝國位於安息、條枝（Syria）的西方，"大海"卽地中海的西部。

"從安息界安谷城乘船"至"無風或三歲"數句，指從敘利亞的 Antiochia 城，乘船橫截地中海西航，可至大秦卽羅馬帝國本土──意大利半島。案：所謂"安息界安谷城"應爲"安息西界安谷城"。"安息西界"在《魏略·西戎傳》中用作"條枝"的代名詞，說見前文。又，"安谷"[an-kok] 一名，無疑是 Antiochia 的縮譯。[47] 前面說過，"條枝"也是 Antiochia 的縮譯。

《後漢書·西域傳》載甘英抵條枝，臨海欲渡，聞"安息西界"船人之言："海水廣大，往來者逢善風三月乃得度，若遇遲風，亦有二歲者，故入海人皆齎三歲糧"；與此處《魏略·西戎傳》載安谷城赴大秦日程，如出一轍，知"安谷"、"條枝"在同一地區。[48]

"其國在海西"二句，指羅馬帝國在地中海西部，故亦稱爲"海西"國。

"有河出其國，西又有大海"；河指意大利半島上的 Tiber 河；海指意大利半島以西的第勒尼安海。[49]

"海西有遲散城"，應讀作"海西國有遲散城"。"遲散"與下文"烏丹"、"烏遲散"均係"烏遲散丹"之奪誤或略稱。下文"復直南行經之烏遲散城"句，元郝經《續後漢書》卷八〇注所引作"經烏丹遲散城"，可見四字本連寫，原應作"烏遲散丹"，乃涉上"烏丹城"、"遲散城"而致誤，可乙正。"烏遲散丹"[a-diei-san-tan]即 Alexandria 的全譯。"從國下直北至烏［遲散］丹城"，是指從大秦國的最南端，北行可至埃及的亞歷山大城。[50]"西南又渡一河，乘船一日乃過。西南又渡一河，一日乃過"四句涉下文衍。"凡有大都三"句，疑上有奪文。"大都三"或指羅馬帝國的三個最大的都會：意大利的羅馬、敍利亞的安條克和埃及的亞歷山大。[51]

"卻從安谷城陸道直北行之海北，復直西行之海西"二句，指從敍利亞的 Antiochia 取陸道北行，可至"海北"即地中海北部：小亞、巴爾幹等地，更西行可達"海西"即大秦本土。[52]"復直南行經之烏遲散［丹］城"句，復、經二字衍（"經"字後或有奪脫）；乃指自 Antiochia 沿地中海海岸南行，可至埃及的亞歷山大城。

"渡一河"，河指尼羅河。"周迴繞海"，指亞歷山大城位於尼羅河三角洲上，突出於海中。"凡當渡大海六日乃到其國"，指從敍利亞的 Antiochia 取海道抵亞歷山大，共需六日。"國"指大秦屬國，即下文所謂"別枝封小國"，此處指"澤散國"。前文明載自安谷城至大秦，速則二月，遲或三歲，非六日可到，故知"國"非指大秦國。[53]

"澤散王屬大秦"："澤散"[deak-san] 可以看作 Alexandria 的縮譯，即埃及的亞歷山大。[54] 一則，"澤散"與"遲散"音同。二則，此處稱"其治在海中央"，前文於"烏遲散[丹]城"亦曰："周迴繞海"。三則，此處稱澤散"最與安息[西界]安谷城相近"，應即前文所謂"凡當渡大海六日乃到其國"。之所以一處作"澤散"，一處作"烏遲散丹"，顯然是因爲資料來源不同，編者又未加深究。

"北至驢分"以下三句。"驢分"[lia-piuən] 指 Propontis 海附近地區；[55] 自埃及的亞歷山大渡地中海北行至 Propontis，速則一月，遲需半載。"西南詣大秦都不知里數"句，"南"係"北"之誤；指從埃及亞歷山大西北向，渡地中海可至大秦都即羅馬城，但里程不明。案：澤散即埃及的亞歷山大屬大秦始自公元前 30 年。

"驢分王屬大秦"二句，指從 Propontis 去羅馬二千里；這距離未免太短，或係傳聞之誤。"從驢分城西之大秦渡海，飛橋長二百三十里"，指從 Propontis 西向越過架設在 Helespont 海峽上的橋，可至意大利半島。希羅多德《歷史》（VII, 33–36）曾載阿咯美尼朝波斯薛西斯一世征希臘時，在 Helespont 海峽上架橋。[56]《魏略·西戎傳》所傳固然未必是薛西斯一世所架之橋，在當時海峽上確有一橋是完全可能的。因此所謂"渡海"顯非乘船，仍爲陸道。[57] 至於橋長"二百三十里"，恐係傳聞之誤。

"渡海道西南行"二句，指從 Propontis 赴羅馬，如果取海道，則須西南行；如果取陸道，則可沿地中海北岸西行。這可與前面"卻從安谷城陸道直北行之海北"二句參看。案：公元前 190 年，小亞歸羅馬，驢分即 Propontis 地區屬大秦當自此時始。

"且蘭王屬大秦","且蘭"係"旦蘭"之誤;且、旦形近,易誤。"旦蘭"[dan-lan]應即Palmyra的古名Tadmor或Tadmora的音譯。[58]案:旦蘭即Palmyra屬大秦可能早在一世紀初。羅馬帝國於公元17年頒佈的法令中已有關於這座城市稅收的內容。Palmyra是重要的交通樞紐,商賈輻輳之處,二至三世紀成爲近東最富庶的城市之一。[59]

"從思陶國直南渡河"以下四句,指從"思陶"[sə-du]即Sittake[60]南渡幼發拉底斯河,再西行三千里,可至Palmyra。

"從且蘭復直西行之氾復國六百里",指從Palmyra繼續西行六百里,可至"氾復"[ziə-biuk]即Damascus(Dimasqi, Dammeseq, Dimešq)。[61]

"南道會氾復,乃西南至賢督":"賢督"[hyen-sjiuk],當爲Jerusalem(耶路撒冷)的古名Hierosōlyma的對譯。[62]自氾復即大馬士革西南行可至耶路撒冷。"南道會氾復"指旦蘭道。賢督道、于羅道會合於氾復(詳下)。

"且蘭、氾復直南,乃有積石":"積石"指阿拉比亞北部、Hamad以西的重要交通樞紐Petra。Petra(Πέτρα)意指"巖石","積石"是其義譯;[63]指從Palmyra、大馬士革南行,可至Petra。案:Petra城是由堅硬的巖石鑿成的,四周都是懸崖絕壁,祇能從一條蜿蜒的狹路進去。在約旦河與中部阿拉比亞之間,祇有這個城市能供應豐富而清潔的水。南方阿拉比亞的人去北方做買賣,可望在這裏獲得替換的駱駝和駝夫。公元一世紀時,羅馬人將此城作爲一個對付安息的緩衝國加以保護,直至106年被Trajan毀滅。[64]

"積石南乃有大海，出珊瑚、真珠"：大海指紅海。[65]

"且蘭、汜復、斯賓、阿蠻北有一山"，指 Taurus 山脈，東西走向。[66]"大秦、海西東各有一山"，指意大利半島的亞平寧山脈和地中海東岸的黎巴嫩山脈，兩山皆南北走向。[67]

"賢督王屬大秦"二句，賢督卽耶路撒冷，位於汜復西南約六百里，該城屬羅馬始於公元前 63 年。公元 70 年羅馬鎮壓巴勒斯坦猶太人叛亂時，曾毀滅該城。後來，羅馬於該處重建新城，名 Aelia Capitalina。

"汜復王屬大秦"二句，汜復卽大馬士革，屬羅馬始自公元前 64 年。去于羅"三百四十里"當爲"三千四百里"之誤。"渡海"當爲"渡河"之誤。下文"于羅屬大秦，其治在汜復東北，渡河"，可證。河指幼發拉底斯河，于羅在該河左岸。

"從于羅東北又渡河"二句，指從于羅（Hatra）或斯羅（Seleucia）渡底格里斯河均可通往安息。

"大秦西有海水"以下或係傳聞，大可不必深究。

以上詮釋了《魏略·西戎傳》所載大秦地理的主要部份。其中，特別值得注意的是《魏略·西戎傳》所記大秦有本土和屬土之分。大秦的屬國，明確記載的有澤散（Alexandria）、驢分（Propontis）、旦蘭（Palmyra）、賢督（Jerusalem）、汜復（Damascus）、于羅（Hatra），實際上還有安谷和積石，幾乎包括了整個地中海東部地區。[68] 這完全足以證明大秦的本土旣不是敍利亞，也不是埃及和阿拉伯，而祇能是意大利半島。

關於大秦的本土，《魏略·西戎傳》雖然記載了從安息西去的道路，但也指出，由於路途遙遠，"海水苦不可食，故往來者希到其國"。如果大秦僅僅是指羅馬帝國的東方屬土，這句話也就無法理解了。《魏略·西戎傳》又載阿蘭西與大秦接。所傳阿蘭當時遊牧於黑海以北，故云。[69]

另外，《魏略·西戎傳》所載自安息赴大秦的海道與陸道，根據以上分析，可概括如下：

陸道自安息和櫝（Hecatompylos），經阿蠻（Ecbatana），抵斯賓（Ctesiphon），然後渡底格里斯河（經于羅）或幼發拉底斯河而上，至安谷城（敘利亞的 Antiochia），復北行至驢分（Propontis），西向跨越 Hellespont 海峽，經巴爾幹等（所謂"海北"）地區，到達意大利半島。

海道分爲南北：北道至安谷城後，截地中海而西，直達羅馬。南道從于羅（Hatra）渡幼發拉底斯河，至汜復（Damascus），或從思陶（Sittake）經旦蘭（Palmyra）至汜復，復自汜復經賢督（Jerusalem）、積石（Petra）抵澤散（亦作烏遲散丹，卽埃及亞歷山大），然後西北向乘船過地中海，亦至羅馬。南道以汜復爲樞紐。

今案：這同樣清楚地表明大秦應指羅馬帝國本土。[70]

一〇

幾點結論：

1.《史記·大宛列傳》和《漢書·西域傳》的"條枝（支）"，

指塞琉古朝敍利亞王國。《後漢書·西域傳》和《魏略·西戎傳》的"條支",主要指曾爲該王國統治的敍利亞地區。

2.《史記·大宛列傳》和《漢書·西域傳》的"黎軒(犁軒)",指托勒密朝埃及王國。《後漢書·西域傳》和《魏略·西戎傳》的"犁靬(鞬)",是"大秦"的同義詞。

3.《後漢書·西域傳》和《魏略·西戎傳》的"大秦"指羅馬帝國本土。

■ 注釋

[1] 持此說者,早期有 F. F. Richthofen, *China. Ergebnisse eigener Reisen und darauf gegründeter Studien*, vol. 1. Berlin, 1877, pp. 469-473,等,但依據均嫌不足。就我所知,後來也衹有宮崎市定"條支と大秦と西海",《史林》24~1(1939年),pp. 55-86,一文,所論較有系統。今案:宮崎氏的基本觀點是正確的;遺憾的是,全文隻字未及黎軒,且所考與大秦有關的地理,欠妥之處不少。以下凡引宮崎氏說均出此。又,中國學者主此說者主要有岑仲勉,見"黎軒、大秦與拂菻之語義及範圍",《西突厥史料補闕及考證》,中華書局,1958年,pp. 222-234;《漢書·西域傳地里校釋》,中華書局,1981年,pp. 178-189。以下凡引岑氏說皆出此。

[2] 小川琢治"歷史地理の地名學的研究",《支那歷史地理研究》,東京:弘文堂,1939年,pp. 376-404,以下凡引此說者皆出此。

[3] F. Hirth, *China and the Roman Orient*. Shanghai and Hongkong, 1885, 堪爲代

表。以下凡引 F. Hirth 說皆出此。今案：其說結論雖誤，所考尚有可採者。白鳥庫吉（見下注所引文）對此有詳盡的批判，可參看。

[4] 白鳥庫吉"大秦國及び拂菻國に就きて"，《白鳥庫吉全集·西域史研究(下)》（第 7 卷），東京：岩波，1971 年，pp. 125-203；"條支國考"，上書，pp. 205-236；"大秦傳に現はれたる支那思想"，上書，pp. 237-302；"大秦傳より見たる西域の地理"，上書，pp. 303-402；"拂林問題の新解釋"，上書，pp. 403-595，以下凡引白鳥氏說皆出此。今案：白鳥氏於大秦問題用力最勤，結論固有未安，具體考證可採者不少。

[5] A. Hermann, "Die Lage des Lands Ta Ts'in." *Ostasiatische Zeitschrift* 14 (1927/28): pp. 196-202, 指大秦爲 Arabia Felix（幸福的阿拉比亞）。

[6] 例如：注 1 所引 F. F. Richthofen 書，pp. 451-452; H. J. Allen, "Where was Ta-ts'in?" *Journal of the North China Branch of the Royal Asiatic Society* 21 (1886): pp. 91-97，等。

[7] 藤田豐八"條支國考"，《東西交涉史の研究·西域篇》，東京：荻原星文館，1943 年，pp. 211-252，堪爲代表。白鳥氏、岑氏曾批判其說，可參看。又，松田壽男"イラン南道論"，《東西文化交流史》，東京：雄山閣，1975 年，pp. 217-251，曾重申藤田氏說。今案：松田氏說亦未安；參看余太山《塞種史研究》，中國社會科學出版社，1992 年，pp. 168-181。

[8] E. Chavannes, "Les pays d'occident d'après le *Wei-lio*." *T'oung Pao* 6 (1905): pp. 519-571. 案：沙畹後來又指條枝爲底格里斯河口的 Desht Misan，見 "Les pays d'Occident d'après le *Heou Han chou*." *T'oung Pao* 8 (1907): pp. 149-234。

[9] F. Hirth 說。

[10] 白鳥氏說。

[11] 鈴木治"絹路考",《天理大學學報》43（1964 年）, pp. 39-65；"絹路補考",《天理大學學報》46（1965 年）, pp. 32-60；以及相馬隆"條支國考",《流沙海西古文化論考》, 山川出版社, 1977 年, pp. 319-344。

[12] 宮崎氏、小川氏說。

[13] F. Hirth 說；又, 相馬隆"海西雜考"（載注 11 所引書, pp. 291-317）說略同。

[14] 白鳥氏說；又, P. Pelliot, "Li-kien, autre nom du Ta-ts'in." *T'oung Pao* 16 (1915): pp. 690-691, 說同。

[15] 藤田豐八"黎軒と大秦", 注 7 所引書, pp. 466-497。案：其說泥於《史記·大宛列傳》關於黎軒在安息之北的記載；非是。白鳥氏、岑氏均有批判, 可參看。

[16] 參看白鳥氏說。

[17] N. C. Debevoise, *A Political History of Parthia*. Chicago, 1938, pp. 22-25, 33-35。

[18] 參見宮崎氏說。

[19] "條枝"係 Antiochia 之縮譯；白鳥氏、小川氏說同。不過前者指條枝爲波斯灣頭的 Antiochia 卽 Charax；後者指條枝爲敍利亞的 Antiochia。又, 宮崎氏以爲"條枝"是 Seleucia 之音譯；其說亦通。

[20] 參見孫毓棠"安息與烏弋山離",《文史》第 5 輯（1978 年）, pp. 7-21；以及余太山說（出處見注 7）。

[21] 參見白鳥氏說。

[22] 兼採白鳥氏說。

[23] G. Downey, *A History of Antioch in Syria*. Princeton, 1961, pp. 143-162。

[24] 白鳥氏、相馬氏（注11所引文）均以爲據《史記·大宛列傳》、《後漢書·西域傳》的記載，可知條枝從前漢直至後漢一直是安息的屬國，並以此爲判定條枝地望的重要依據。

[25] 兼採宮崎氏、岑氏說。

[26] 此採宮崎氏說。案：關於"條支國城"，諸說中較周詳者還有 F. Hirth 的 Hira 說，白鳥氏的 Charax 說和相馬氏（注11所引文）的 Susa 說。三說皆爲我所不取，根本原因在於三者均置條枝國於波斯灣頭。且就"條支國城"的具體形勢而言，也有許多與《後漢書·西域傳》不符之處。Hira 說已爲白鳥氏駁斥，相馬氏又否定了白鳥氏說。至於 Susa，甚至"臨西海"都談不上，無論當時波斯灣如何較今日更向西北深入陸地。

[27] H. L. Jones, tr. *The Geography of Strabo, with an English translation*. 8 vols. London, 1916-1936.

[28] "前世又謬以爲彊於安息，今更役屬之，號爲安息西界。前世又謬以爲弱水在條支西，今弱水在大秦西"數句也可能是對《史記·大宛列傳》有關記載的批判。注意這裏"役屬"一詞的用法和《史記·大宛列傳》不同。

[29] 兼採宮崎氏、岑氏說。

[30] 參見白鳥氏說。

[31] 參見白鳥氏說。

[32] 見注14所引 P. Pelliot 文。

[33] 參見白鳥氏說。

[34] 白鳥氏以爲"黎軒"是 [A]lek[s]an[dria] 之縮譯；亦可通。又，岑氏以爲"黎軒"是古波斯語 dašina、古印度語 daksina 之音譯，意爲右方卽西方。今案：其說疑誤。

[35] 此採宮崎氏說。

[36] 《大正新脩大藏經》T32, No. 1670A, p. 702。

[37] 這是大秦卽埃及說的重要依據。

[38] T. W. Rhys Davids. tr. *The Questions of King Milinda*, translated from Pâli. Clarendon, 1890, p. 127.

[39] 參見余太山說（出處見注 7）。

[40] 從 F. Hirth、白鳥氏說，宮崎氏以爲 Armenia；非是。

[41] 從 F. Hirth、白鳥氏說，宮崎氏以爲 Sophene；非是。

[42] 從 F. Hirth、白鳥氏說，宮崎氏以爲 Osrhoene；非是。

[43] 于羅，白鳥氏最初以爲是 Ura，後來贊同 F. Hirth 說，指爲 Hira。又，桑原隲藏"波斯灣の東洋貿易港に就て"（《東西交通史論叢》，東京：弘文堂，1944 年，pp. 360-394）以爲 Ubolla。今案：果如諸家所言，則于羅應在 Ctesiphon 東南、幼發拉底斯河右岸，均與《後漢書·西域傳》、《魏略·西戎傳》所載不符。又，宮崎氏指于羅爲 Aleppo，亦未安。

[44] E. Yarshater, ed. *The Cambridge History of Iran* 3 (1). Cambridge, 1983, pp. 91, 94.

[45] 白鳥氏以爲"秦人"是中國人自稱，"大秦"是中國人給羅馬帝國的稱呼，因其人長大。今案：其說疑誤。

[46] 參見宮崎氏文。

[47] 此採小川氏、宮崎氏說。F. Hirth、白鳥氏指爲波斯灣之 Orchoë（Orkoi）；疑誤。

[48] 注 7 所引藤田氏文亦以爲安谷城和條枝同在一地，然指安谷爲波斯灣之 Aruguna。今案：其說未安。

[49] 參見宮崎氏文。

[50] 宮崎氏以爲"經烏丹遲散城"應讀作"經烏丹、遲散城"，指意大利半島 Adria、Cisalpina (Gallia) 兩地；未安。蓋《魏略·西戎傳》尚不知大秦都城名稱，安知其餘地名。又，F. Hirth 指烏遲散、遲散爲埃及 Alexandria；是；指烏丹爲 Myos Hormos；則非是，又，白鳥氏指烏遲散、遲散爲敍利亞的 Antiochia，指烏丹爲 Petra；均未安。

[51] 參見 Ph. K. Hitti, *History of Syria*. London, 1951, p. 302。

[52] 此採宮崎氏說。

[53] 宮崎氏以爲"凡"字係"否"字之訛。"凡當渡大海"云云應讀作："否，當渡大海六日乃到其國"，"國"指大秦國；均有未安。

[54] 宮崎氏亦指澤散爲埃及的 Alexandria。又，F. Hirth 指"澤散"爲 Alexandria 的音譯；是。但他認爲是在波斯灣的 Alexandria，則非是。白鳥氏說略同 F. Hirth。他指"澤散"爲 Charax 即"條支國城"；亦誤。蓋澤散去大秦不知里數，而條枝去大秦的日程是知道的。

[55] 此採小川氏、宮崎氏說。驢分，F. Hirth 以爲 Nicephorium，白鳥氏以爲 Edessa (Ruha)；皆未安。

[56] 見王以鑄漢譯本，商務印書館，1985 年。

[57] 此採宮崎氏說。F. Hirth、白鳥氏以爲"飛橋"指架設在幼發拉底斯河上的橋；非是。

[58] 兼採 F. Hirth、白鳥氏、相馬氏說。相馬氏說見"且蘭國"（載注 11 所引書，pp. 275-280）。宮崎氏指且蘭爲耶路撒冷；未安。

[59] Ph. K. Hitti. *History of Arabs*. New York, 1957, p. 74.

[60] 兼採 F. Hirth、白鳥氏說。宮崎氏以爲思陶爲 Sidon；未安。

[61] 此採白鳥氏說。氾復，F. Hirth 以爲 Emesa；宮崎氏以爲 Cyprus；P. Pelliot 以爲 Zeugma (Bambyke)；皆未安。P. Pelliot 說見 "Note sur las Anciens Itinéraires Chinois dans l'Orient Romain." *Journal Asiatique* XI Serie, 17 (1921): pp. 139-145。

[62] 此採白鳥氏說。注 13 所引相馬氏文說略同，可參看。賢督，F. Hirth 以爲 Damascus；宮崎氏以爲 Creta；注 61 所引 P. Pelliot 文以爲敘利亞的 Antiochia；皆未安。

[63] 兼採 F. Hirth、白鳥氏、相馬氏說。F. Hirth、白鳥氏指積石爲 Arabia Petra；相馬氏以爲 Petra 城。相馬氏說見"積石"（載注 11 所引書，pp. 269-272）。又，宮崎氏指積石爲阿拉伯沙漠。

[64] 注 59 所引 Ph. K. Hitti 書，p. 72。

[65] F. Hirth、白鳥氏、宮崎氏均持此說。

[66] F. Hirth、白鳥氏、宮崎氏均持此說。

[67] "海西東"，一本作"海東東"；F. Hirth、白鳥氏讀作"大秦（海西國）和海東國之東"；宮崎氏讀作"大秦、海東諸國之東"；今案：兩說均牽強，茲從中華書局標點本。

[68] 白鳥氏認爲，漢魏時中國人不知有阿拉伯半島，認爲自波斯灣至紅海是一片汪洋，從而將 Taucus 山脈以南，包括 Antiochia 在內的地中海北部，和瀕臨地中海的腓尼基、巴勒斯坦、埃及等稱爲海西即大秦國；而把 Zagros 山脈和幼發拉底斯河之間地區稱爲海東，卽斯賓、斯羅、思陶、驢分、于羅、條枝（澤散）；將黎巴嫩山脈和幼發拉底斯河之間的敘利亞本部稱爲海北，卽且蘭、氾復和賢督。今案：所謂海西、海東和海北乃指地中海周圍地區而言，白鳥氏說不可從。

[69] 參看注 7 所引余太山書，pp. 118-130。又，白鳥氏以爲，奄蔡卽阿蘭當時在裏海北，大秦北界在敍利亞，兩者相去甚遠，稱相接是因爲間隔著中國人完全不瞭解的地區。今案：其說未安。

[70] 按照白鳥氏的理解，《後漢書·西域傳》、《魏略·西戎傳》所載赴大秦的海道，是從條枝卽澤散（Charax）或安谷城（Orchöe）出發，繞過阿拉伯半島，進入紅海，在 Myos Hormos 或 Arsinoe 登陸，至埃及亞歷山大。陸道有二：一從澤散或安谷城出發，溯幼發拉底斯河北上，經巴比侖、美索不達米亞，到驢分（Edessa）後，西行到烏遲散（敍利亞的 Antiochia），再航行地中海，亦至埃及亞歷山大。二從思陶（Sittake），經由且蘭（Palmyra）、汜復（Damascus）、賢督（Jerusalem）、烏丹（Petra），至亞歷山大。今案：其說未安。

二　漢文史籍有關羅馬帝國的記載 [1]

一

1.《史記》[1]

1.1.1 安息[2] 在大月氏[3] 西可數千里[4]。其俗土著[5]，耕田，田稻麥[6]，蒲陶[7] 酒。城邑如大宛[8]。其屬小大數百城，地方數千里，最爲大國。臨嬀水[9]，有市，民商賈用車及船，行旁國或數千里。以銀爲錢，錢如其王面，王死輒更錢，效王面焉。[10] 畫革旁行[11] 以爲書記。其西則條枝[12]，北有奄蔡[13]、黎軒[14]。（卷一二三"大宛列傳"）

1.《史記》，凡一百三十卷，西漢司馬遷著。
2. 安息，指帕提亞（Parthia）波斯王朝。"安息"[an-siək]，一般認爲係帕提亞王室名 Arshak 的對譯。[2]
3. 大月氏，其前身爲月氏，遊牧部族。公元前二世紀初葉，月氏十分强大，其統治中心東起今祁連山以北，西抵今天山、阿爾泰山東端，且一度伸張其勢力至河套內外。[3] 公元前 177/ 前 176 年，因受匈奴打擊，月氏放棄故地，大部份西遷至伊犂河、楚河流域。史稱這部份西遷的月氏人爲 "大月氏"。至於此處所謂 "大月氏"，已不復位於伊犂河、楚河流域。蓋公元前 130 年左右，役屬匈奴的烏孫遠征大月氏、戰而勝之。大月氏被迫放棄伊犂河、楚河流域，再次西遷，經費爾幹納，來到阿姆河流域，征服了主要位於河南的大夏國。大月氏設王庭於河北，控制著跨有阿姆河兩岸的原大夏國領土。

4. "可數千里"，表示自大月氏國王治赴安息國王治的大致行程。

5. "土著"，《史記·大宛列傳》將西域諸國按照經濟形態大別爲兩類：行國和土著。行國隨畜，兵強。土著耕田，有城郭屋室。

6. "田稻麥"，可能是張騫首次西使時得諸傳聞，不足爲據。蓋安息時代尚不產稻。[4]

7. 蒲陶，可能是伊朗語 buδawa 之漢譯。[5]

8. 大宛，國名，位於今費爾幹那盆地。[6] "大宛" [dat-iuan] 可能是 Tochari 之音譯。

9. 媯水，即阿姆河。"媯" [kiua] 是 Vakhshu 或 Wakshu 的對譯。

10. 這則資料描述的乃是張騫首次西使所了解到的情況，時值帕提亞王 Fraates 二世在位（前 138/ 前 137—129 年），其錢幣正面爲 "王面"。至於 "王死輒更錢，效王面" 則是古代中東地區的普遍風俗。[7]

11. "旁行"，《史記集解》引《漢書音義》曰："橫行爲書記。"

12. 條枝，指塞琉古朝敍利亞王國，"條枝" [diəu-tjie]，乃王國都城 [An]tiochi[a] 的縮譯。[8]

13. 奄蔡，遊牧部族，時遊牧於鹹海以北。[9] "奄蔡" [iam-tziat] 可能是 Asii 的對譯。

14. 黎軒，指托勒密埃及王國，"黎軒" [lyei-xian] 乃王國都城 [A]lexan[dria] 的縮譯。[10]

1.1.2 條枝在安息西數千里[15]，臨西海[16]。暑溼。耕田，田稻[17]。有大鳥[18]，卵如甕。人衆甚多，往往有小君長，而安息役屬之，以爲外國。[19] 國善眩[20]。安息長老傳聞條枝有弱水[21]、西王母[22]，而未嘗見。[23]（卷一二三"大宛列傳"）

15. "數千里"，表示自安息國王治赴條枝國王治的大致行程。
16. 西海，此處指地中海。
17. 條枝國"田稻"也是張騫傳聞之誤。[11]
18. 大鳥，一般認爲指鴕鳥。
19. "安息役屬之，以爲外國"，這裏的意思是條枝役屬於安息，成爲安息的蕃國。按之西史，安息王 Mithridates 一世（前 171—前 139/ 前 138 年）在位時，國力臻於極盛，曾俘虜入侵的敍利亞國王 Demetrius 二世（前 145—前 139/ 前 138 年和前 129—前 125 年在位）。繼位的 Fraates 二世再次擊退敍利亞王國的入侵，消滅敍利亞大軍三十萬人，殺死其王 Antiochus 七世（前 139/ 前 138—前 129 年在位）。Fraates 二世隨卽放回被 Mithridates 一世囚禁的 Demetrius 二世，並娶其女爲妃。[12] 不難想見 Fraates 此舉是爲了有效地控制敍利亞王國，而 Demetrius 二世爲換取自由和復辟，必然對波斯人提出的政治、經濟要求作出某種承諾。這或許就是傳文所載條枝役屬安息的背景和內容。
20. "善眩"，《史記正義》引顏注："今吞刀、吐火、殖瓜、種樹、屠人、截馬之術皆是也。"這是見諸漢文史籍的希臘化時期的埃及與波斯早期交往的記載。
21. 弱水，不能勝舟之水。但此處所謂"弱水"可能是"若水"之訛。"若水"

之所以被置於西方絕遠之處,可能和某些遷自西方的部族的古老記憶有關。[13]

22. 西王母,一說其原型可能是 Anatolia 的大神母 Koubaba 卽 Cybele,而與公元前十四至前十二世紀存在於敍利亞地中海沿岸的都市國家 Ugarit 所崇拜的 Anat 等神祇亦有淵源。[14] 案:西王母在漢文史籍(如《穆天子傳》)中,一直被置於極西之地,本傳更明確這位神祇在地中海東岸,這似乎正與西王母卽 Cybele 說暗合。蓋最初 Cybele 祇是諸神之一,公元前 1180 年左右赫梯帝國滅亡之後,被 Anatolia 新的征服者腓尼基人接受爲族神,地位開始尊顯,影響漸及整個地中海地區,爲希臘、羅馬世界接受。西王母果指 Cybele,則可視爲地中海文化影響波斯在漢文史籍中留下的痕蹟。

23. 西王母與弱水往往連帶敍及,但沒有證據表明兩者之間存在必然的聯繫。質言之,兩者都可能是古代中國人中若干遷自西方的部落擁有的古老記憶,但未必屬於同一系統。

2.《漢書》[24]

1.2.1 烏弋山離國[25],王[26] 去長安萬二千二百里[27]。不屬都護[28]。戶口勝兵[29],大國也。東北至都護治所六十日行[30],東與罽賓[31]、北與撲挑[32]、西與犂靬[33]、條支[34] 接。

24.《漢書》,凡一百卷,東漢班固撰。
25. 烏弋山離,西域國名。約公元前 130 年大月氏人的第二次西遷,迫使一部份塞種自索格底亞那和 Tuhārestān(吐火羅斯坦),侵入帕提亞帝國,佔領了 Drangiana 和 Arachosia 兩郡之地,前者則因而被稱爲 Sakāstān(塞斯坦）。這部份塞種雖一度遭到 Mithridates 二世（前 124/ 前 123—前 87 年在位）的鎮壓，但在這位帕提亞皇帝去世後不久，便宣告獨立。本傳所載烏弋山離國正是這個以塞斯坦爲中心的塞種王國。"烏弋山離"[a-jiək-shean-liai] 乃 Alexandria 之音譯，指 Alexandria Prophthasia。[15]

26. "王"字下似奪"治"字以及王治名。[16] 烏弋山離國王治可能在 Alexandria Prophthasia。[17]

27. "萬二千二百里"：自烏弋山離國經罽賓國王治赴長安的行程。案：傳文稱罽賓"西南與烏弋山離接"。又稱罽賓國王治"去長安萬二千二百里"。烏弋山離既在罽賓西南，去長安里數不應與罽賓相同，知此里數有誤。

28. "都護"，顏注："都猶總也，言總護南北之道。"據《漢書·百官公卿表上》："西域都護，加官，宣帝地節二年（前 68 年）初置，以騎都尉、諫大夫使護西域三十六國。"鄭吉於地節二年以侍郎屯田渠犁，始建"都護[西域使者校尉]"之號，然直至是年冬破車師、遷衛司馬後，始得都護北道，故亦被稱爲"[都]護鄯善以西使者校尉"。西域都護秩比二千石。府治在烏壘國王治烏壘城。據同表，其屬官有"丞一人，司馬、候、千人各二人"。

29. "戶口勝兵"，"勝"字下應闕"多"字。

30. "六十日行"：應爲自烏弋山離國王治經罽賓國王治赴烏壘城的行程。案：罽賓國王治去烏壘城 6840 里，已逾"六十日行"，知此行程有誤。

31. 罽賓，指喀布爾河中下游即乾陀羅地區，包括 Puṣkalāvatī、Taxila 等地。"罽賓"[kiat-pien]，Kabul 古稱 Kophen 之音譯。[18]

32. 撲挑，指巴克特里亞。"撲挑"[phok-dyô] 乃 Bāχtri 之對譯。

33. "犛靬"，即《史記·大宛列傳》所見"黎靬"，指托勒密朝埃及王國。又，《漢書·地理志》載張掖郡有"驪靬"縣；而《漢書·張騫李廣利傳》有"犛靬"，顏注：" 犛軒卽大秦國也。張掖驪靬縣蓋取此國爲名耳。" 案：顏注未安。"犛軒"，卽本傳所見"犂靬"。至於"驪靬"，視爲"犂靬"等之異譯固無不可。驪靬縣果因黎軒得名，則應與托勒密朝埃及王國有關。埃及亞歷山大城以商業發達著稱，商人足蹟遍及各地，其中若干到達河西，終於歸化，不是完全不可能的。當然，西漢置縣名"驪靬"，也可能僅僅是爲了招徠遠人，誇示朝廷"威德徧於四海"，未必真有犂靬人歸附。"大秦"指羅馬帝國，與黎軒或犂靬不能混爲一談。

34. "條支"，卽《史記‧大宛列傳》所見"條枝"，指塞琉古朝敍利亞王國。

　　行可百餘日[35]，乃至條支。國臨西海，暑溼，田稻。有大鳥，卵如甕。人衆甚多，往往有小君長，安息役屬之，以爲外國。[36] 善眩。安息長老傳聞條支有弱水、西王母，亦未嘗見也。[37] 自條支乘水西行，可百餘日，近日所入云。

35. "可百餘日"：自烏弋山離國王治經安息國王治赴條枝國王治的行程。"行可百餘日，乃至條支"，並不是說從烏弋山離可直達條枝。以下傳文又云："自玉門、陽關出南道，歷鄯善而南行，至烏弋山離，南道極矣。轉北而東（應爲'西'）得安息"；既然至烏弋山離南道已極，可見這"百餘日"乃指從烏弋山離的都城北行至安息，再西向抵達條枝所需要的時日。

36. "以爲外國"，顏注："安息以條支爲外國，如言蕃國也。"

37. 以上本《史記‧大宛列傳》。

　　烏弋地暑熱莽平，其草木、畜產、五穀、果菜、食飲、宮室、市列、錢貨、兵器、金珠之屬皆與罽賓同，而有桃拔[38]、師子、犀牛。俗重妄殺。[39]其錢獨文爲人頭，幕爲騎馬。以金銀飾杖。絕遠，漢使希至。自玉門、陽關出南道，歷鄯善而南行，至烏弋山離，南道極矣。[40]轉北而東得安息。（卷九六上"西域傳"）

38. 桃拔，可能是長頸鹿。顏注引孟康曰："桃拔一名符拔，似鹿，長尾，一角者或爲天鹿，兩角或爲辟邪。師子似虎，正黃有頓彪，尾端茸毛大如斗。"[19]一說"符拔"乃 βoύβαλις 之對譯。[20]
39. "俗重妄殺"：這很可能是對該國佛教信仰的描述。[21]
40. "南道極矣"，漢使沿南道西行抵皮山，自皮山西南行至烏秅，復自烏秅經懸度抵罽賓，自罽賓西行六十餘日則可至烏弋山離王治。此即所謂"罽賓烏弋山離道"。漢使如欲更向西走，須自烏弋山離國王治北行至安息，復自安息西行。

    1.2.2 安息國，王治番兜城[41]，去長安萬一千六百里[42]。不屬都護。北與康居、東與烏弋山離、西與條支接。土地風氣，物類所有，民俗與烏弋、罽賓同。亦以銀爲錢，文獨爲王面，幕爲夫人面。王死輒更鑄錢。有大馬爵[43]。其屬小大數百城，地方數千里，最大國也。臨嬀水，商賈車船行旁國。書革[44]旁行爲書記。

41. "番兜"[phiuan-to]，其實可能是 Parθava 或 Parthia 之對譯。
42. "萬一千六百里"：應指自安息國都城經大月氏國王治赴長安的行程。案：傳文稱大月氏國"西至安息四十九日行"。安息國既在大月氏國之西，去長安里數不應與大月氏國相同，知此里數有誤。"萬一千六百里"或爲"萬六千五百里"之訛。

43. 大馬爵，顔注引《廣志》云："大爵，頸及膺身，蹄似橐駝，色蒼，舉頭高八九尺，張翅丈餘，食大麥。"案：大馬爵，應即前文所見"大鳥"。

44. "書革"，"書"當依《史記·大宛列傳》作"畫"。[22]

武帝始遣使至安息，王令將將二萬騎迎於東界。[45] 東界去王都數千里[46]，行比至，過數十城，人民相屬。因發使隨漢使者來觀漢地，以大鳥卵[47]及犛軒眩人[48]獻於漢，天子大說。安息東則大月氏。（卷九六上"西域傳"）

45. "武帝始遣使至安息"，武帝時首次出使安息的漢使應即張騫使烏孫時所遣副使。張騫使烏孫在武帝元鼎初，故所遣副使抵達安息的時間應爲公元前116或前115年。漢使抵達之日，正值Mithridates二世征討入侵塞人臨近奏功之時，大軍雲集東界，恰好迎接漢使入境。

46. "數千里"：此里數承襲《史記·大宛列傳》。

47. "大鳥卵"，顔注："鳥卵如瓮水之甖。"安息使者獻於漢的"大鳥卵"，原產條枝。

48. 《史記·大宛列傳》稱條枝"國善眩"，本傳亦有類似說法。然而，兩傳又稱安息使者所獻眩人爲"黎軒善眩人"或"犛軒眩人"。因此，條枝、黎軒兩國很可能均"善眩"。考慮到本傳有關條枝國善眩的記載襲自《史記·大宛列傳》，而後者的依據僅僅是張騫的傳聞，則僅黎軒一國善眩也未可知。

3.《後漢書》[49]

1.3.1.1 [永元] 九年，徼外蠻及撣國[50]王雍由調遣重譯奉國珍寶，和帝賜金印紫綬，小君長皆加印綬、錢帛。[51]（卷八六"南蠻西南夷列傳"）

49.《後漢書》，凡九十卷，劉宋范曄撰。
50. 撣國，一般認為在今緬甸東北境。
51.《後漢書·和帝紀》："[永元] 九年（97年）春正月，永昌徼外蠻夷及撣國重譯奉貢。"

1.3.1.2 永寧元年，撣國王雍由調復遣使者詣闕朝賀，[52] 獻樂及幻人[53]，能變化吐火，自支解，易牛馬頭。又善跳丸，數乃至千。自言我海西人[54]。海西即大秦[55]也，撣國西南通大秦。（卷八六"南蠻西南夷列傳"）

52.《後漢書·安帝紀》：永寧元年（120年）"十二月，永昌徼外撣國遣使貢獻"。
53. 幻人，應即《漢書·西域傳》所見"眩人"。
54. "海西"，指大秦，因在"西海"之西，故云。幻人可能是原犁軒國人，是犁軒國已并於大秦，故自稱"海西人"。
55. 大秦，指羅馬帝國。[23]

1.3.2.1 [永元] 六年，班超[56] 復擊破焉耆[57]，於是五十餘國悉納質內屬。[58] 其條支[59]、安息諸國至于海[60] 瀕四萬里外[61]，皆重譯貢獻。九年，班超遣掾甘英窮臨西海[62] 而還。皆前世所不至，《山經》[63] 所未詳，莫不備其風土，傳其珍怪焉。[64] 於是遠國蒙奇[65]、兜勒[66] 皆來歸服，遣使貢獻。[67]（卷八八 "西域傳"）

56. 班超（32—102年），東漢第二任西域都護，任期自永元三年（91年）至永元十四年。事蹟見《後漢書·班超傳》。
57. 焉耆，西域北道綠洲國，始見《漢書·西域傳》，一般認爲其王治故址可能在博格達沁古城（即四十里城，今焉耆縣治西南一二公里）。
58. 《後漢書·和帝紀》：永元六年（94年）七月，"西域都護班超大破焉耆、尉犁，斬其王。自是西域降服，納質者五十餘國"。
59. 條支，此處指曾爲塞琉古朝敍利亞王國統治的敍利亞地區。[24]
60. "海"，指條枝、安息所瀕臨之海，亦即下文甘英所臨 "西海"，應卽地中海。
61. "四萬里外"，指長安直至地中海以遠地區的里程。
62. "西海"，地中海。
63. 《山經》，指《山海經》。
64. 隨著焉耆等三國於永元六年（94年）降服，東漢的西域經營臻於極盛。不僅西漢時內附諸國納質歸屬，而且條枝、安息乃至四萬里以外的國家和地區也重譯貢獻。班超正是在這種形勢下派遣甘英西使的。所謂 "窮臨西海而還"，乃指甘英抵達條枝所臨地中海而還。甘英出使應該是從龜茲（時西域都護府所在）出發的。他大概自龜茲西行至疏勒後踰蔥嶺，復經大宛、大月氏至安息都城和櫝城。此後歷阿蠻、斯賓、于羅而抵條枝。歸時，如傳文所說，"轉北而東，復馬行六十餘日至安息"，再取道木鹿和吐火羅斯坦東還。

65. "蒙奇" [mong-gia]，應爲 Margiana 對譯。[25] Margiana 是安息的邊緣省份，自公元一世紀中葉以降，因帕提亞王權衰落，處於獨立或半獨立狀態，或因此有遣使東漢之舉。本傳以"蒙奇"爲國名，而稱其首府爲"木鹿"（Mōuru）。

66. "兜勒" [to-lək]，應爲 Thuhāra 之對譯。兜勒爲 Tukhāra 之異譯。[26] Tukhāra 即大夏，當時屬貴霜，但可能有一定的自主權，故遣使東漢。

67. 據《後漢書·和帝紀》，永元十二年（100 年）"冬十一月，西域蒙奇、兜勒二國遣使內附，賜其王金印紫綬"。這兩國"歸服"雖然是東漢影響日益擴大的結果，但和甘英西使也不無關係。按之時間，這兩國使者很可能是和甘英一起東來的。

1.3.2.2 自皮山西南經烏秅[68]，涉懸度[69]，歷罽賓[70]，六十餘日[71] 行至烏弋山離國，地方數千里，時改名排持。[72] 復西南馬行百餘日至條支。[73]

68. 烏秅，西域南道綠洲國，首見《漢書·西域傳》，故址可能在今 Hunza。[27]
69. 懸度，應即《漢書·西域傳》所見"縣度"，位於 Darel 至 Gilgit 之間印度河上游河谷。
70. 罽賓，位於喀布爾河中下游。
71. "六十餘日"：自皮山國王治經烏秅、罽賓國王治赴烏弋山離國王治的行程。
    案：《漢書·西域傳》稱，自烏弋山離國王治去烏壘城"六十日行"，非是。據本傳，可知"六十日行"應爲自烏弋山離國王治赴皮山國王治的行程。
72. 烏弋山離國，首見《漢書·西域傳》，位於 Alexandria Prophthasia。"排持"

應從《魏略·西戎傳》作"排特","持"、"特"形似致誤。"排特"[buəi-dək]便是 Prophthasia 之略譯。
73. 這是説自安息都城西南行可赴條枝。

條支國城在山上，周回四十餘里。臨西海，海水曲環其南及東北，三面路絕，唯西北隅通陸道。[74]土地暑溼，出師子、犀牛、封牛、孔雀、大雀[75]。大雀其卵如甕。[76]

74. "條枝國城"，似即原塞琉古朝敍利亞王國都城安條克（Antiochia）的外港 Seleucia。該城既"臨西海"，則"海水曲環"云云或爲甘英"臨海欲度"之際所親見。[28]
75. 大雀，即大鳥，亦指鴕鳥。
76. 甘英既是明確見載抵達條枝的東漢使者，這一則可能傳自甘英。

轉北而東，復馬行六十餘日[77]至安息，後役屬條支，爲置大將，監領諸小城焉。[78]（卷八八"西域傳"）

77. "六十餘日"：自條支至安息都城的行程。案："轉北而東"云云，不過是承上"西南馬行"而言，理解不可執著。
78. "後役屬條支"云云，祇能讀作"條枝役屬於安息"，"役屬"一詞的用法和《史記·大宛列傳》相同。而同傳別處並非如此；例如："大秦國……地方數千里，有四百餘城，小國役屬者數十。"案：這是本傳在條枝問題上抄襲"前書"的證據。"置大將"云云可能是傳文編者根據《史記·大宛列傳》載條枝國"往往有小君長"想像出來的。因爲這和前文"後役屬條支"句相牴牾,既然安息置將監領條枝,則可見條枝已爲安息所幷,不再是受安息役屬了。事實上,條枝卽敍利亞王國早已亡於羅馬,因此不可能直至班超或班勇時代還受安息役使或監領。安息入侵已成爲羅馬屬地的敍利亞地區凡二次:一次在公元前 51 年(宣帝甘露三年),曾圍攻安條克城;一次在公元前 40 年(元帝永光四年),一度佔領安條克城,但爲時不長,僅年餘,似乎也談不上置將監領。[29]

1.3.2.3 安息國居和櫝城[79],去洛陽二萬五千里[80]。北與康居接,南與烏弋山離接。地方數千里,小城數百,戶口勝兵最爲殷盛。其東界木鹿城[81],號爲小安息,去洛陽二萬里[82]。

79. 和櫝,安息早期都城。"和櫝"[huai-dok] 係 Hecatompylos 之略譯。
80. "二萬五千里":可能是自當時安息國都城經大月氏國王治赴洛陽的行程。
81. 木鹿,位於今 Merv 一帶。"木鹿"[mu-lok],一般認爲是 Mōuru 的對譯。
82. "二萬里":自木鹿城經大月氏國王治赴洛陽的行程。

章帝章和元年[83],遣使獻師子、符拔[84]。符拔形似麟而無角。和帝永元九年,都護班超遣甘英使大秦[85],抵條支。臨大海欲度,而安息西界船人謂英曰:海水廣大,往來者逢善風三月乃得度,若遇遲風,亦有二歲者,故入海人皆齎三歲糧。海中善使人思土戀慕,數有死亡者。英聞之乃止。[86]十三年,安息王滿屈[87]復獻師子及條支大鳥,時謂之安息雀[88]。(卷八八"西域傳")

83. 據《後漢書・和帝紀》，章和二年（88年），"安息國遣使獻師子、扶拔"。案：與本傳所載"元年"有異，然而本傳也許是錯的。蓋《後漢書・章帝紀》載，章和元年"月氏國遣使獻扶拔、師子"。證以《後漢書・班超傳》，"章帝紀"此條可信；知元年獻師子、符拔者爲月氏，並非安息。[30]
84. 符拔，《後漢書・和帝紀》作"扶拔"，應即《漢書・西域傳》所見"桃拔"。
85. 大秦，此處指羅馬帝國本土，今意大利半島。[31]
86. "海中"以下，《通志・四夷三・西戎下》（卷一九六）引作："海中善使人悲懷思土，故數有死亡者。若漢使不戀父母妻子者可入。英聞之乃止。"案：大秦是東漢人十分嚮往的地方，但"使大秦"的甘英祇是西域都護的屬吏，並非朝廷所遣，可見東漢的西域經營遠不如西漢積極。
87. 滿屈，一般認爲即帕提亞王 Pacorus 二世（78—115/116年在位）。
88. 《後漢書・和帝紀》：永元十三年（101年）"冬十一月，安息國遣使獻師子及條枝大爵"。案：時稱條支即敘利亞地區爲"安息西界"，故"條支大鳥"得稱爲"安息雀"。大鳥，即鴕鳥。

1.3.2.4 自安息西行三千四百里[89]至阿蠻國[90]。從阿蠻西行三千六百里[91]至斯賓國[92]。從斯賓南行度河，又西南至于羅國[93]九百六十里[94]，安息西界極矣。自此南乘海，乃通大秦。其土多海西珍奇異物焉。[95]（卷八八"西域傳"）

89. "三千四百里"：自安息國王治赴阿蠻的行程。
90. "阿蠻" [a-mean]，爲 Ecbatana 的對譯。
91. "三千六百里"：自阿蠻赴斯賓的行程。

92. "斯賓"[sie-pien]，爲 Ctesiphon 的對譯。
93. "于羅"[hiua-la]，可能是 Hatra 的對譯。"西南"，"南"或係"北"之誤。
94. "九百六十里"：自斯賓赴于羅的行程。
95. 這一段有可能傳自甘英，所述自安息都城和櫝城（Hekotompylos），經阿蠻（Ecbatana）、斯賓（Ctesiphon）、于羅（Hatra）抵條枝的路程很可能正是甘英所親歷。雖然早在章帝章和二年（88年），據《後漢書·和帝紀》，安息國已經遣使來獻，但每一段路程均標以漢里，表明有關記載更可能傳自漢使，而甘英正是已知唯一走完全程的東漢使者。

  1.3.2.5 大秦國一名犂鞬[96]，以在海西，亦云海西國。地方數千里，有四百餘城。小國役屬者數十。以石爲城郭。列置郵亭，皆堊墍之。有松柏諸木百草。人俗力田作，多種樹蠶桑[97]。皆髡頭而衣文繡[98]，乘輜軿白蓋小車，出入擊鼓，建旌旗幡幟。

96. "犂鞬"[lyei-kian]，與《史記·大宛列傳》所見"黎軒"爲同名異譯。《史記·大宛列傳》的"黎軒"指托勒密朝埃及王國。本傳之"犂鞬"[lyei-kian]）客觀上已經成了大秦的同義詞。蓋黎軒卽托勒密埃及王國距漢遙遠，直至公元前30年（成帝建始三年）淪爲羅馬行省時，還沒有來得及爲漢人瞭解，僅知其大致位置而已，而當漢人有可能進一步瞭解西方世界時，黎軒已經不復存在，而大秦之名卻如雷貫耳；原黎軒國旣成了大秦國的一部份，來華的原黎軒國人又可能自稱大秦人，於是很自然地把黎軒和大秦這兩個表示不同概念的名詞合而爲一了，終於有了本傳所見"大秦國一名犂鞬"的說法。

97. "多種樹蠶桑"：在本傳描述的時代，大秦卽羅馬帝國尚未植桑養蠶。本傳有關記載是當時中國人美化大秦、想當然所致，不足爲據。[32]
98. "衣文繡"或"胡服"皆籠統之言。"髡頭"似與當時羅馬人習俗不合。[33]

　　所居城邑，周圜百餘里。城中有五宮，相去各十里。[99]宮室皆以水精爲柱，食器亦然。[100]其王日遊一宮，聽事五日而後徧。常使一人持囊隨王車，人有言事者，卽以書投囊中，王至宮發省，理其枉直。各有官曹文書。置三十六將，皆會議國事。[101]其王無有常人，皆簡立賢者。國中災異及風雨不時，輒廢而更立，受放者甘黜不怨。[102]其人民皆長大平正，有類中國，故謂之大秦。[103]

99. "城中有五宮"，以及下文"其王日遊一宮"云云，與羅馬帝國實際情況不盡相符。一說是當時中國人根據五方思想等編造出來的。[34]
100. "水精爲柱"之類，可見時人極理想化之能事。
101. "常使一人持囊隨王車"云云，與羅馬帝國實際情況不盡相符。一說是當時中國人根據堯舜禹"以五音聽治"之類傳說編造出來的。[35]
102. "其王無有常人"云云，與羅馬帝國實際情況不盡相符。一說是當時中國人按堯舜禹的禪讓政治美化大秦的產物。[36]案：其說或是，但"生放其故王"云云似乎不是業已獨尊儒術的中國人所能想像，有待進一步研究。
103. "大秦"，似爲中亞人對羅馬帝國的稱呼，蓋"秦"係當時北亞和中亞人對中國的稱呼。稱之爲"秦"，是因爲在中亞人看來，羅馬帝國"有類中國"；著一"大"字，是因爲羅馬帝國是當時西方第一大國。至於人民"長大"云云，不過是當時中國人根據"大秦"這一名稱想像出來的，也有美化的成份在內。[37]

　　土多金銀奇寶,有夜光璧[104]、明月珠[105]、駭雞犀[106]、珊瑚、虎魄[107]、琉璃[108]、琅玕[109]、朱丹[110]、青碧[111]。刺金縷繡[112]、織成[113]、金縷罽[114]、雜色綾。作黃金塗[115]、火浣布[116]。又有細布,或言水羊毳[117]、野蠶繭[118]所作也。合會諸香,煎其汁以爲蘇合[119]。凡外國諸珍異皆出焉。

104. 夜光璧,一說卽金剛石。[38]
105. 明月珠,發光的珠寶。一說應卽金剛石。[39] 一說多爲鯨睛。[40]
106.《抱朴子內篇·登涉》:"通天犀角有一赤理如綖,有自本徹末,以角盛米置羣雞中,雞欲啄之,未至數寸,卽驚却退,故南人或名通天犀爲駭雞犀。""赤理",本傳李注引作"白理"。[41]
107. 虎魄,首見《漢書·西域傳》。《後漢書·王符傳》李注:"虎魄,珠也。生地中,其上及旁不生草,深者八九尺。初時如桃膠,凝堅乃成。其方人以爲枕。出罽賓及大秦國。"
108. 琉璃,可大別爲天然與人工合成二類,天然琉璃一說卽璧流離。[42]
109. 琅玕,一說卽 Balas ruby。[43]
110. 朱丹,一說卽朱砂。[44]
111. 青碧,孔雀石之類。[45]
112. 刺金縷繡,以及下文金縷罽,都是金綫交織而成的織品。[46]
113. 織成,一種名貴織物。[47]
114. 罽,毛織物。

115. 黃金塗，一說是塗金的布。[48]

116. 火浣布，一般認爲其原料是石棉。[49]

117. 水羊毳，一說指貽貝織物。[50]

118. 野蠶繭，大秦國有野蠶絲，亦見於 Pliny（23—79 年）《博物志》（XI, 26）的記載。[51]

119. 蘇合：下文所引《梁書·海南諸國傳》的記載可與本傳參看。"蘇合"，原語不詳。[52]

　　以金銀爲錢，銀錢十當金錢一。與安息、天竺[120]交市於海中，利有十倍。其人質直，市無二價。穀食常賤，國用富饒。鄰國使到其界首者，乘驛詣王都，至則給以金錢。其王常欲通使於漢，而安息欲以漢繒綵與之交市，故遮閡不得自達。[121] 至桓帝延熹九年，大秦王安敦[122]遣使自日南徼外獻象牙、犀角、瑇瑁，始乃一通焉。[123] 其所表貢，並無珍異，疑傳者過焉。[124]

120. 天竺，指印度。"天竺"[thyen-tiuk]，一般認爲是 Thindu 之對譯。

121. 據拜占廷史家 Procopius（500—565 年）《哥特戰爭》（IV, 17）記載，有"幾位來自印度的僧侶到達這裏，獲悉 Justinianus 皇帝心中很渴望使羅馬人此後不再從波斯人手中購買絲綢，便前來拜見皇帝，許諾說他們可設法弄到絲綢，使羅馬人不再受制于波斯人或其他民族，被迫從他們那裏購買絲貨"云云，可與本傳"安息欲以漢繒綵與之交市"之類記述參看。[53]

122. "大秦王安敦"，一般認爲應卽羅馬帝國安敦尼王朝第五帝 Marcus Aurelius Antonius（161—180 年在位）。

123. 《後漢書·桓帝紀》載：延熹九年（166年）九月"大秦國王遣使奉獻"。知大秦卽羅馬帝國與東漢首次通使直至延熹九年纔實現。這說明和帝永元六年（94年）以後"重譯貢獻"的"海瀕四萬里外"諸國來使中不包括大秦的使者。傳文泛稱"海瀕四萬里外"，沒有提到大秦，其實已經暗示了這一點。但應該指出的是，很可能正是這些來自大秦屬土的貢獻者傳達了有關的信息，纔促使班超下決心派甘英出使大秦的。甘英西使的主要成果是豐富了漢人關於西方世界的見聞。

124. 結合以上《後漢書·西南夷列傳》的記載，可知當時漢人對大秦不勝嚮望之情。

或云其國西有弱水[125]、流沙[126]，近西王母[127]所居處，幾於日所入也。《漢書》云：從條支西行二百餘日，近日所入；則與今書異矣。[128]前世漢使皆自烏弋以還，莫有至條支者也。[129]又云：從安息陸道繞海北行出海西至大秦，人庶連屬，十里一亭，三十里一置，[130]終無盜賊寇警。而道多猛虎、師子，遮害行旅，不百餘人，齎兵器，輒爲所食。[131]又言：有飛橋數百里可度海北諸國。[132]所生奇異玉石諸物，譎怪多不經，故不記云。（卷八八"西域傳"）

125. 弱水，首見《史記·大宛列傳》。

126. 《禹貢·雍州》："導弱水，至於合黎，餘波入於流沙。"一般認爲所述"弱水"指山丹河、額濟納河，"流沙"指騰格里沙漠。本傳"流沙"因"弱水"而提及，不能確指。

127. 西王母，首見《史記·大宛列傳》。

128. "《漢書》"云云：原以爲條支近日所入，在本傳中則以爲大秦近日所入，是中國人對西方世界了解的範圍不斷擴大的結果。案：本節採自《魏略·西戎傳》，《魏略》應卽傳文所謂"今書"。

129. "前世漢使皆自烏弋以還"二句：這是承襲《漢書·西域傳》"烏弋山離"條的有關記載，原意祇是說沒有漢使前往條枝時經由烏弋山離，並不是說從未有漢使前往條枝。[54]

130. 羅馬、安息均有驛傳，設 Serai 供隊商止宿，但並非"十里一亭，三十里一置"。一說這些描述大致以漢土制度爲藍本且加以理想化，不可全信。[55]

131. 結合《魏略·西戎傳》所載，自安息赴大秦的海道與陸道，可概括如下：陸道自安息和櫝，經阿蠻，抵斯賓，然後渡底格里斯河（經于羅）或幼發拉底斯河而上，至安谷城，復北行至驢分，西向跨越 Hellespont 海峽，經巴爾幹等（所謂"海北"）地區，到達意大利半島。海道分爲南北：北道至安谷城後，截地中海而西，直達羅馬。南道從于羅渡幼發拉底斯河，至汜復，或從思陶經旦蘭至汜復，復自汜復經賢督、積石抵澤散（亦作烏遲散丹，卽埃及亞歷山大），然後西北向乘船過地中海，亦至羅馬。南道以汜復爲樞紐。

132. "飛橋"，指從 Propontis 西向越過架設在 Helespont 海峽上的橋，可至意大利半島。

1.3.2.6 天竺，一名身毒[133]，在月氏之東南數千里[134]。俗與月氏同，而卑溼暑熱。其國臨大水[135]。乘象而戰。其人弱於月氏，脩浮圖道[136]，不殺伐，遂以成俗。從月氏、高附國以西，南至西海，東至磐起國[137]，皆身毒之地。[138] 身毒有別城數百，城置長。

別國數十,國置王。雖各小異,而俱以身毒爲名,其時皆屬月氏。[139]月氏殺其王而置將,令統其人。土出象、犀、瑇瑁[140]、金、銀、銅、鐵、鉛、錫,西與大秦通,有大秦珍物。[56](卷八八"西域傳")

133. 身毒,指今印度河流域。"身毒"[sjien-tuk],一般認爲是梵語 Sindhu 或伊朗語 Hindu 之對譯。

134. "數千里":此里數承襲《史記·大宛列傳》。

135. 大水,指印度河。

136. "浮圖道",指佛教,"浮圖"即 Buddha。

137. 磐起國,位於今緬甸。"磐起"[buan-khiə](《魏略·西戎傳》作"盤越"[buan-hiuat]),應爲 Pyū、Prū、Prome 之對譯。

138. "天竺"即"身毒"雖然主要包括印度河流域,但傳文既稱其地"從月氏、高附國以西,南至西海,東至磐起國",磐起在今緬甸,則此名另有廣義的用法。

139. "皆屬月氏":結合前文,知這裏描述的是閻膏珍卽位後的形勢。似乎貴霜勢力曾佔有今緬甸的部份地區。

140. 瑇瑁,一說指鷹嘴龜(Chelonia imbricata)之殼。[57]

1.3.2.7 論曰:西域風土之載,前古未聞也。漢世張騫懷致遠之略[141],班超奮封侯之志,[142]終能立功西遐,羈服外域。……其後甘英乃抵條支而歷安息,臨西海以望大秦,拒玉門、陽關者四萬餘里,靡不周盡焉。(卷八八"西域傳")

141. 張騫，西漢使臣，事蹟見《史記·大宛列傳》和《漢書·張騫李廣利傳》。

142.《後漢書·班超列傳》："超與母隨至洛陽。家貧，常爲官傭書以供養。久勞苦，嘗輟業投筆歎曰：大丈夫無它志略，猶當效傅介子、張騫立功異域，以取封侯，安能久事筆硏閒乎？左右皆笑之。超曰：小子安知壯士志哉！其後行詣相者，曰：祭酒，布衣諸生耳，而當封侯萬里之外。超問其狀。相者指曰：生燕頷虎頸，飛而食肉，此萬里侯相也。"

4.《魏略》[143]

1.4.1 道從燉煌[144]玉門關[145]入西域，前有二道，今有三道。從玉門關西出，經婼羌[146]轉西，越蔥領，經縣度，入大月氏[147]，爲南道。[148]

143.《魏略》，凡五十卷，三國魏人魚豢撰。書佚，清人王仁俊有輯本一卷。

144. 燉煌，指敦煌郡，治今敦煌西。

145. 玉門關，故址在今甘肅敦煌西北。

146. 婼羌，羌之一種，首見《漢書·西域傳》。此條所載婼羌國王治可能在今楚拉克阿幹河流域。[58]

147. 大月氏，此處所謂"大月氏"並非自伊犁河、楚河流域西遷之大月氏，乃指貴霜帝國。

148. 據《漢書·西域傳》和《後漢書·西域傳》，南道乃出玉門關或陽關，傍南山北西行至鄯善國都扜泥城，復自扜泥城西行赴且末以西諸國；本傳卻說在出玉門關後，"經婼羌轉西"。又據《漢書·西域傳》，婼羌國"去陽關千八百里,去長安六千三百里",鄯善國"去陽關千六百里,去長安六千一百里",知當時赴鄯善不經過婼羌;且同傳明載婼羌國"不當孔道"。因此,本傳的敘述說明曹魏時南道的取向與兩漢時有所不同。另一種可能便是婼羌的位置發生了變化。因爲《漢書·西域傳》所說"不當孔道"的婼羌國不過是西域婼羌族之一枝,其王稱"去胡來王"。[59] 這一枝其實在西漢末已經消亡,或者其餘衆聚居之處在曹魏時正當自玉門關往赴鄯善之道。[60]

從玉門關西出,發都護井[149],回三隴沙[150]北頭,經居盧倉[151],從沙西井[152]轉西北,過龍堆[153],到故樓蘭[154],轉西詣龜茲[155],至蔥領,爲中道。[156]

149. 都護井,一說即《漢書·西域傳》所見"卑鞮候井"。[61] "卑鞮"或係土名。
150. 三隴沙,《太平御覽》卷七四引《廣志》:"流沙在玉門關外,南北二千、東西數百里,有三斷,名曰三隴。"
151. 居盧倉,首見《漢書·西域傳》,作"居盧倉",位於白龍堆之東、白龍堆與三隴沙之間。[62] "居盧",一說乃"居盧訾"之略,後者見諸羅布淖爾所出漢簡。[63]
152. 沙西井,具體位置不詳。
153. 龍堆,即《漢書·西域傳》所見"白龍堆",指今羅布泊東北雅丹羣。
154. 樓蘭,首見《漢書·西域傳》。樓蘭係西域南道東端綠洲國,後改名鄯善。其王治位於羅布泊西南、今若羌縣治附近之且爾乞都克古城。此處所謂"故樓蘭"位於今羅布泊西北樓蘭古城遺址,亦即《水經注》所見"樓蘭城"。

蓋據《水經注‧河水二》,"河水又東逕注賓城南,又東逕樓蘭城南而東注。蓋墩田士所屯,故城禪國名耳。河水又東,注于泑澤"。禪者,取代、轉讓之意。樓蘭國既改名鄯善,城乃禪國名得稱"樓蘭城"。[64]

155. 龜茲,西域北道綠洲國,首見《漢書‧西域傳》。一般認爲其王治位於今庫車縣治東郊的皮郎古城。"龜茲"[khiuə-tziə],得視爲 Gasiani 之對譯。

156. 本傳所謂"中道",早在西漢武帝時已經開闢,但在《漢書‧西域傳》和《後漢書‧西域傳》中均沒有作爲一條通西域的路線記載。傳文強調從玉門關到"故樓蘭"一段路線,似乎表明曹魏時今樓蘭古城遺址一帶的重要性超過前代,這顯然是因爲該處成了西域長史的治所。[65]

從玉門關西北出,經橫坑[157],辟三隴沙及龍堆,出五船[158]北,到車師[159]界戊己校尉[160]所治高昌[161],轉西與中道合龜茲,爲新道。[162](卷三〇"魏書‧烏丸鮮卑東夷傳"裴注引)

157. 橫坑,具體位置不詳。

158. 五船,具體位置不詳。一說即《後漢書‧西域傳》所見"伊吾",[66] 似有未安。

159. 車師,指車師前國,西域北道綠洲國,首見《漢書‧西域傳》。王治交河城,一般認爲故址在今吐魯番縣西雅爾湖(Yār-Khoto,亦作雅爾和圖或招哈和屯)。

160. 戊己校尉,西域職官名稱。據《漢書‧百官公卿表上》,"元帝初元元年(前48 年)置。有丞、司馬各一人,候五人,秩比六百石"。既有丞比六百石,校尉應爲比二千石。置校尉主要是爲了屯田車師前王庭即交河城。戊己校尉本爲屯田而設,其前身即屯田校尉;因此,"戊己"一號必與屯田有關。之所以改"屯田"爲"戊己",顯然意在厭勝,校尉以屯田攘匈奴、安西域,故名"戊己"。[67] 曹魏置戊己校尉在黃初三年二月之後。據本傳,可知曹魏戊己校尉所治爲車師界高昌,首任戊己校尉爲張恭。

161. 高昌,其前身當卽《漢書·西域傳》所見"高昌壁",故址當位於今高昌古城。
162. 新道,一般認爲便是《漢書·西域傳》和《後漢書·西域傳》所載"北道"。這固然不錯,但值得注意的是,《漢書·西域傳》和《後漢書·西域傳》的"北道"並不完全等於"新道"。"北道"其實包括了本傳所載"中道"和"新道"兩者。"新道"之"新"僅在於銜接玉門關與"北道"的一段路線。在《漢書·西域傳》的編者看來,徐普雖有新闢,與"北道"幹線無涉,故傳文序仍稱"出西域有兩道"。本傳編者不明此理,纔有"前有二道,今有三道"之說。

  1.4.2.1 自是(疏勒[163])以西,大宛[164]、安息[165]、條支[166]、烏弋[167]。烏弋一名排特[168],此四國次在西,本國也,無增損。前世謬以爲條支在大秦西,今其實在東。[169]前世又謬以爲彊於安息,今更役屬之,號爲安息西界。[170]前世又謬以爲弱水在條支西,今弱水在大秦西。[171]前世又謬以爲從條支西行二百餘日,近日所入,[172]今從大秦西近日所入。(卷三〇"魏書·烏丸鮮卑東夷傳"裴注引)

163. 疏勒,西域北道綠洲國,首見《漢書·西域傳》。其王治故址一般認爲在今喀什附近。
164. 大宛,位於今費爾幹那地區,首見《史記·大宛列傳》。
165. 安息,指帕提亞朝波斯王國,首見《史記·大宛列傳》。

166. 條支，指塞琉古朝敍利亞王國，首見《史記·大宛列傳》。本傳主要指曾爲塞琉古朝敍利亞王國統治的地區。

167. "烏弋"，應卽《漢書·西域傳》所見"烏弋山離"之略稱。

168. "一名排特"，《後漢書·西域傳》作"時改名排（持）[特]"，案：應從本傳。蓋"排特"[buəi-dək]便是 Prophthasia 之略譯，無所謂"改名"。

169. "前世謬以爲條支在大秦西"：傳世文獻中未見類似記載，不知本傳作者何所指而云然。

170. "前世又謬以爲彊於安息"三句：安息建國之初，經常受到條枝卽塞琉古朝敍利亞王國的威脅，直至 Mithridates 一世卽位後纔日益強盛起來。換言之，條枝確曾一度強於安息，前世所傳並非盡謬。條枝役屬安息是張騫時代的事。張騫以後六十餘年，條枝便亡於羅馬，自然也就談不上役屬安息了。因此，所謂"今更役屬之"，應該是張騫時代所獲得的消息，不能看作魚豢時代的實況。本傳所載西域事情多屬東漢時代者，有關條枝、黎軒和大秦的部份亦然，故有不少被范曄採入《後漢書·西域傳》，但似乎還有東漢以前者，如上引三句便是。又，前引《後漢書·西域傳》"後役屬條支"句，著一"後"字，顯然是受此處"前世又謬以爲彊於安息，今更役屬之"兩句的影響。至於條枝"號爲安息西界"，無疑始於役屬安息之時。應該指出，既然是"號爲"西界，就不能認爲是真正的西界，更不能據此求條枝於安息西部疆界之內。故此處"西界"簡直可讀作"西蕃"，它表達了張騫時代條枝與安息關係的實質，即條枝役屬安息，安息以條枝爲蕃國。後來，條枝雖亡於羅馬，但中亞特別是安息人很可能依舊沿用"安息西界"來稱呼故條枝國之地。故本傳中的"安息西界"，可以說是條枝的代名詞。

171.《漢書·西域傳》稱:"安息長老傳聞條支有弱水。"
172.《漢書·西域傳》稱:"自條支乘水西行,可百餘日,近日所入云。"《後漢書·西域傳》:"《漢書》云,從條支西行二百餘日,近日所入。""近日所入"處以及弱水之西移,說明漢人有關西方地理視野的不斷擴大。

  1.4.2.2 大秦國一號犁靬[173],在安息、條支西大海之西,[174]從安息界安谷城乘船,直截海西,遇風利二月到,風遲或一歲,無風或三歲。[175]其國在海西,故俗謂之海西。[176]有河出其國,西又有大海[177]。海西有遲散城,從國下直北至烏丹城,[178]西南又渡一河,乘船一日乃過。西南又渡一河,一日乃過。[179]凡有大都三。[180]

173. "犁靬",應即《史記·大宛列傳》所見"黎軒"、《漢書·西域傳》所見"犁靬"、《後漢書·西域傳》所見"犁鞬",均係 [A]lexan[dria](埃及的亞歷山大城)的縮譯。但《史記·大宛列傳》和《漢書·西域傳》所見"黎軒"和"犁靬"指托勒密朝埃及王國。《後漢書·西域傳》和本傳中的"犁鞬"和"犁靬"客觀上都已經成了大秦的同義詞。[68]
174. "在安息、條支西大海之西",乃指羅馬帝國本土位於安息、條枝(Syria)的西方,亦即"大海"即地中海的西部。
175. "從安息界安谷城乘船"至"無風或三歲"數句,指從敘利亞的 Antiochia 城,乘船橫截地中海西航,可至大秦即羅馬帝國本土——意大利半島。案:所謂"安息界安谷城"應為"安息西界安谷城"。如前所述,"安息西界"在本傳中用作"條枝"的代名詞。又,"安谷" [an-kok] 一名,無疑是

Antiochia 的縮譯。前文"條枝"也是 Antiochia 的縮譯。《後漢書·西域傳》載甘英抵條枝,臨海欲渡,聞"安息西界"船人之言:"海水廣大,往來者逢善風三月乃得度,若遇遲風,亦有二歲者,故入海人皆齎三歲糧";與本傳載安谷城赴大秦日程,如出一轍,知"安谷"、"條枝"同在一地。

176. "其國在海西"二句,指羅馬帝國本土在地中海西部,故亦稱為"海西"國。

177. "有河出其國,西又有大海",河指意大利半島上的 Tiber 河;海指意大利半島以西的第勒尼安海。

178. "海西有遲散城",應讀作"海西國有遲散城"。"遲散"與下文"烏丹"、"烏遲散"均係"烏遲散丹"之奪誤。下文"復直南行經之烏遲散城"句,元郝經《續後漢書》卷八十注所引作"經烏丹遲散城",可見四字本連寫,原應作"烏遲散丹",乃涉上"烏丹城"、"遲散城"而致誤,可乙正。"烏遲散丹"[a-diei-san-tan] 即 Alexandria 的全譯。"從國下直北至烏[遲散]丹城",是指從大秦國的最南端,北行可至埃及的亞歷山大城。

179. "西南又渡一河,乘船一日乃過。西南又渡一河,一日乃過"四句涉下文衍。

180. "凡有大都三"句,疑上有奪文。"大都三"或指羅馬帝國的三個最大的都會:意大利的羅馬、敘利亞的安條克和埃及的亞歷山大。

　　卻從安谷城陸道直北行之海北,復直西行之海西,[181] 復直南行經之烏遲散城[182],渡一河,[183] 乘船一日乃過。周迴繞海,凡當渡大海六日乃到其國[184]。國有小城邑合四百餘,東西南北數千里。[185]

181. "卻從安谷城陸道直北行之海北,復直西行之海西"二句,指從敘利亞的 Antiochia 取陸道北行，可至"海北"即地中海北部：小亞、巴爾幹等地，更西行可達"海西"即大秦本土。

182. "復直南行經之烏遲散［丹］城"句，復、經二字衍；乃指自 Antiochia 沿地中海海岸南行，可至埃及的亞歷山大城。

183. "渡一河"，河指尼羅河。"周迴繞海"，指亞歷山大城位於尼羅河三角洲上，突出於海中。

184. "凡當渡大海六日乃到其國"，指從敘利亞的 Antiochia 取海道抵亞歷山大，共需六日。"國"指大秦屬國，即下文所謂"別枝封小國"，此處指"澤散國"。前文明載自安谷城至大秦，速則二月，遲或三歲，非六日可到，故知"國"非指大秦國。

185. "國有小城邑"二句，說明所謂大秦國乃指羅馬帝國全境，而不是帝國的局部。

其王治濱側河海，以石爲城郭。其土地有松、柏、槐、梓、竹、葦、楊柳、梧桐[186]、百草。民俗，田種五穀，畜乘有馬、騾、驢、駱駝。桑蠶。[187] 俗多奇幻，口中出火，自縛自解，[188] 跳十二丸巧妙。[189] 其國無常主，國中有災異，輒更立賢人以爲王，而生放其故王，王亦不敢怨。[190] 其俗，人長大平正，似中國人而胡服，自云本中國一別也。[191] 常欲通使於中國，而安息圖其利，不能得過。[192] 其俗能胡書。其制度，公私宮室爲重屋，旌旗擊鼓，白蓋小車，郵驛亭置如中國。從安息繞海北到其國，[193] 人民相屬，十里一亭，三十里一置，[194] 終無盜賊。但有猛虎、獅子爲害，行道不羣則不得過。[195] 其國置小王數十，其王所治城周回百餘里，有官曹文書。王有五宮，一宮間相去十里，其王平旦之一宮聽事，至日暮一宿，明日復至一宮，五日一周。置三十六將，每議事，一將不至則不議也。[196] 王出行，常使從人持一韋囊自隨，有白言者，受其辭投囊中，還宮乃省爲決理。[197] 以水晶作宮柱及器物。[198] 作弓矢。

186. "松、柏、槐、梓、竹、葦、楊柳、梧桐"，一說這些植物，皆中國本土之靈草神木，尤其是槐、梓、竹、梧桐，未必當時大秦國實有，傳文强調大秦國有這些植物，可能是當時中國人將大秦理想化的結果。[69]

187. "桑蠶"，《後漢書·西域傳》有類似描述。

188. 《史記索隱》卷一二三引本傳作："犁靬多奇幻，口中吹火，自縛自解。""犁靬"當爲"犁軒"之訛。

189. "俗多奇幻"云云，此卽《後漢書·西南夷傳》所載大秦"幻人"。眩人或幻人應來自黎軒卽埃及的亞歷山大城。[70]

190. "其國無常主"云云，《後漢書·西域傳》有類似描述。

191. "其俗"云云，可知時人認爲羅馬帝國"有類中國"，纔稱之爲大秦的。蓋"秦"係當時北亞和中亞人對中國的稱呼。《漢書·匈奴傳上》："衛律爲單于謀，穿井築城，治樓以藏穀，與秦人守之。"顏注："秦時有人亡入匈奴者，今其子孫尚號秦人。"王先謙《漢書補注》引顧炎武云："顏說非也。彼時匈奴謂中國人爲秦人，猶後世言漢人耳。"又，《漢書·西域傳》："匈奴縛馬前後足，置城下，馳言：秦人，我匃若馬。"顏注："謂中國人爲秦人，習故言也。"又，《史記·大宛列傳》："貳師……聞宛城中新得秦人，知穿井。"《漢書·李廣利傳》"秦人"作"漢人"。皆可爲證。

果然,"大秦"應爲中亞人對羅馬帝國的稱呼,漢人似乎不太可能用前朝的國號來指稱西域的一個大國。

192. "常欲通使於中國"云云,《後漢書·西域傳》有類似描述。
193. "從安息繞海北到其國",指從安息經條枝取陸道北行,可至"海北"卽地中海北部,更西行可達大秦本土。
194. "十里一亭,三十里一置",《後漢書·西域傳》有類似描述。
195. "從安息繞海北到其國"至"行道不羣則不得過"一段可據《後漢書·西域傳》的有關文字釐定爲:"從安息陸道繞海北到其國,人民相屬,十里一亭,三十里一置,終無盜賊寇警。但有猛虎、獅子,爲害行旅,不百餘人,齎兵器,輒爲所食。"
196. "王有五宮"云云,《後漢書·西域傳》有類似描述。
197. "王出行"云云,《後漢書·西域傳》有類似描述。
198. 一說"水晶作宮柱"亦誇飾所致。[71]

其別枝封小國,曰澤散王[199],曰驢分王[200],曰且蘭王[201],曰賢督王[202],曰汜復王[203],曰于羅王[204],其餘小王國甚多,不能一一詳之也。

199. "澤散"[deak-san],可視作 Alexandria 之縮譯,亦指埃及 Alexandria。
200. "驢分"[lia-piuən],乃 Propontis 之略譯。
201. "且蘭"乃"旦蘭"[dan-lan] 之訛,"旦蘭"乃 Palmyra 之古名 Tadmor 之 Tadmora 對譯。
202. "賢督"[hyen-sjiuk],乃耶魯撒冷(Jerusalem)的古稱 Hierosōlyma 之對譯。

203. "氾復" [ziə-biuk]，Damascus 的對譯。

204. "于羅" [hiua-la]，Hatra 的對譯，亦見《後漢書·西域傳》。

　　國出細絺[205]。作金銀錢，金錢一當銀錢十。有織成細布，言用水羊毳，名曰海西布[206]。此國六畜皆出水[207]，或云非獨用羊毛也。亦用木皮或野繭絲[208]作。織成[209]、氍毹[210]、毾㲪[211]、罽帳[212]之屬皆好，其色又鮮于海東諸國[213]所作也。又常利得中國絲，解以爲胡綾，故數與安息[214]諸國交市於海中。海水苦不可食，故往來者希到其國中。山出九色次玉石[215]，一曰青，二曰赤，三曰黃，四曰白，五曰黑，六曰綠，七曰紫，八曰紅，九曰紺。今伊吾[216]山中有九色石，即其類。陽嘉三年時，疎勒王臣槃[217]獻海西[218]青石、金帶各一。[219]又今《西域舊圖》[220]云：罽賓、條支諸國出琦石，即次玉石也。大秦多金、銀、銅、鐵、鉛、錫、神龜[221]、白馬、朱髦[222]、駮雞犀[223]、瑇瑁[224]、玄熊[225]、赤螭[226]、辟毒鼠[227]、大貝[228]、車渠[229]、瑪瑙[230]、南金[231]、翠爵[232]、羽翮、象牙[233]、符采玉[234]、明月珠[235]、夜光珠[236]、真白珠、虎珀[237]、珊瑚、赤白黑綠黃青紺縹紅紫十種流離[238]、璆琳[239]、琅玕[240]、水精[241]、玫瑰[242]、雄黃[243]、雌黃[244]、碧[245]、五色玉、黃白黑綠紫紅絳紺金黃縹留黃十種氍毹、五色毾㲪、五色九色首下毾㲪[246]、金縷繡[247]、雜色綾、金塗布[248]、緋持布[249]、發陸布[250]、緋持渠布[251]、火浣布[252]、阿羅得布[253]、巴則布[254]、度代布[255]、溫宿布[256]、五色桃布[257]、絳地[258]金織帳、五色斗帳、一微木[260]、二蘇合[261]、狄提[262]、迷迷[263]、兜納[264]、白附子[265]、薰陸[266]、鬱金[267]、芸膠[268]、薰草木十二種香[269]。

205. 絺，細葛布。[72]

206. 水羊毳，亦見《後漢書·西域傳》。

207. "六畜皆出水"，或疑文字有訛，一說 "水" 字下應有 "中" 字。[73]案：六畜皆出自水中也許是由水羊聯想所致。

208. 野繭絲，亦見《後漢書·西域傳》。

209. 織成，亦見《後漢書·西域傳》。

210. 氍毹，指毛毯。"氍毹" 的語源尚未能確定。[74]

211. 毾㲪：一說 "毾㲪" 可能是中古波斯語 tāpetān 的對譯。[75]《後漢書·西域傳》李注："《埤蒼》曰：毛席也。《釋名》曰：施之承大牀前小榻上，登以上牀也。"

212. 罽帳，指毛織帳篷。

213. 海東諸國，指地中海東岸條枝、安息諸國。

214. "安息" 二字下應據《後漢書·西域傳》補 "天竺" 二字。

215. 次玉石，玉石之次者。

216. 伊吾，即《後漢書·西域傳》所見 "伊吾盧"。

217. 疎勒王臣槃，事蹟見《後漢書·西域傳》。

218. 海西，指大秦國。

219. 《北堂書鈔》卷一二九引《魏略》作 "疏勒王獻大秦赤石帶"。

220. 《西域舊圖》，不見載《隋書·經籍志》，已佚。

221. 神龜，指龜或龜甲。一說大秦國產神龜的記錄未必真實，是大秦被當時中國人理想化的結果。[76]

222. 《魏書·西域傳》"大秦條"作"白馬朱鬣"。一說"朱鬣"亦應與"白馬"連讀，意指有朱鬣之白馬。[77]

223. 駭雞犀，亦見《後漢書·西域傳》。

224. 瑇瑁，一說即鷹嘴龜（Chelonia imbricata）之殼。[78]

225. 玄熊即黑熊。

226. 赤螭，一說可能是某類爬蟲。[79] 一說螭為龍之一種，乃漢人想像中的靈物，大秦不可能出產自不待言，本傳稱大秦多赤螭是當時人將大秦理想化的結果。[80]

227. 辟毒鼠，一說可能指白鼬或黃鼠狼，亦即《新唐書·西域傳上》所見貞觀十六年（642年）罽賓國所獻褥特鼠："喙尖尾赤，能食蛇，螫者嗅且尿，瘡即愈。"[81]

228. 大貝，一說指大海貝、海螺或蛤。[82]

229. 車渠，學名為 Tridacna gigas。[83] 車渠原產地為印度，佛家視為七寶之一。此處視為大秦特產，可能有誤。

230. 瑪瑙，玉髓之一種。[84] 《藝文類聚》卷八四引曹丕"馬瑙勒賦序"："馬瑙，玉屬也。出自西域，文理交錯，有似馬腦，故其方人因以名之。"

231. "南金"，昔以此指稱南方產銅。《詩·魯頌·泮水》："元龜象齒，大賂南金。"毛傳："南謂荊揚也。"鄭箋："荊揚之州，貢金三品。"孔疏："金即銅也。"此處或借指大秦所產精銅。

232. "翠爵"，一說應與下文"羽翮"連讀。"翠爵羽翮"，非翠鳥之羽毛，乃指如翡翠一類的珍寶。[85]

233. 《後漢書·西域傳》載桓帝延熹九年，"大秦王安敦遣使自日南徼外獻象牙"。[86]

234. 符采玉，玉之有橫文者。《文選》卷四載左思"蜀都賦"："符采彪炳。"注："符采，玉之橫文也。"

235. 明月珠，亦見《後漢書·西域傳》。

236. 夜光珠，應即《後漢書·西域傳》所見"夜光璧"。

237. 虎珀，應即《後漢書·西域傳》所見"虎魄"。

238. 流璃，亦見《後漢書·西域傳》。

239. 璆琳，一說即流離，亦即璧流離。[87]

240. 琅玕，亦見《後漢書·西域傳》。

241. 水精，即石英（crystal）。[88]

242. 玫瑰，應即雲母。[89]

243. 雄黃，realgar。[90]

244. 雌黃，auripigmentum。[91]

245. 碧，應即《後漢書·西域傳》所見"青碧"。

246. "首下髵氈"，可能指毛織圍巾之類。

247. 金縷繡，應即《後漢書·西域傳》所見"刺金縷繡"。下文"金織帳"亦同類織品。

248. 金塗布，應即《後漢書·西域傳》所見"黃金塗"。

249. 緋持布，烏弋山離所產。"緋持"，應作"排特"；本傳："烏弋，一名排特。"

250. 發陸布，Propontis 所產。"發陸"[piuat-liuk]，似即 Propontis 之對譯。Propontis 在本傳中又稱作"驢分"。譯稱不同，蓋資料來源有異。

251. 緋持渠布，亦指烏弋山離所產。"排特渠"[buəi-dək-gia]，可能是 Prophthasia 較爲完整的譯稱，被誤爲二種。

252. 火浣布，亦見《後漢書·西域傳》。《三國志·魏書·三少帝紀》：景初三年

（239年），"西域重譯獻火浣布"。裴注："文帝以爲火性酷烈，無含生之氣，著之《典論》，明其不然之事，絕智者之聽。及明帝立，詔三公曰：'先帝昔著《典論》，不朽之格言，其刊石於廟門之外及太學，與石經並，以永示來世。'至是，西域使至而獻火浣布焉，於是刊滅此論，而天下笑之。"

253. 阿羅得布，埃及亞歷山大城所產。"阿羅得" [a-lai-tək]，即 Alexandria 之略譯。Alexandria 指埃及亞歷山大城，是當時大秦即羅馬帝國的三大都會之一。此城在本傳中又被記作"澤散"、"遲散"、"烏丹"或"烏遲散"。

254. 巴則布，Damascus 所產。"巴則" [pea-tsiək]，即 Damascus 之略譯。在本傳中 Damascus 又被稱作"氾復"。

255. 度代布，Tadmora 所產。"度代" [dak-dək]，即 Palmyra 的古名 Tadmor 或 Tadmora 的對譯。在本傳中 Tadmora 又被稱作"旦蘭"。《太平御覽》卷八二〇引作"鹿代"。

256. 溫宿布，Antiochia 所產。此處"溫宿"，顯然不可能是本傳所載西域中道的綠洲小國溫宿。"溫宿布"或當從一本作"溫色布"。[92] "溫色" [uən-shiək]，似乎可以看作 Antiochia 之略譯。在本傳中 Antiochia 又被稱作"安谷"，亦即《史記·大宛列傳》所傳條支國都城所在，在本傳描述的時代屬羅馬，是當時大秦國三大都會之一。

257. 桃布，無考。《太平御覽》卷八二〇作"枕布"，或是。

258. "絳地"，《三國志·魏書·東夷傳》載景初二年十二月魏帝報倭女王詔書有曰："今以絳地交龍錦五匹、絳地縐粟罽十張、蒨絳五十匹、紺青五十匹，答汝所獻貢直。""絳地交龍錦"，裴注以爲："地應爲綈，漢文帝著皁衣謂之弋綈是也。此字不體，非魏朝之失，則傳寫者誤也。"案："絳地"似指質地或底子爲絳色。[93]

259. 斗帳，形如覆斗，故稱。

260. 微木，無考。

261. 蘇合，亦見《後漢書·西域傳》。

262. 狄提，香料名，具體所指不明。《禮記·王制》（卷一二）："西方曰狄鞮。" "狄提"或卽"狄鞮"，藉指來自西域之香料。《玉臺新詠》卷一載張衡《同聲歌》："洒掃清枕席，鞮芬以狄香。"

263. "迷迷"，《太平御覽》卷九八二作"迷迭"，引《廣志》曰："迷迭出西海中。"性狀見同卷所引魏文帝《迷迭賦》和陳班《迷迭香賦》。"迷迭"一作"迷迷"。[94] 一般認爲應作"迷迭"，指 Rosmarinus officinalis，唇形科植物，主要產於地中海。春夏開淺藍色或白色小花，葉芳香，針形。

264. 兜納，《廣志》云"出西海剽國諸山"（《本草綱目·草之三》引自李珣《海藥本草》）。案："兜納"似卽《太平御覽》卷九八二所見"艾納"，形似而訛。蓋同卷引《廣志》"艾納出剽國"；又引《樂府歌》與迷迭連稱："行胡從何來？列國持何來？氍毹五味香，迷迭艾納及都梁。"

265. 白附子，一說是一種麻風樹（Iatropha janipha）的塊莖。[95]

266. 薰陸，卽乳香（Boswellia thurifera）。

267. 鬱金，據以下《梁書·海南諸國傳》所引性狀，或爲蕃紅花（Saffron, Crocus sativus）。

268. 芸膠，應卽芸香（Ruta graveolens），《說文解字·一篇下》"艸部"："芸，草也；似苜蓿。"《太平御覽》卷九八二引《廣志》曰："芸膠有安息膠，有黑膠。"

269. "十二種香"，"二"字疑衍，蓋香凡十種。

大秦道旣從海北陸通，又循海而南，與交趾七郡[270]外夷比，又有水道通益州²⁷¹、永昌²⁷²，故永昌出異物。前世但論有水道，不知有陸道，今其略如此。其民人戶數不能備詳也。（卷三〇"魏書·烏丸鮮卑東夷傳"裴注引）

270. 交趾七郡，即交州七郡：南海（治今廣東廣州）、蒼梧（治今廣西梧州）、鬱林（治今桂平市西）、合浦（治今廣西浦北西南）、交趾（治今河內西北）、九真（治今清化西北）、日南（治今越南平治天省廣治河與甘露河河流處）。
271. 益州，郡名，治今雲南晉寧東。
272. 永昌，郡名，治今雲南保山東北。

1.4.2.3 自葱領西，此國最大，置諸小王甚多，故錄其屬大者矣。²⁷³

273. "自葱領西，此國最大"云云，說明傳文所載大秦國乃指以羅馬爲中心的羅馬帝國全土，非其屬土。

澤散王屬大秦，²⁷⁴ 其治在海中央，北至驢分，水行半歲，風疾時一月到，最與安息安谷城相近，西南詣大秦都不知里數。驢分王屬大秦，²⁷⁵ 其治去大秦都二千里。從驢分城西之大秦渡海，飛橋長二百三十里²⁷⁶，渡海道西南行，繞海直西行。且蘭王屬大秦，²⁷⁷ 從思陶國²⁷⁸ 直南渡河，乃直西行之且蘭三千里。道出河南，乃西行，從且蘭復直西行之汜復國六百里。南道會汜復，乃西南之賢督國。且蘭、汜復直南，乃有積石²⁷⁹，積石南乃有大海，出珊瑚、真珠、且蘭、汜復、斯賓[280]、阿蠻[281]北有一山，東西行。大秦、海西東各有一山，皆南北行。[282]賢督王屬大秦，[283]其治東北去汜復六百里。汜復王屬大秦，[284]其治東北去于羅三百四十里渡海也。于羅屬大秦，[285]其治在汜復東北，渡河[286]，從于羅東北又渡河，斯羅東北又渡河。[287]斯羅國屬安息[288]，與大秦接也。大秦西有海水，[289]海水西有河水，河水西南北行有大山，西有赤水，赤水西有白玉山，白玉山有西王母[290]，西王母西有脩流沙。流沙西有大夏國、堅沙國[291]、屬繇國[292]、月氏國，四國西有黑水，所傳聞西之極矣。（卷三〇 "魏書·烏丸鮮卑東夷傳" 裴注引）

274. 澤散王屬大秦：澤散即埃及的亞歷山大，屬大秦始自公元前 30 年。

275. 驢分王屬大秦：公元前 190 年，小亞歸羅馬，驢分即 Propontis 地區屬大秦當自此時始。

276. "飛橋長二百三十里"：指從 Propontis 西向越過架設在 Helespont 海峽上的橋，可至意大利半島。橋長 "二百三十里"，恐係傳聞之誤。

277. 且蘭王屬大秦：旦蘭（且蘭）即 Palmyra，屬大秦可能早在一世紀初。羅馬帝國於公元 17 年頒佈的法令中已有關於這座城市稅收的內容。

278. "思陶" [sə-du]，應即 Sittake 的對譯。

279. 積石，指阿拉比亞北部、Hamad 以西的重要交通樞紐 Petra，Petra（希臘語 Πέτρα）。Πέτρα 意爲巖石，"積石" 是其義譯。

280. "斯賓" [sie-pien]，爲 Ctesiphon 的對譯。亦見《後漢書·西域傳》。

281. "阿蠻" [a-mean]，爲 Ecbatana 的對譯。亦見《後漢書·西域傳》。

282. 大秦、海西東各有一山，指意大利半島的亞平寧山脈和地中海東岸的黎巴嫩山脈，兩山皆南北走向。

283. 賢督王屬大秦：賢督屬大秦始於公元前 63 年。公元 70 年羅馬鎮壓巴勒斯坦猶太人叛亂時，曾毀滅該城。後來，羅馬於該處重建新城，名 Aelia Capitalina。

284. 氾復王屬大秦：氾復屬大秦始自公元前 64 年。

285. 于羅屬大秦，于羅（即 Hatra）何時屬羅馬，未見記載；祇知道 Trajan（98—117 年在位）在其末年曾圍攻 Hatra，未克。198 年，Septimius Severus（193—211 年在位）亦曾圍攻該城，同樣徒勞無功。可見 Hatra 是安息與羅馬的必爭之地，也就是說不能排除該地一度屬羅馬的可能性，本傳或可補西史之不足。

286. 河，指幼發拉底斯河，于羅在該河左岸。

287. "從于羅東北又渡河"二句，指從于羅（Hatra）或斯羅（Seleucia）渡底格里斯河均可通往安息。

288. 斯羅國屬安息：本傳又載"于羅屬大秦"；"斯羅國屬安息，與大秦接也"。知在本傳所描述的時代，安息與羅馬勢力範圍的分界線在斯羅與于羅之間。

289. "大秦西有海水"以下或係傳聞，無從深究。

290. 西王母，首見《史記·大宛列傳》。其原型可能是 Anatolia 的大神母 Koubaba 即 Cybele。

291. "堅沙"[kyen-shea]，似乎可以視作"貴霜"之異譯。

292. "屬繇"[zjiuok-jio]，似乎可以視作 Sugda 之對譯，Sugda 曾是貴霜之屬地。本傳並列大夏、月氏、堅沙三者，雖無視時代差，然亦曲折地反映出大夏亡於月氏，月氏又亡於貴霜（堅沙）這一歷史過程。

1.4.3.1 又有奄蔡國[293]一名阿蘭[294],皆與康居同俗。西與大秦、東南與康居接。其國多名貂,畜牧逐水草,臨大澤[295],故時羈屬康居,今不屬也。(卷三〇"魏書·烏丸鮮卑東夷傳"裴注引)

293. 奄蔡國,鹹海、裏海北部的遊牧部族,首見《史記·大宛列傳》。
294. "阿蘭"[a-lan],西史 Alan 之對譯,即傳文所謂"奄蔡國一名阿蘭"。[96]
295. 此處"大澤"可能指黑海。蓋本傳所描述的奄蔡西與大秦即羅馬帝國相接。也就是說,不妨認爲,當時奄蔡人的活動中心已自鹹海、裏海之北遷至黑海之北。

1.4.3.2 短人國[296]在康居西北,男女皆長三尺,人衆甚多,去奄蔡諸國甚遠。康居長老傳聞常有商度此國,去康居可萬餘里。(卷三〇"魏書·烏丸鮮卑東夷傳"裴注引)

296. 短人國,位置不詳。一說短人應即《山海經·海外南經》所見周饒國、《山海經·大荒南經》和《山海經·大荒東經》所見焦僥國("菌人")和靖人。"周饒"、"焦僥"、"菌人"、"靖人"和"侏儒"均爲同名異譯。有關短人的傳說亦見諸斯特拉波的《地理志》[97](I, 2-35; XV, 1-57)和普利尼《博物志》[98](VII, 26),可能經由歐亞草原傳入。[99]

1.4.4 魚豢[297]議曰:俗以爲營廷之魚[298]不知江海之大,浮游之物[299]不知四時之氣,是何也?以其所在者小與其生之短也。余今汜覽外夷大秦諸國,猶尚曠若發蒙矣,況夫鄒衍之所推出[300],

《大易》[301]、《太玄》[302]之所測度乎！（卷三〇"魏書·烏丸鮮卑東夷傳"裴注引）

297. 魚豢，《魏略》作者，三國時魏人。
298. 營廷之魚，指游泳於淺水中的魚類。
299. 浮游之物，指生命短促的昆蟲。
300. "鄒衍之所推出"：指鄒衍的著作。據《漢書·藝文志》著錄，有《鄒子》四十九篇、《鄒子終始》五十六篇。鄒衍，齊人，善辯，以談天文、推論宇宙演變著稱。《史記·孟子荀卿列傳》稱："鄒衍之術迂大而閎辯。"
301. 《大易》，指《易經》。
302. 《太玄》，西漢揚雄撰。《易經》、《太玄經》均以六十四卦測度天下事。

5.《晉書》[303]

1.5.1 太康五年十二月庚午"林邑[304]、大秦[305]國各遣使來獻"。（卷三"武帝紀"）

303. 《晉書》，凡一百三十卷，唐房玄齡撰。
304. 林邑，國名，故地在今越南中部。
305. 大秦，指羅馬帝國，已見《後漢書·西域傳》和《魏略·西戎傳》。

1.5.2.1 大秦國，一名犁鞬，[306] 在西海[307]之西，其地東西南北各數千里。有城邑，其城周迴百餘里。屋宇皆以珊瑚爲梲栭，琉璃爲牆壁，水精爲柱礎。[308] 其王有五宮，其宮相去各十里，每旦於一宮聽事，終而復始。若國有災異，輒更立賢人，放其舊王，被放者亦不敢怨。[309] 有官曹簿領，而文字習胡，亦有白蓋小車、旌旗之屬，及郵驛制置，一如中州。其人長大，貌類中國人而胡服。[310] 其土多出金玉寶物、明珠[311]、大貝，有夜光璧[312]、駭雞犀[313]及火浣布[314]，又能刺金縷繡[315]及織錦縷罽[316]。以金銀爲錢，銀錢十當金錢之一。安息[317]、天竺[318]人與之交市於海中，其利百倍。鄰國使到者，輒廩以金錢。途經大海，海水鹹苦不可食，商客往來皆齎三歲糧，是以至者稀少。[319]

306. "犁鞬"，應即《史記·大宛列傳》所見"黎軒"、《漢書·西域傳》所見"犁靬"、《後漢書·西域傳》所見"犁鞬"、《魏略·西戎傳》所見"犁靬"，均係 [A]lexan[dria]（埃及的亞歷山大城）的縮譯。但《史記·大宛列傳》和《漢書·西域傳》所見"黎軒"和"犁靬"指托勒密朝埃及王國。《後漢書·西域傳》、《魏略·西戎傳》和本傳中的"犁鞬"和"犁靬"客觀上都已經成了大秦的同義詞。

307. 西海，指地中海。此皆承襲前史。

308. "珊瑚爲梲栭"云云，猶如《魏略·西戎傳》關於大秦國"水晶作宮柱"之類描述，皆誇飾之詞。

309. "其王有五宮"至"被放者亦不敢怨"，《後漢書·西域傳》和《魏略·西戎傳》亦有類似描述。

310. "其人長大"云云，可知當時人認爲羅馬人"貌類中國人"，纔稱之爲大秦的。蓋"秦"係當時北亞和中亞人對中國的稱呼。"大秦"應爲中亞人對羅馬帝國的稱呼。

311. 明珠，應即《後漢書·西域傳》所見"明月珠"。

312. 夜光璧，已見《後漢書·西域傳》。

313. 駭雞犀，已見《後漢書·西域傳》。

314. 火浣布，已見《後漢書·西域傳》。

315. 金縷繡，已見《後漢書·西域傳》。

316. "織錦縷罽"，應即《後漢書·西域傳》所見"織成、金縷罽"。

317. 安息，帕提亞朝波斯，首見《史記·大宛列傳》。

318. 天竺，指以印度河流域爲中心的南亞次大陸，首見《後漢書·西域傳》。

319. 本節關於大秦國的記述多採《魏略·西戎傳》，未提供新資料。

1.5.2.2 漢時都護班超遣掾甘英使其國，入海，船人曰：海中有思慕之物，往者莫不悲懷。若漢使不戀父母妻子者，可入。英不能渡。[320] 武帝太康中，其王遣使貢獻。[321]（卷九七"西戎傳"）

320. 甘英西使大秦，事見《後漢書·西域傳》："[永元]九年（97年），班超遣掾甘英窮臨西海（地中海）而還。"

321. 亦載《晉書·武帝紀》。

6.《梁書》[322]

1.6.1 中天竺國[323]……其西與大秦、安息交市海中，多大秦珍物，[324] 珊瑚[325]、琥珀[326]、金碧[327]、珠璣[328]、琅玕[329]、鬱金[330]、蘇合[331]。蘇合是合諸香汁煎之,非自然一物也。又云大秦人採蘇合,先笮其汁以爲香膏,乃賣其滓與諸國賈人,是以展轉來達中國,不大香也。鬱金獨出罽賓國[332],華色正黃而細,與芙蓉華裹被蓮者相似。國人先取以上佛寺,積日香槁,乃糞去之,賈人從寺中徵雇,以轉賣與佗國也。(卷五四"海南諸國傳")

322.《梁書》,凡五十六卷,唐姚思廉撰。

323. 中天竺國(Madhyadeśa):指印度中部。將印度劃分爲中北西東南五天竺,起源甚古,《往世書》中的"疆域匯編"中就有這種劃分法。[100]

324. "其西"云云,本《後漢書·西域傳》。

325. 大秦出珊瑚,已見《後漢書·西域傳》等。

326. 大秦出琥珀,已見《後漢書·西域傳》等。

327. 金碧,應即《後漢書·西域傳》所見"青碧"、《魏略·西戎傳》所見"碧"。

328. 珠璣,指《後漢書·西域傳》所見"明月珠"、《魏略·西戎傳》所見"夜光珠"之類。

329. 琅玕,已見《後漢書·西域傳》等。

330. 大秦出鬱金,已見《魏略·西戎傳》。《一切經音義》卷二四亦有類似記載。

331. 大秦出蘇合,已見《後漢書·西域傳》等。

332. 罽賓,一般認爲南北朝史籍所見罽賓指克什米爾。

1.6.2 漢桓帝延熹九年,大秦王安敦遣使自日南徼外來獻,漢世唯一通焉。[333] 其國人行賈,往往至扶南[334]、日南[335]、交趾[336],其南徼諸國人少有到大秦者。孫權[337] 黃武五年,有大秦賈人字秦論來到交趾，交趾太守吳邈[338]遣送詣權，權問方土謠俗，論具以事對。時諸葛恪討丹陽[339]，獲黝、歙短人[340]，論見之曰：大秦希見此人。權以男女各十人，差吏會稽[341]劉咸送論，咸於道物故，論乃徑還本國。（卷五四"海南諸國傳"）

333. 安敦事見《後漢書·西域傳》。
334. 扶南，國名，故地在今柬埔寨以及老撾南部、越南南部和泰國東南部。
335. 日南，郡名，治今越南平治天省廣治河與甘露河河流處。
336. 交趾，郡名，治今河內西北。
337. 孫權（182—252年），三國時吳國的創建者，229—252年在位。
338. 吳邈，事蹟不詳。
339. "諸葛恪討丹陽"：諸葛恪（203—253年），三國時吳國大臣，《三國志·吳書》卷六四有傳。"討丹陽"，指嘉禾三年（234年）八月，恪以丹楊太守討山越事。"丹楊"即丹陽，郡名，屬揚州。
340. 黝、歙短人，黝（即"黟"）、歙均縣名，屬於丹陽郡。
341. 會稽，郡名，治今浙江紹興。

7.《魏書》[342]

1.7 大秦國[343]，一名黎軒[344]，都安都城[345]。從條支西渡海曲[346]一萬里[347]，去代三萬九千四百里[348]。其海傍出，猶勃海也，而東西與勃海相望，蓋自然之理。[349]地方六千里，居兩海[350]之間，其地平正，（人）[民]居星布。其王都城分爲五城，各方五里，周六十里。王居中城。城置八臣以主四方，而王城亦置八臣，分主四城。若謀國事及四方有不決者，則四城之臣集議王所，王自聽之，然後施行。[351] 王三年一出觀風化，人有冤枉詣王訴訟者，當方之臣小則讓責，大則黜退，令其舉賢人以代之。[352] 其人端正長大，衣服車旗擬儀中國，故外域謂之大秦。[353] 其土宜五穀桑麻，人務蠶田[354]，多璆琳[355]、琅玕[356]、神龜[357]、白馬朱鬣[358]、明珠[359]、夜光璧[360]。東南通交趾[361]，又水道通益州[362]、永昌郡[363]，多出異物。大秦西、海水之西有河，河西南流。河西有南、北山，山西有赤水，西有白玉山。玉山西有西王母山，玉爲堂云。[364] 從安息西界循海曲，亦至大秦，回萬餘里。[365] 于彼國觀日月星辰，無異中國，而前史[366]云條支西行百里日入處，失之遠矣。（卷一〇二"西域傳"）

342. 《魏書》，凡一百三十卷，北齊魏收撰。《魏書·西域傳》已佚，但本文所引文字可以認爲是魏收原文。[101]

343. 本傳有關大秦國的記載多半抄襲、竄改前史而成。北魏時期，羅馬帝國已經被拜占庭帝國取代，但按之傳文，似乎沒有摻入有關拜占庭的記載。也就是說本傳有關大秦的記載甚至還談不上舊瓶裝新酒。[102]

344. "一名黎軒"，無非是承襲前史。大秦和黎軒被混爲一談，從根本上說是黎軒即托勒密埃及王國被并於羅馬帝國的緣故。

345. "安都"[an-ta] 應是 Antiochia 之對譯，所指似爲《魏略·西戎傳》所見安谷城（敍利亞的安條克城）。[103] 這是因爲敍利亞地區一度是羅馬帝國的屬土，而安條克城又是該地區首府的緣故。這和誤以爲大秦"一名黎軒"

的原因是一樣的。

346. 海曲，指地中海形成的海灣。
347. "一萬里"：表示自條支國王治渡海曲赴安都城的行程。案：傳文既稱大秦都安都城，又稱大秦在條支西一萬里，自相矛盾。
348. "三萬九千四百里"：自安都城經條支國王治赴代的行程；亦卽安都城去條支國王治10000里，與條支國王治去代29400里之和。
349. "其海"，指地中海。條支與大秦分別在地中海東西，隔此海相望。
350. 大秦國"居兩海之間"，乃節略《魏略・西戎傳》大秦國"在安息、條支西大海之西……西又有大海"等敘述而成。
351. "其王都城分爲五城"云云，應卽《魏略・西戎傳》所謂"王有五宮"之類。
352. "王三年一出觀風化"云云，不過是敷衍《尚書・舜典》"三載考績，三考黜陟幽明，庶績咸熙"而成，並非實情。[104]
353. "外域謂之大秦"云云，表明在"外域"人心目中羅馬文化堪與漢文化媲美。"端正長大"或係實情，"衣服車旗擬儀中國"則多半是誤傳。[105]
354. "其土"云云，所載固然是承襲前史，未必北魏時代所獲信息，客觀上卻成了正確的記載。蓋地中海地區直至Justinianus一世（527—565年在位）時代纔獲得養蠶的技術。又，"麻"，一說應指亞麻。古代地中海地區以亞麻纖維紡織，與古代中國以大麻纖維紡織者不同。[106]
355. 璆琳，已見《魏略・西戎傳》。
356. 琅玕，已見《魏略・西戎傳》。
357. 神龜，已見《魏略・西戎傳》。
358. "白馬朱鬣"[107]，《魏略・西戎傳》作"白馬、朱髦"。
359. 明珠，《魏略・西戎傳》作"明月珠"。

360. 夜光璧,已見《後漢書·西域傳》。

361. 交趾,郡名,治今河內西北。

362. 益州,郡名,治今雲南晉寧東。

363. 永昌,郡名,治今雲南保山東北。

364. "大秦西、海水之西有河"以下或係傳聞,無從深究。

365. "從安息西界循海曲,亦至大秦,回萬餘里"云云,乃承襲《後漢書·西域傳》的記載。但《後漢書·西域傳》所謂"安息西界"乃指敘利亞地區與本傳所謂"安息"不同。

366. "前史",指《漢書·西域傳》:"自條支乘水西行,可百餘日,近日所入云。"

8.《宋書》[367]

1.8 若夫大秦[368]、天竺[369],迥出西溟,二漢銜役,特艱斯路,[370] 而商貨所資,或出交部[371],汎海陵波,因風遠至。又重峻參差,氐眾非一,殊名詭號,種別類殊,山琛水寶,由茲自出,通犀[372]翠羽[373]之珍,蛇珠[374]火布[375]之異,千名萬品,並世主之所虛心,故舟舶繼路,商使交屬。(卷九七"夷蠻傳·史臣曰")

367.《宋書》,凡一百卷,梁沈約撰。

368. 大秦,指羅馬帝國。

369. 天竺,指印度。

370. "二漢"云云,指兩漢時代已與上述地區有往來。

371. 交部,指交趾刺史部,轄境相當於今兩廣大部和越南北部、中部,無定治。

372. 通犀，即《後漢書·西域傳》所見"駭雞犀"。
373. 翠羽，即《魏略·西戎傳》所見"翠爵羽翮"。
374. 蛇珠，即"隋侯之珠"，見《淮南子·覽冥訓》。高誘注曰："隋侯，漢東之國，姬姓諸侯也。隋侯見大蛇傷斷，以藥傅之。後蛇于江中銜大珠以報之，因曰隋侯之珠，蓋明月珠也。"此處指《後漢書·西域傳》和《魏略·西戎傳》所見明月珠、夜光珠之類。
375. 火布，即《後漢書·西域傳》等所見"火浣布"。

二

1.《漢紀》[376]

2.1.1 烏弋國，去長安萬五千三百里。[377] 出獅子、犀牛。其錢文爲人頭，曼爲騎馬。[378]（卷一二"孝武皇帝紀"）

376.《漢紀》，凡三十卷，東漢荀悅撰。[108]
377. "萬五千三百里"，今本《漢書·西域傳》作"萬二千二百里"，與其東北罽賓國去長安里數相同，顯然是錯誤的。《漢紀》所載近是。
378. "出獅子"以下，本《漢書·西域傳》。

2.1.2 自烏弋行可百餘日，至條支國，去長安萬二千三百里[379]，臨西海。出善幻人。有大鳥，卵如甕。長老傳聞條支西有弱水，西王母所居，亦未嘗見。條支西行可百餘日，近日所［入］處。[380]（卷一二"孝武皇帝紀"）

379. "萬二千三百里"，反而較烏弋去長安里數近三千里，其誤顯而易見。條支在烏弋之西"百餘日"行程，則去長安里數應爲二萬五千三百里。

380. 本節亦節略《漢書·西域傳》有關記載而成。

2.《後漢紀》[381]

2.2.1 和帝永元中，西域都護班超遣掾甘英臨大海而還，具言葱嶺西諸國地形風俗，而班勇亦見記其事，或與前史異，然近以審矣。[382]（卷一五"孝殤皇帝紀"）

381.《後漢紀》，凡三十卷，東晉袁宏撰。[109]

382. 此節所本同《後漢書·西域傳》。

2.2.2 焉耆治河南城[383]，去洛陽八千二百里[384]。東南與山離國[385]接，其餘危須[386]、尉黎[387]、龜茲、姑墨[388]、溫宿[389]、疏勒、休修[390]、大宛、康居、大月氏[391]、安息、大秦、烏弋、罽賓[392]、莎車[393]、于闐[394]、且彌[395]諸國轉相通。是爲西域。（卷一五"孝殤皇帝紀"）

383. 河南城，《後漢書·西域傳》作"南河城"，應即《漢書·西域傳》所見"員渠城"。一般認爲故址可能在博格達沁古城（卽四十里城，今焉耆縣治西南一二公里）。

384. "八千二百里"，本里數以襲自《漢書·西域傳》的焉耆國王治員渠城去長安里數爲基礎；亦卽員渠城去長安 7330 里，與長安去洛陽約千里之和。"八千二百里"應爲"八千三百三十里"之奪訛。這也表明"南河城"應卽員渠城。

385. "山離國"，應爲"山國"之誤，衍"離"字。山國，西域北道綠洲國，首見《漢書·西域傳》。其王治可能位於 Kizil-sangir 或 Singer。

386. 危須，西域北道綠洲國，首見《漢書·西域傳》。其王治可能位於曲惠古城。

387. 尉黎，西域北道綠洲國，首見《漢書·西域傳》。其王治可能位於夏渴蘭旦古城，今庫爾勒南約 6 公里處。

388. 姑墨，西域北道綠洲國，首見《漢書·西域傳》。其王治可能在今阿克蘇附近。

389. 溫宿，西域北道綠洲國，首見《漢書·西域傳》。其王治一般認爲位於今烏什一帶。

390. 休修，卽《漢書·西域傳》所見"休循"，其王治一般認爲在 Alai 高原東部。

391. 大月氏，此處亦指貴霜帝國。

392. 罽賓，指喀布爾河中下游地區。

393. 莎車，西域南道綠洲國，首見《漢書·西域傳》。其王治一般認爲故址在今莎車縣（葉爾羌）附近。

394. 于闐，西域南道綠洲國，首見《漢書·西域傳》。其王治位於今和闐附近。

395. 且彌，西域北道綠洲國，首見《後漢書·西域傳》所見東且彌。其王治應在博格達山之北。[110]

2.2.3 大月［氏］，去洛陽萬六千三百七十里[396]。其東南數千里通天竺。[397] 天竺，一名身毒，俗與月氏同。臨大水，西通大秦。從月氏南至西海，東至盤越國，皆身毒地。又有別城數十，置王，而皆總名身毒。［其］俗修浮圖道，不伐殺，弱而畏戰。[398] 本傳曰：西域［城］郭俗造浮圖，本佛道，故大國之衆内數萬，小國［數］千，而終不相兼并。及内屬之後，漢之姦猾與無行好利者屛守其中，至東京時，作謀兹生，轉相吞滅，習俗不可不愼，所以動之哉。[399]（卷一五"孝殤皇帝紀"）

396. "萬六千三百七十里"，自藍氏城經難兜（故址可能在今 Gilgit）、無雷（故址當在小帕米爾）、蒲犂（故址在今塔什庫爾幹）、莎車諸國王治赴洛陽的行程；亦即藍氏城去難兜國王治四十日行程（4000 里）、難兜國王治去無雷國王治 340 里、無雷國王治去蒲犂國王治 540 里、蒲犂國王治去莎車國王治 540 里（以上三者據《漢書·西域傳》），以及莎車國王治去洛陽 10950 里之和。

397. "東南數千里通天竺"，所本同《後漢書·西域傳》。這一里數承襲《史記·大宛列傳》。

398. "天竺"以下至"弱而畏戰"，所本同《後漢書·西域傳》。

399. "本傳曰"以下將西域城郭諸國"轉相吞滅"歸因於"漢之姦猾與無行好利者屛守其中"，以致移風易俗。今案：此說無據。城郭諸國"轉相吞滅"多發生於中原王朝無力控制西域之際。[111] 祇有兩漢勢力足以控制南北道時，諸國纔相安無事。

2.2.4 西域之遠者,安息國也,去洛陽二萬五千里。北與康居,南與烏弋山離相接,其地方數[千里]。西至條支,馬行六[十]日。臨海,暑熱卑[濕],出師子、犀牛、犛牛、孔雀、[大雀],[大雀]卵大如瓮。與西海接。自安息西關西至阿蠻國三千四百里。自阿蠻西至斯賓國,渡河西南至于羅國有九百六十里,安息西界極[矣]。其南乘海,乃通大秦,或數月歲云。⁴⁰⁰(卷一五"孝殤皇帝紀")

400. 本節所本同《後漢書·西域傳》。

2.2.5 大秦國一名黎軒,在海西。漢使皆自烏弋還,莫能通條支者。⁴⁰¹甘英踰懸度、烏弋山離抵條支,⁴⁰²臨大海欲渡。人謂英曰:[海]廣大,水鹹苦不可食。往來者逢善風時,三月而渡;如風遲,則三歲。故入海者皆齎三歲糧。海中善使人思土戀慕,數有死亡者。英聞之乃止,具問其土風俗。⁴⁰³

401. "大秦國一名黎軒"至"莫能通條支者",所本同《後漢書·西域傳》。
402. "甘英踰懸度、烏弋山離抵條支":這是《後漢紀》作者泥於《漢書·西域傳》的記載而作出的推斷。甘英西抵達條支的路線很可能是自龜茲西行至疏勒後踰蔥嶺,復經大宛、大月氏至安息都城和櫝城。此後歷阿蠻、斯賓、于羅而抵條枝。[112]
403. "臨大海欲渡"以下,所本同《後漢書·西域傳》。

大秦地方數千［里］，四百餘城。小國役屬者數［十］。［石］爲城郭，［列］置郵亭，皆堊塈之；有松柏、諸木、百草，民俗力田作、種植樹蠶桑。國［王］髡頭而衣文繡，乘輜軿白蓋［小車］，出入擊鼓，有旌旗幡幟，起宮室，以水精爲柱及餘食器。王所治城周環百餘里。王有五宮，各相去十里。平旦至一宮聽事，止宿；明旦復至一宮，五日一遍而復還。常使一人持囊隨王車，民欲有言事者卽以書投囊中，王至宮散省，分理其枉直。各有官曹，又置三十六相，皆會乃議事。王無常人，國中有災異，風［雨］不時，輒放去之，而更求賢人以爲王，［受放］者終無怨。[404]（卷一五"孝殤皇帝紀"）

404. 本節所本同《後漢書·西域傳》。

多金銀、真珠、珊瑚、琥魄、琉璃、金縷罽繡、雜色綾、塗布，又有細布，或言水羊毛，野蠶繭所作。會諸香煎以爲蘇合，凡外國諸珍異皆出焉。以金［銀爲錢］，銀錢十當金錢一。與天竺、安息交市於海中，其利十倍。其民質直，市無二價。穀食常賤，國內富饒。鄰國使到其界首者，乘驛詣王都，至則廩以金錢。[405]

405. 本節所本同《後漢書·西域傳》。

及安帝元初中，日南塞外檀國獻幻人，能變化吐火，自支解，又善跳丸，能跳十丸。其人曰：我海西人。則是大秦也，自交州外塞檀國諸蠻夷相通也。又有一道與益州塞外通大秦。[406]

406. 本節所本同《後漢書·南蠻西南夷傳》和《後漢書·西域傳》。"檀國"即"撣國"。

人皆（麤）長大平正，若中國人，故云外國之大秦，而其國常自言是［中］國一別。其王常欲通使於漢奉貢獻，而安息欲以漢繒綵與之交市，故遮不得令通。及桓帝建初中，王安都遣使者奉獻象牙、犀角、瑇瑁，始一通焉。[407]

407. 本節所本同《後漢書·西域傳》。唯"建初"應改作"延熹"，"安都"應作"安敦"。

其長老或傳言：其國西有弱水，近日入所矣。又云：從安息陸道繞海北行出［海］西至大［秦］，人相連屬，十里一亭，三十里一［置］，終無盜賊驚，而有猛虎、師子遮食行者，不有百餘人、齎［兵］器，輒害之，不得過。又言：旁國渡海飛橋數百里。所出奇異玉石諸物，多譎怪不經，故不述云，西南極矣。[408]（卷一五"孝殤皇帝紀"）

408. 本節所本同《後漢書·西域傳》。

2.2.6 ……山離還，［莫有至條支者也］。[409] 自條支東北通烏弋山離，可百餘日行。[410]而烏弋山離、罽賓、莎車、于寶[411]、寧彌[412]諸國相接，遠者去洛陽二萬一千里[413]，近者萬餘里[414]焉。（卷一五"孝殤皇帝紀"）

409."山離還"三字，據《後漢書·西域傳》，之前似奪"前世漢使皆自烏弋"八字，後可補"莫有至條支者也"七字。

410."自條支東北通烏弋山離，可百餘日行"，所本同《後漢書·西域傳》。

411.于寶，應即"于闐"。

412.寧彌，即《漢書·西域傳》所見"扜彌"、《後漢書·西域傳》所見"拘彌"。一般認為該國王治故址，在今 Dandān-Uiliq 遺址（策勒縣城北偏東約90公里）。《漢書·西域傳》稱：扜彌國"今名寧彌"。《後漢書·西域傳》則稱"拘彌國居寧彌城"，知"寧彌"又是王治之名。案：建武九年（33年），莎車王賢攻破拘彌國，殺其王，而立其兄康之子為拘彌王。之後，拘彌國長期處於動蕩之中，直至章帝即位之後，纔因歸漢而得安寧。更名"寧彌"，或者為此。

413."二萬一千里"，應指條支去洛陽距離。據《漢書·西域傳》烏弋山離去長安為"萬二千二百里"，而自烏弋山離赴條支"百餘日行"即萬里。

414."萬餘里"指寧彌去洛陽距離。蓋據《漢書·西域傳》，扜彌"去長安九千二百八十里"，長安去洛陽為一千九百里。

3.《通典》[415]

2.3.1 大秦，一名犂靬（一云[416]前漢時犂靬國也），後漢時始通焉。[417] 其國在西海之西，亦云海西國。[418] 其王理安都城[419]。宮室皆以水精爲柱。[420] 從條支西度海曲萬里，[421] 去長安蓋四萬里。[422] 其地平正，人居星布。其地東西南北各數千里，有四百餘城。小國役屬者數十。[423] 西有大海[424]。海西有遲散城[425]。王城有官曹簿領，而文字習胡。人皆髡頭，而衣文繡，[426] 亦有白蓋小車、旌旗之屬。[427] 及十里一亭，三十里一堠，一如中州。[428] 地多師子，遮害行旅，不百餘人持兵器，輒爲所食。[429] 其王無常人，皆簡立賢者，有災異及風雨不時，輒廢而更立，受放者無怨。[430] 其人長大平正，有類中國，故謂之大秦，[431] 或云本中國人也。[432]

415.《通典》，凡二百卷，唐杜佑撰。《通典》有關大秦的記載多本前史，此處摘錄其中最重要者。

416. "一云"云云：本《後漢書·西域傳》和《魏略·西戎傳》。

417. "後漢時始通"，大秦首見《後漢書·西域傳》。據同傳，大秦於桓帝延熹九年首次遣使來朝。

418. "其國在西海之西"兩句：本《後漢書·西域傳》。

419. "王理安都城"，此句乃本《魏書·西域傳》。

420. "宮室皆以水精爲柱"：本《後漢書·西域傳》。

421. "從條支西度海曲萬里"，本《魏書·西域傳》。

422. "四萬里"，本《後漢書·西域傳》。

423. "其地"云云，本《後漢書·西域傳》。

424. "西有大海"，本《魏略·西戎傳》。

425. "海西有遲散城"，本《魏略·西戎傳》。

426. "人皆髦頭,而衣文繡",本《後漢書·西域傳》。"髦頭"當從《後漢書·西域傳》作"髨頭",形似致訛。

427. "亦有白蓋小車、旌旗之屬",本《後漢書·西域傳》。

428. "及十里一亭"云云,本《後漢書·西域傳》。

429. "地多師子"云云,本《後漢書·西域傳》。案:《後漢書·西域傳》原文是"道多猛虎、師子",指循陸路往赴大秦的途中,並非大秦之地多獅子。

430. "其王無常人"云云,本《後漢書·西域傳》。

431. "其人長大平正"云云,本《後漢書·西域傳》。

432. "或云本中國人也",本《魏略·西戎傳》。

　　土有駭雞犀[433](《抱朴子》[434]云:通天犀有一白理如縱者,以盛米,置羣雞中,欲啄米,至輒驚去,故南人名爲駭雞也。[435]),合會諸香,煎其汁以爲蘇合。土多金、銀、奇寶、夜光璧[436]、明月珠[437]、琥珀[438]、琉璃[439]、神龜[440]、白馬朱髦[441]、璫瑁[442]、玄熊[443]、赤螭[444]、辟毒鼠[445]、大貝[446]、車渠[447]、(《廣雅》[448]云:車渠,石,似玉。)瑪瑙[449]。(《廣雅》云:瑪瑙,石,似玉。)寶(藏宗反)出西海,有養者,似狗,多力,獷惡。[450]北附庸小邑有羊羔,自然生於土中;候其欲萌,築牆院之,恐爲獸所食也;其臍與地連,割之絕則死,擊物驚之,乃驚鳴,遂絕;逐水草,無羣。又有木難[451],出[金]翅鳥口中結沫所成碧色珠也,土人珍之。(曹子建詩云:珊瑚閒木難。)[452]有幻人,能額上爲炎爐,手中作江湖,舉足而珠玉自墮,開口則旛旄亂出。[453](前漢武帝時,遣使至安息,安息獻犂靬幻人二,皆蹙眉峭鼻,亂髮拳鬢,長四尺五寸。[454]）有織成細布，言用水羊毛，名曰海西布。[455] 出細布，作氍毹[456]、毾㲪[457]、罽帳[458]之屬，其色又鮮於海東諸國[459]所作也。又常利得中國縑素，解以爲胡綾紺紋，數與安息諸胡[460]交市於海中。西南漲海[461]中可七八百里，行到珊瑚洲，水底有盤石，珊瑚生其上。大秦人常乘大舶，載鐵網，令水工沒，先入視之，可下網乃下。初生白，而漸漸似苗坼甲。歷一歲許，出網目閒，變作黃色，支格交錯，高極三四尺者，圍尺餘。三年色乃赤好。後沒視之，知可採，便以鐵鈔發其根，乃以索繫網，使人於舶上絞車舉出。還國理截，恣意所作。若失時不舉，便蠹敗。[462]

433. 駭雞犀，已見《後漢書·西域傳》。
434. 《抱朴子》，內篇二十卷，外篇二十五卷，晉葛洪撰。
435. 李注引見《抱朴子內篇·登涉》（卷一七），今本"白理"作"赤理"。
436. 夜光璧，已見《後漢書·西域傳》。
437. 明月珠，已見《後漢書·西域傳》。
438. 琥珀，已見《後漢書·西域傳》。
439. 琉璃，已見《後漢書·西域傳》。
440. 神龜，已見《魏略·西戎傳》。
441. 白馬朱髦，《魏書·西域傳》"大秦條"作"白馬朱鬣"。一說"朱鬣"亦應與"白馬"連讀，意指有朱鬣之白馬。
442. 瑇瑁，已見《魏略·西戎傳》。
443. 玄熊，已見《魏略·西戎傳》。
444. 赤螭，已見《魏略·西戎傳》。

445. 辟毒鼠，已見《魏略·西戎傳》。

446. 大貝，已見《魏略·西戎傳》。

447. 車渠，已見《魏略·西戎傳》。

448. 《廣雅》，凡三卷，三國魏張揖撰。

449. 瑪瑙，已見《魏略·西戎傳》。

450. 寶，一說卽鼹狗。[113] 本《爾雅·釋獸》郭注。寶，乃拂菻所產，本傳將大秦與拂菻混爲一談，故云。

451. 木難，此處有關木難出大秦的記載當本沈懷遠《南越志》。[114]

452. "北附庸小邑有羊羔"云云，本朱應《異物志》。

453. 幻人：大秦有幻人已見《後漢書·西南夷列傳》。

454. 安息獻犂靬幻人：《漢書·張騫李廣利傳》載："大宛諸國發使隨漢使來，觀漢廣大，以大鳥卵及犂靬眩人獻於漢，天子大說。""眩人"應卽"幻人"。至於本卷所傳大秦幻人之形容"蹙眉峭鼻，亂髮拳鬢，長四尺五寸"之類，出處不詳。

455. 織成細布，已見《魏略·西戎傳》。

456. 氍毹，卽罽毹，已見《魏略·西戎傳》。

457. 毺毲，卽氀毼，已見《後漢書·西域傳》。

458. 罽帳，已見《魏略·西戎傳》。

459. 海東諸國，指地中海東岸條枝、安息諸國。

460. "安息諸胡"，據《後漢書·西域傳》，知包括天竺在內。

461. "漲海"，一說此處可能指紅海。[115]

462. 網取珊瑚事，當本鄭遂《洽聞記》。

其王常欲通使於漢，塗經大海，商客往來皆齎三歲糧，是以至者稀。桓帝延熹初，大秦王安敦遣使自日南徼外獻象牙、犀角、瑇瑁，始乃一通焉。其所表貢，並無珍異，疑傳者隱之。[463] 至晉武帝太康中，其王遣使貢獻。[464]

463. "其王常欲通使於漢"至"疑傳者隱之"一節：本《後漢書·桓帝紀》和《後漢書·西域傳》。
464. "晉武帝太康中"以下，本《晉書·武帝紀》和《晉書·西戎傳》。

或云[465]其國西有弱水、流沙，近西王母所居處，幾於日所入也。[466]（卷一九三）（卷一九三"邊防典·西戎五"）

465. "或云"以下本《後漢書·西域傳》和《魏略·西戎傳》。
466. 以下原注從略，蓋《外國圖》及有關記載的注釋見下文，杜環《經行記》所述大秦其實是拜占廷。

2.3.2 小人[467]，在大秦之南。軀纔三尺，其耕稼之時，懼鶴所食，大秦每衛助之，小人竭其珍以酬報。（卷一九三"邊防典·西戎五"）

467. 小人，有關傳說本《括地志》。

2.3.3 軒渠[468]，其國多九色鳥[469]，青口，綠頸，紫翼，紅膺，紺頂，丹足，碧身，緗背，玄尾。亦名九尾鳥，亦名錦鳳。其青多紅少謂之繡鸞，常從弱水西來，或云是西王母之禽也。其國幣貨同三童國也。（卷一九三"邊防典·西戎五"）

468. 軒渠，無考。從下文的描述來看，多半是一個傳說中的國家。

469. 九色鳥：《太平御覽》卷九一五引《漢武內傳》："西王母曰：仙之上藥有九色鳳腦。"似乎涉及西王母與九色鳥的關係。案：這也許有某種西方傳說爲基礎，然後比附西王母。[116]

2.3.4 三童[470]，在軒渠國西南千里。人皆眼有三睛珠，或有四舌者，能爲一種聲，亦能俱語。常貨多用蕉越犀象。作金幣，率效國王之面，亦效王后之面。若丈夫交易，則用國王之面者。王死則更鑄。[471]（以上三國與大秦隣接，故附之。）（卷一九三"邊防典·西戎五"）

470. 三童，即"三瞳"，亦即"三睛珠"。再加上四舌之類，祇能認爲三童也是一個傳說中的國家。

471. 軒渠、三童兩國不知《通典》取自何書。

2.3.5 澤散，魏時聞焉。[472] 屬大秦，其理在海中央，北至驢分，水行半歲，風疾時一月到。最與安息安谷城相近。西南詣大秦都，不知里數。[473]（卷一九三"邊防九·西戎五"）

472. 澤散，首見《魏略·西戎傳》，故云。

473. 此節本《魏略·西戎傳》。

2.3.6 驢分，魏時聞焉。[474] 屬大秦，其理去大秦都二千里。從驢分城西之大秦度海，飛橋長二百三十里，發海道西南，繞海道直西行至焉。[475]（卷一九三 "邊防九·西戎五"）

474. 驢分，首見《魏略·西戎傳》，故云。

475. 此節本《魏略·西戎傳》。

三

1.《外國傳》[476]

3.1.1 康泰《扶南傳》曰："從迦那調洲[477]西南入大灣[478]，可七八百里，乃到枝扈黎[479]大江口，度江逕西行，極大秦也。"（《水經注》[480] 卷一 "河水" 引）[481]

476.《外國傳》，三國吳人康泰撰。黃武五年（226年），康泰以中郎奉命出使扶南等國，歸國後著此書。[117] 書已佚，僅於《水經注》等可見斷簡殘篇。

477. 迦那調洲，在今緬甸西南沿岸。"迦那調"即 Kanadvîpa 之對譯。

478. 大灣，指今孟加拉灣。

479. 枝扈黎大江:"枝"乃"拔"字之訛,"枝扈黎"即"拔扈利"(見《史記·大宛列傳》正義引《括地志》),Bhagirathi 之對音,恒河之別稱。
480. 《水經注》,凡四十卷,北魏酈道元著。
481. 《太平御覽》卷七七〇引作《吳時外國傳》曰:"從加郍調州,乘大伯舶,張七帆,時風一月餘日,乃入(大秦)大秦國也。"案:《吳時外國傳》應即《扶南傳》。"加郍調州"應即"迦那調洲"。

3.1.2 《吳時外國傳》[482]云:"大秦國人皆著袴褶絡帶。"(《北堂書鈔》[483]卷一二九引)[484]

482. 《吳時外國傳》,《外國傳》之別稱。
483. 《北堂書鈔》,凡一百七十三卷,唐虞世南輯。
484. 《太平御覽》卷六九六引《吳時外國傳》,作:"大秦國皆著袴褶絡帶。"

3.1.3 康泰《外國傳》云:"外國稱天下有三衆:中國爲人衆,[大]秦爲寶衆,月氏[485]爲馬衆也。"[486](《史記正義·大宛列傳》[487]引)[488]

485. 月氏,此處當指貴霜帝國。
486. 這是印度人的天下四分法最早見諸中國載籍者。康泰雖將天下一分爲三,但這是站在某外國立場上說的,即所謂"外國稱",這個外國無疑就是"象衆"的印度,故康氏所傳其實也是將天下一分爲四。[118]
487. 《史記正義》,唐張守節著。

488. 《史記索隱・大宛列傳》引"《外國傳》"文字略同，作："外國稱天下有三衆：中國人衆，大秦寶衆，月氏馬衆。"

3.1.4 康氏《外國傳》云："其國城郭皆青水精爲［礎］，及五色水精爲壁。[489]人民多巧，能化銀爲金。國土市買皆金銀錢。"（《史記正義・大宛列傳》引）[490]

489. 《後漢書・西域傳》、《魏略・西戎傳》有類似記載。
490. 《太平御覽》卷七六七引作《吳時外國傳》曰："大秦國以水精爲瓦。"又，《格致鏡原》卷二〇引作《吳外國傳》曰："大秦國王宮殿水晶爲瓦。"

3.1.5.1 《吳時外國志》曰："大秦有棗榛胡桃。"（《太平御覽》[491]卷九七一引）

491. 《太平御覽》，凡一千卷，宋李昉等輯。

3.1.5.2 《吳時外國志》曰："大秦國有蓮藕雜菓。"（《太平御覽》卷九七五引）

3.1.6 《吳時（魏）［外］國傳》曰："大秦國、天竺國皆出金縷織成[492]。"（《太平御覽》卷八一六引）

492. 織成，大秦國有織成已見《後漢書・西域傳》和《魏略・西戎傳》。

2.《扶南異物志》[493]

3.2.1 宋膺[494]《異物志》云："[大] 秦之北附庸小邑，有羊羔自然生於土中，候其欲萌，築牆繞之，恐獸所食。其臍與地連，割絕則死。擊物驚之，乃驚鳴，臍遂絕，則逐水草爲羣。"[495]（《括地志》引，見《史記正義·大宛列傳》）[496]

493.《扶南異物志》：凡一卷，朱應撰，《隋書·經籍二》有著錄。案：《異物志》的出現，似乎與西漢武帝時開始的朝廷對於"致殊俗"的重視有關。"殊俗"無疑包括所謂"四夷"和屬國的方物，"致殊俗"的重要內容便是使四夷或屬國貢獻方物。方物入貢是四夷歸附的象徵，有利於粉飾太平。這在某種程度上滋長了社會好異物的風氣。所謂上有所好，下必有甚。《異物志》主要出在南方，則和東漢以來中土人士對於大秦的不勝向往有關。大秦被向往的重要原因之一是"其土多海西珍奇異物"。《魏略·西戎傳》於此不吝篇幅。東漢和帝永元九年（97年），西域都護班超遣甘英從陸路出使大秦，未果。這在當時必定是朝野一致惋惜之事。而據《後漢書·西域傳》，東漢和大秦的交通最終竟是通過海路實現的。《魏略·西戎傳》既稱，"大秦道既從海北陸通，又循海而南，與交趾七郡外夷比，又有水道通益州、永昌，故永昌出異物"，可知由於大秦與"交趾七郡外夷"有密切的交往，永昌也連帶成了"出異物"的地方。

494."宋膺"，一般認爲應爲"朱應"之訛。康泰出使扶南等國時，朱應曾奉交州刺史呂岱之命隨行。

495. 這則記載究竟基於西方何種傳說，迄今未能找到比較確切的答案。[119]

496. 《太平廣記》卷四三九引《異物志》作：" 有大秦國，北有羊子，生於土中。秦人候其欲萌，爲垣以遮之。其臍連地，不可以刀截，擊鼓驚之而絕。因跳鳴食草，以一二百口爲群。"

3.2.2 宋膺《異物志》云：" 大秦金二枚，[觀之] 皆大如瓜，植之滋息無極，(觀之) 如用，則真金也。"[497]（《括地志》引，見《史記正義·大宛列傳》）

497. "觀之如用則真金也" 似應爲 "觀之如瓜，用則真金也"。案：這可能是有關大秦眩術的描述。

3.《南州異物志》

3.3.1 萬震《南州志》[498] 云：大月氏 [499] "在天竺北可七千里，地高燥而遠。國王稱 '天子'[500]，國中騎乘常數十萬匹，城郭宮殿與大秦國同。人民赤白色 [501]，便習弓馬 [502]。土地所出，及奇瑋珍物，被服鮮好，天竺不及也"。(《史記正義·大宛列傳》引)

498. 《南州異物志》，凡一卷，三國吳丹楊太守萬震撰，《隋書·經籍二》有著錄。
499. 大月氏，此處指貴霜帝國。
500. "國王稱 '天子'"：如 Kujula Kadphise（丘就卻）錢幣上有稱號曰：devaputra。
501. "人民赤白色"，這是有關貴霜人體貌特徵的寶貴記載。

502. "便習弓馬", 貴霜與塞種有淵源, 塞種係遊牧部族, 其人"便習弓馬"。

3.3.2 萬震《南州志》云: "[大秦] 大家屋舍, 以珊瑚爲柱, 琉璃爲牆壁[503], 水精爲礎舃。"[504] (《史記正義·大宛列傳》引)

503. 《初學記·牆壁第一一》卷二四引《南州異物志》作: "大秦國以瑠璃爲牆。"案: 《魏略·西戎傳》有類似記載。
504. 《太平御覽》卷一八八引《南州異物志》曰: "大秦國以水精爲舃。"案: 《魏略·西戎傳》有類似記載。

3.3.3 《異物志》云: "大秦國以野蠶絲織成氍毹, 以羣獸五色毛雜之, 爲鳥獸人物草木雲氣, 千奇萬變, 惟意所作。上有鸚鵡, 遠望軒軒若飛。"(《北堂書鈔》卷一三四引)[505]

505. 《北堂書鈔》另本稱引自《魏略》, 文字略異, 作: "大秦國以野繭織成氍毹, 非獨以羊毛爲織, 具以五色毛六七寸中, 屈采相次爲鳥獸人物草木雲氣, 千奇萬變。唯意所作, 上有鸚鵡, 遠望軒軒若飛。"又, 《太平御覽》卷七〇八引《南州異物志》作: "氍毹以羊毛雜羣獸之毳爲之鳥獸草木人物雲氣, 作鸚鵡, 遠望軒若飛也。"

3.3.4 《南州異物志》曰: "珊瑚生大秦國。有洲在漲海[506]中。距其國七八百里, 名珊瑚樹洲。底有盤石。水深二十餘丈。珊瑚生於石上, 初生白, 軟弱似菌。國人乘大船、載鐵網, 先没在水下,一年便生網目中。其色尚黃，枝柯交錯，高三四尺。大者圍尺餘。三年色赤，便以鐵鈔發其根，繫鐵網於船，絞車舉網，還，栽鑿，恣意所作。若過時不鑿，便枯索蟲蠹。其大者輸之王府，細者賣之。”（《世說新語·汰侈第三〇》[507]（卷下）劉孝標注引）[508]

506. 漲海，一說可能指紅海。[120]

507. 宋法雲編《翻譯名義集》卷三引作《外國傳》文，文字稍簡。[121]

508.《世說新語》，凡三卷，劉宋劉義慶撰，有梁劉孝標注。

3.3.5 扈利國[509]，古奴（斯）調[510]西南入大灣中，七八百里，有大江，源出崑崙，西北流，東南注大海。自江口西行，距大秦國萬餘里。乘大舶載五六百人，張七帆。時風一月乃到大秦國。[511]（《太清金液神丹經》卷下引[122]）

509. 扈利國，一般認爲在今印度西孟加拉邦胡格里（Hugli）河口。

510. “古奴斯調”,衍“斯”字。“古奴調”應卽康泰《扶南傳》所見“迦那調”。

511. 大江，應卽《扶南傳》所見枝扈黎大江。

3.3.6 《南方草木状》[512]：“薰陸[513]出大秦。在海邊自有大樹，生於沙中。盛夏，樹膠流出沙上，狀如桃膠。夷人採取之，賣與賈人。”（《證類本草》[514]卷一二引）[515]

512. 原作《南方草木状》疑係《南方異物志》之訛。

513. 薰陸，卽乳香（Boswellia thurifera）。[123]

514.《證類本草》，凡三十卷，宋唐慎微撰。

515. 掌禹錫《嘉祐補注神農本草》引《南方異物志》作："薰陸出大秦國，在海邊有大樹，枝葉正如古松，生於沙中。盛夏，木膠流出沙上，狀如桃膠。夷人采取，賣與商賈，無賈則自食之。"（見《本草綱目》卷三四）

4.《涼州異物志》

3.4《涼州異物志》[516] 曰："大秦之國，斷首去軀，操刀屠人。"[517]（《太平御覽》卷八二八引）

516.《涼州異物志》，一卷，撰人不詳，一般認爲東晉時人。《隋書·經籍二》有著錄。案：此條涉大秦，似乎已經越出"涼州"範圍，"涼州"有可能是"南州"之訛。[124]

517. 此亦有關大秦眩術之描述。

四

1.《三秦記》[518]

4.1 燉煌西盡大秦，隔海。心無憂、遇善風，不經二十日得渡。心憂，數年不得渡。（該）[諺][519] 曰：心無憂患，不經二旬；心若憂患，遠離三春。[520] 士人賢直，男女皆長一丈、端正。國主，風雨不和，則讓賢而治之。[521]（《太平御覽》卷三七七引）

518. 《三秦記》，題辛氏撰，一般認爲是漢人。書已佚，輯本見張澍《二酉堂叢書》。案：是書既涉大秦，作者最早也是東漢人。
519. 此據《太平御覽》卷四六九引改。
520. 此本《後漢書·西域傳》關於甘英西使的記載。
521. 類似記述亦見《魏略·西戎傳》。

2.《廣州記》[522]

4.2.1 波斯白礬[523]，《廣州記》云："出大秦國。其色白而瑩淨，內有棘針紋。"（《證類本草》卷三引）

522. 《廣州記》，晉裴淵、顧微有同名著作。此則不知出自何人之手。
523. 白礬，卽明礬（alum）。[125]

4.2.2 《廣州記》云："[蕪荑[524]]生大秦國，是波斯蕪荑也。"（《證類本草》卷一三注引）

524. 蕪荑，卽 stinking elm (*Ulmaceae macrocarpa*)。[126]

3.《南越志》[525]

4.3 《南越志》曰:"木難,金翅鳥口結沫所成,碧色珠也。大秦土人珍之。"[526](《太平御覽》卷八〇九引)

525.《南越志》,凡八卷,劉宋沈懷遠撰。《隋書·經籍志二》有著錄。[127]
526."木難",梵語 mārakata(摩羅伽陀)之略譯。[128]《翻譯名義集》卷三:"摩羅伽陀:《大論》云:此珠金翅鳥口邊出,綠色,能辟一切毒。"[129]

五

1.《奇布賦》[527]

5.1 晉殷巨《奇布賦》曰:"惟泰康二年,安南將軍、廣州牧、騰侯[528]作鎮南方,余時承乏,忝備下僚。俄而大秦國奉獻琛,來經于州。[529]衆寶既麗,火布[530]尤奇,乃作賦曰:伊荒服[531]之外國,逮大秦以爲名,仰皇風而悦化,超重譯而来庭,貢方物之綺麗,亦受氣於妙靈,美斯布之出類,禀太陽之純精,越常品乎意外,獨詭異而特生……"(《藝文類聚》[532]卷八五引)

527.《奇布賦》,殷巨撰。三國吳偏將軍,吳亡後臣晉,爲蒼梧太守。(見《三國志·吳書·顧雍傳》裴注引《文士傳》)

528. 騰侯："騰"當作"滕"。滕侯指滕脩,《晉書》卷五七有傳。
529. 泰康二年（281 年），大秦來獻未見明確記載。《晉書·武帝紀》僅載是年有"東夷五國朝獻"，而大秦在《晉書》入"西戎傳"。
530. 火布，即火浣布。火浣布出大秦已見《魏略·西戎傳》。
531. 荒服，見《尚書·禹貢》。此處指極遠之國。
532. 《藝文類聚》，凡一百卷，唐歐陽詢撰。

2.《南方草木狀》[533]

5.2.1 耶悉茗花[534]、末利花[535]，皆胡人自西國[536]移植於南海。南人憐其芳香，競植之。陸賈《南越行紀》[537]曰：南越之境，五穀無味，百花不香。此二花特芳香者，緣自胡國移至，不隨水土而變，與夫橘北為枳異矣。彼之女子以綵絲穿花心以為首飾。（卷上）

533. 《南方草木狀》，凡三卷，一般認為是書託名西晉嵇含，實係南宋人所編，不過保存了若干有關嶺南植物的古記錄。[130]
534. 耶悉茗花，應即 jasminum officinale。"耶悉茗"，波斯語 yāsmin 或阿拉伯語 yasmin 之對音。[131]
535. 末利花，應即 Jasminum sambac。
536. 西國，按下文似指大秦。
537. 陸賈，西漢楚人，高祖十一年（前 196 年）曾出使南越（時據有今湖南、兩廣及越南北部）。陸賈果有《行紀》傳世，且提及上述兩花，與大秦無關。

5.2.2：薰陸香[538]，出大秦。在海邊有大樹，枝葉正如古松，生於沙中。盛夏，樹膠流出沙上，方採之。（卷中）

538. 薰陸香，薰陸出大秦，已見《魏略·西戎傳》。

　　5.2.3 指甲花[539]，其樹高五六尺，枝條柔弱，葉如嫩榆，與耶悉茗、末利花皆雪白而香，不相上下，亦胡人自大秦國移植于南海。而此花極繁細，纔如半米粒許，彼人多折置襟袖間，蓋資其芬馥爾。一名散沫花。[540]（卷中）

539. 指甲花，即 henna (Lawsonia inermis)，其花瓣可染指甲。[132]
540. 散沫花，一說"散沫"應是阿拉伯語 zanbaq 之對譯，指茉莉花。[133]

　　5.2.4 蜜香紙，以蜜香樹[541]皮、葉作之。微褐色，有紋如魚子，極香而堅韌，水漬之不潰爛。泰康五年，大秦獻三萬幅，[542]嘗以萬幅賜鎮南大將軍當陽侯杜預[543]，令寫所撰《春秋釋例》[544]及《經傳集解》[545]以進，未至而預卒。（卷中）

541. 蜜香樹，一般認爲即沉香木（Aquilaria agallocha）。[134]一說所謂蜜香紙實無其物，乃編者依據段公路《北戶錄》卷三等所載香皮紙之類記載改竄而成。[135]
542.《晉書·武帝紀》：太康五年（284年）十二月，"林邑、大秦國各遣使來獻"。案：大秦獻蜜香紙頗有懷疑者。[136]

543. 杜預（222—285 年），西晉大臣，以鎮南大將軍滅吳，以功進爵當陽縣侯。《晉書》卷三四有傳。

544.《春秋釋例》，凡十五卷，已佚，有清人輯本。

545.《經傳集解》，全稱《春秋左氏經傳集解》，凡三十卷。

5.2.5 抱木[546]生於水松之旁，若寄生然。極柔弱，不勝刀鋸。乘濕時，刳而爲履，易如削瓜。旣乾，則韌不可理也。……出扶南、大秦諸國。泰康六年，扶南貢百雙[抱木履]。[547]（卷中）

546. 抱木，指水松的呼吸根。水松的呼吸根生於水松之旁，好像寄生一樣，故云。[137]

547.《晉書·武帝紀》：太康六年（285 年），"夏四月，扶南等十國來獻"。

5.2.6 枸緣子[548]，形如瓜，皮似橙而金色，胡人重之。極芬香，肉甚厚，白如蘆菔[549]……泰康五年，大秦貢十缶。[550]（卷下）

548. 枸緣子，卽香櫞、枸櫞（citron）。[138]

549. 蘆菔，蘿蔔。

550. 泰康五年大秦來獻見《晉書·武帝紀》。

5.2.7 篔簹竹[551]，皮薄而空多，大者徑不過二寸，皮麤澀，以錹犀象，利勝於鐵。出大秦。（卷下）

551. 篾箖竹，又名百葉竹。或以爲指 horsetail（木賊屬植物）。[139]

3.《廣志》[552]

5.3.1 《廣志》曰："瑠璃[553]，出黄支[554]、斯調[555]、大秦、日南[556]諸國。"（《藝文類聚》卷八四引）

552.《廣志》，凡二卷，郭義恭撰。《隋書·經籍三》有著錄。書已佚，輯本見清馬國翰《玉函山房輯佚書》。郭氏生平事蹟不詳，據推測生活在北魏前期，但書中輯錄的資料可能早至晉代。[140]

553. 瑠璃出大秦，已見《魏略·西戎傳》。

554. 黄支，一般認爲即今印度南部的 Conjevaram。

555. 斯調，一般認爲即今斯里蘭卡。

556. 日南，郡名，治今越南中部。

5.3.2 《廣志》曰："車渠[557]，出大秦國及西域諸國。"（《藝文類聚》卷八四引）

557. 車渠出大秦，已見《魏略·西戎傳》。

5.3.3 《廣志》曰："大秦國以青水精爲屋。"[558]（《太平御覽》卷一八一引）

558. 類似記載見《魏略·西戎傳》。

5.3.4 《廣志》曰:"水精[559]出大秦、黃支國。"(《太平御覽》卷八〇八引)

559. 水精出大秦已見《魏略·西戎傳》。

5.3.5 《廣志》曰:"蘇合,出大秦。或云蘇合國人採之,笮其汁以爲香膏,賣澤與賈客。或云:合諸香草煎爲蘇合。非自然一種也。"[560](《太平御覽》卷九八二引)

560. 類似記載亦見《梁書·海南諸國傳》。

5.3.6《廣志》曰:"寄六[561],出交州。又大秦海邊人採與賈人,易穀。若無賈人,取食之。"(《太平御覽》卷九八二引)

561. "寄六",應即"薰陸"。薰陸出大秦已見《魏略·西戎傳》。

5.3.7 《廣志》曰:"迷迭出西海中。"[562](《太平御覽》卷九八二引)

562. 迷迭,大秦出迷迭已見《魏略·西戎傳》。"西海"即大秦所臨地中海。

5.3.8 《廣志》云：兜納[563]香，"出西海[564]、剽國[565]諸山"。（《本草綱目》[566]卷一四引）

563. 兜納，大秦出兜納已見《魏略·西戎傳》。
564. "西海"即大秦所臨地中海。
565. 剽國，當爲"驃國"之訛。剽國，亦作驃國，在今緬甸。
566. 《本草綱目》，凡五十二卷，明李時珍撰。

六

1.《括地志》[567]

6.1 小人國[568]在大秦南，人纔三尺。其耕稼之時，懼鶴所食，大秦衛助之。卽焦僥國，其人穴居也。[569]（《史記索隱·大宛列傳》[570]引）

567. 《括地志》，唐李泰（618—652年）撰，凡五百五十卷。書已佚，有賀次君輯校本。[141]
568. 小人國，或者便是《魏略·西戎傳》所見"短人"。
569. 《史記正義·孔子世家》引此則略作"焦僥國在大秦國南"。
570. 《史記索隱》，凡一百三十卷，唐司馬貞撰。

2.《洽聞記》[571]

6.2 又拂菻[572]國，海去都城二千里。有飛橋，渡海而西，至且蘭國。自且蘭有積石，積石南有大海[573]。海中珊瑚生於水底。大船載鐵網下海中，初生之時，漸漸似菌。經一年，挺出網目間，變作黃色，支格交錯。小者三尺，大者丈餘。三年色青。以鐵鈔發其根，於舶上爲絞車，舉鐵網而出之。故名其所爲珊瑚洲。久而不採，卻蠹爛糜朽。[574]（《太平廣記》[575]卷四〇三引）

571.《洽聞記》，唐鄭常（？—787年）撰。常，大曆中詩人。書已佚，據《新唐書‧藝文志》，凡一卷。本書一題鄭遂撰，疑誤。[142]

572. 拂菻，一般認爲指拜占廷。案：《唐會要》卷九九以及兩唐書拂菻傳均稱"拂菻一名大秦"，故在記述拂菻時抄錄前史所見大秦事情。

573. "海去都城二千里"至"積石南有大海"，節略《魏略‧西戎傳》文字。

574. 類似記載亦見萬震《南州異物志》。

575.《太平廣記》，凡五百卷，宋李昉等輯。

3.《北戶錄》[576]

6.3 拂菻國[577]，有羊羔生於土中。其國人候其欲萌，乃築墙以院之，防外獸所食。然其臍與地連，割之則死，唯人著甲走馬、擊鈹駭之，其羔驚鳴而臍絶，便逐水草。[578]（卷一）[143]

576. 《北戶錄》，凡三卷，唐末段公路撰。[144]

577. 拂菻，卽拂箖。

578. 土羊傳說，已見朱應《異物志》。

七

1.《神異經》[579]

7.1 西海[580]之外有鵠國[581]焉，男女皆長七寸。爲人自然有禮，好經（編）[論][582]跪拜。其人皆壽三百歲，行如飛，日行千里。百物不敢犯之。唯畏海鵠，過輒吞之，亦壽三百歲。此人在鵠腹中不死，而鵠亦一舉千里。[145]

579. 《神異經》，凡一卷，題東方朔撰。《隋書·經籍二》有著錄。一說作者雖非東方朔，但可以認爲是西漢末作品。[146]

580. 西海，最早見於《史記·大宛列傳》和《漢書·西域傳》，有時指裏海，有時指地中海。《神異經》果作於西漢末，則所言"西海"應爲其中之一。

581. 鵠國：鵠國的短人可能和《魏略·西戎傳》所見同出一源。又，如果結合後來《突厥本末記》的記載："自突厥北行一月，有短人國。長者不踰三尺，亦有二尺者。頭少毛髮，若羊胞之狀。突厥呼爲羊胞頭。其傍無它種類相侵。俗無寇盜，但有大鳥，高七、八尺，恒伺短人，啄而食之。短人皆持弓矢以爲之備"(《太平御覽》卷七九六引),則鵠國所臨"西海"更可能是裏海。也許由於大秦國亦臨"西海",鵠國被認爲在大秦國附近。

582.據《藝文類聚》卷九十、《太平御覽》卷三七八引改。

2.《洞冥記》[583]

7.2 元封[584]三年,大秦國貢花蹄牛。其色駮,高六尺,尾環遶其身,角端有肉,蹄如蓮花,善走多力。(卷二)[147]

583.《洞冥記》,又稱《漢武洞冥記》等,凡四卷,東漢郭憲撰。《隋書·經籍二》有著錄。[148]

584.元封(前110—前105年),西漢武帝年號。案:後漢時中國始知西方有大秦國,"貢花蹄牛"云云,不過傳說。

3.《博物志》[585]

7.3 "漢使張騫渡西海至大秦。西海之濱有小崑崙,高萬仞,方八百里。東海廣漫,未聞有渡者。"[586](卷一)[149]

585.《博物志》,凡十卷,西晉張華(232—300年)撰。《晉書》卷三六有傳。[150]
586.這則記載是糅合了張騫西使、漢使溯河源至崑崙(見《史記·大宛列傳》)和東漢以來關於大秦的記載(見《魏略·西戎傳》)等而成。

4.《玄中記》[587]

7.4.1 《玄中記》曰:"珊瑚[588]出大秦西海中,生水中石上。初生白,一年黃,三年赤,四年蟲食敗。"(《太平御覽》卷八〇七引)

587.《玄中記》,又稱《郭氏玄中記》、《元中記》等,凡一卷,晉郭璞撰。原書已佚,輯本見清馬國翰《玉函山房輯佚書》。[151]

588. 珊瑚出大秦已見《魏略·西戎傳》。

7.4.2《玄中記》曰:"大秦國有五色頗黎[589],紅色最貴。"(《太平御覽》卷八〇八引)

589. 頗黎卽流離出大秦,已見《後漢書·西域傳》和《魏略·西戎傳》。

7.4.3 《玄中記》曰:"木難[590]出大秦。"(《太平御覽》卷八〇九引)

590. 木難出大秦,有關記載當以《玄中記》最早。

7.4.4.1 《玄中記》曰:"金剛[591]出天竺、大秦國,一名削玉刀,削玉如鐵刀削木。大者長尺許,小者如稻米,欲刻玉時,當作大金鐶著手指,開其背如月,以割玉刀內環中以刻玉。"(《太平

御覽》卷八一三引）[592]

591. 金剛，卽鑽石。[152]
592. 《本草綱目》卷一〇引作："大秦國出金剛，一名削玉刀。大者長尺許，小者如稻黍，著環中可以刻玉。"

7.4.4.2 《玄中記》曰："天竺、大秦國出金指鐶。"[593]（《北堂書鈔》卷一三六引）

593. 此則疑爲上一則之異文，"金指環"卽"大金鐶"，詳略不同也。

5.《外國圖》[594]

7.5.1 《外國圖》："從隅巨[595]北有國名大秦，其種長大，身長五六尺。"[596]（《通典》卷一九三引）

594. 《外國圖》，一般認爲係晉人所撰，書佚於宋，輯本有清人《古海國遺書抄》本（《麓山精舍叢書》第二集）。[153]
595. 隅巨，無考。
596. 《文獻通考》卷三三九引同，唯"隅巨"作"喁巨"。

7.5.2 《外國圖》曰："大秦國人長一丈五尺，猨臂長脅，好騎駱駝。"[597]（《法苑珠林》[598] 卷五引）[154]

597. 《法苑珠林》，凡一百卷，唐釋道世撰。

598. 《太平御覽》卷三七七引《外國圖》略同，作："大秦國人長一丈五尺，猿臂長脇，好騎駱駞。"

八

1.《河圖玉版》[599]

8.1 《河圖玉版》曰："從崑崙以北九萬里，得龍伯[600]國，人長三十丈，生萬八千歲而死。從崑崙以東，得大秦國，人長十丈。從此以東十萬里，得佻國[601]，人長三丈五尺。從此國以東十萬里，得中秦國，人長一丈。"[602]（《法苑珠林》卷五引）[155]

599. 《河圖玉版》，《河圖》九篇之一。《隋書·經籍一》有稱："其書出於前漢，有《河圖》九篇。"《河圖》，緯書之一種。一般認爲成書於西漢至東漢間。[156]

600. 龍伯，無考。龍伯以及下文"中秦"等或係傳聞之國。案：《魏略·西戎傳》已有關於大秦人"長大"的傳說。

601. 佻國，無考。案：所謂"佻國"或指"臨洮"。蓋張華《博物志》卷二引《河圖玉板》作："龍伯國人長三十丈，生萬八千歲而死。大秦國人長十丈，中秦國人長一丈，臨洮人長二丈五尺。"佻國"人長三丈五尺"，附會所致。《法苑珠林》卷五所引《洪範五行傳》："秦始皇二十六年，有大人身長五丈。足跡六尺，夷狄皆服。有十二人見於臨洮，並引孔子稱："是歲秦初兼六國，喜以爲瑞，鑄金人十二以像之。南戍五嶺，北築長城，西徑臨洮，東至遼東。徑數千里。故大人先見於臨洮，明禍亂所起也。後十二年而秦亡"，[157] 似可作證。

602.《太平御覽》卷三七七引《河圖玉板》作："從崑崙以北九萬里，得龍伯國。人長三十丈，生萬八千歲而死。從崑崙以東得大秦國，人長十丈。從此以東十萬里，得佻吐凋國，人長三丈五尺。從此以東千里，得中秦［國］，人長一丈。"

2.《河圖龍文》[603]

8.2 《河圖龍文》曰："龍伯國，人長三十丈，以東得大秦國，人長十丈。又以東十萬里得佻國，人長三丈五尺。又以東十萬里，［得］中秦國，人長一丈。"（《初學記》[604] 卷一九引）

603.《河圖龍文》，凡一卷，《河圖》九篇之一。《隋書·經籍一》有著錄。
604.《初學記》，凡三十卷，唐徐堅等撰。

九

1.《太清金液神丹經》[605]

9.1.1 大秦國在古奴斯調[606] 西，可四萬餘里[607]，地方三萬里[608]，最大國也。[609]人士煒燁,角巾塞路,風俗如長安人。此國是大道之所出,談虛說妙,屑理絕殊,非中國諸人輩作。一云妄語也。道士比肩,有上古之風。不畜奴婢,雖天王、王婦猶躬耕籍田,親自抅桑織經,以道使人,人以義觀,不用刑辟、刀刃戮罰。人民溫睦,皆多壽考。水土清涼,不寒不熱,士庶推讓,國無凶人。斯道氣所陶,君子之奧丘,顯罪福之科教,令萬品奉其化也。[610]始於大秦國、人宗道以示八遐矣。亦如老君入流沙化胡也。[611]

9.1.2 從海濟入大江,七千餘里乃到其國,[612]天下珍寶所出,家居皆以珊瑚爲梲櫨,瑠璃爲牆壁,水精爲階陛。[613]昔中國人徃扶南[614],復從扶南乘船,船入海,欲至古奴國[615],而風轉不得達,乃他去,晝夜帆行不得息,經六十日乃到岸邊,不知何處也。上岸索人而問之,云是大秦國。此商人本非所徃處,甚驚恐,恐見執害,乃詐扶南王使,詣大秦王。王見之,大驚,曰:爾海邊極遠,故復有人子。何國人乎?來何爲?扶南使者答曰:臣北海際扶南王使臣,來朝王庭闕,北面奉首矣。又聞王國有奇貨珍寶,幷欲請乞玄黃,以光鄙邑也。大秦王曰:子是周國之邊民耶?乃冒洪海二十萬里朝王庭,良辛苦也。向見子至,恐觀化我方風俗之厚薄、覢人事之流味耳。豈悟遠貪難得之貨、開爭競之門户哉!招玄黃以病耳目、長姦盜以益勤苦耶?何乃輕性命於洪川、蔑一身於大海乎?若夫周立政,但以輕貨爲馳騁者,豈不賤也,豈不斃哉!吾遙覢其化,亂兆已表於六合,姦政已彰於八外矣。然故來請乞,復宜賜以徃反。乃付紫金[616]、夜光五色玄珠[617]、珊瑚[618]、神璧[619]、白和[620]、朴英[621]、交頸神玉瓊虎[622]、金剛[623]諸神珍物以與使者，發遣便去。……還四年，乃到扶南。

9.1.3 使者先以船中所有綵絹千匹奉獻大王，王笑曰：夷狄綵絹耳，何猥薄！物薄則人獒，諒不虛耳。非我國之所用！卽還不取。因示使者玉帛之妙：八采之綺、流飛蒼錦，王縷絟成之帛，金間孔文之碧，白則如雪，赤則如霞，青過翠羽，黑似飛烏，光精耀煇，王色紛敷。幅廣四尺，无有好龘。而忽見使者凡弊之躬，北地之帛，真可笑也。

自云大秦國無所不有，皆好中國物，永無相比方理矣。至於竃炊皆然，薰陸木爲焦，香芳鬱積，國無穢臭，實盛國者也。使既歸，具說本末如此。自是以來無敢往復至大秦者。商旅共相傳如此，遂永絕也。[624]……

9.2 又大秦人白易、長大，[625] 出一丈者形儀嚴整，舉以禮度，止則澄靜，言氣淩雲，交遊蔚挺。而忽見商旅之夫，言無異音、不知經綸，進趣唯食貨賄，大秦王是益賤之，盡言周國之人皆當然也。昔老君以周衰將入化大秦，故號扶南使者爲周人矣。周時四海彌服，扶南皆寶，所以越裳人抱白雉、而獻象牙於周也。今四夷皆呼中國作漢人，呼作晉人者。大秦去中國遼遠，莫相往來。[626]（卷下）

605.《太清金液神丹經》，凡三卷，題東漢長生陰真人傳，收於《道藏·洞神部眾術類》。葛洪《抱朴子內篇》已提及此書，一般認爲是東晉至梁代的著作。[158]

606. 古奴斯調，已見萬震《南州異物志》。

607. "可四萬餘里",此里數乃抄襲《後漢書·西域傳》但有欠確切。蓋《後漢書·西域傳》僅言:"其後甘英乃抵條支而歷安息,臨西海以望大秦,拒玉門、陽關者四萬餘里。"當時史料並沒有說長安去大秦四萬里。

608. "地方三萬里",不知何所據而云然。《後漢書·西域傳》僅載大秦國"地方數千里"。

609. "最大國",《魏略·西戎傳》稱大秦:"自蔥領西,此國最大。"

610. "人士煒燁"至"令萬品奉其化也":刻意美化,藍本便是中土的理想,和《魏略·西戎傳》等如出一轍。

611. "老君入流沙化胡":據《魏略·西戎傳》,"老子西出關,過西域之天竺,教胡。"

612. "從海濟入大江,七千餘里乃到其國",據《太清金液神丹經》同卷所引《南州異物志》:可知"海濟"應為"海灣"之訛。而《南州異物志》稱"自江口西行",去大秦國萬餘里,與此處所述不同。

613. "天下珍寶所出"云云,類似記載亦見《魏略·西戎傳》。

614. 扶南,《梁書·海南諸國傳》稱大秦"國人行賈,往往至扶南"。

615. "古奴國",應即前文"古奴斯調國"。

616. 紫金,可能是一種含有微量鐵的黃金。[159]

617. 玄珠,黑色珍珠。

618. 珊瑚,大秦出珊瑚已見《魏略·西戎傳》。

619. 神璧,或即《魏略·西戎傳》所見"夜光璧"。

620. 白和,無考。

621. 朴英,無考。

622. 交頸神玉瓊虎,或者是一種玉製工藝品。

623. 金剛，大秦出金剛亦見《玄中記》。

624. 以下所述理想化大秦，不具錄。

625. 大秦人"長大"已見《魏略・西戎傳》等。

626. 以下無非想當然，不足深究。

一〇

1.《那先比丘經》[627]

10.1.1 王[628] 問左右邊臣言：國中道人及人民誰能與我共難經道者？邊臣白王言：有。有學佛道者，人呼爲沙門。其人智慧博達，能與大王共難經道。今在北方大秦國[629]，國名舍竭[630]，古王之宮。其國中外安隱，人民皆善；其城四方皆復道行。……[160](乙種卷上)[631]

627.《那先比丘經》(Nāgasena-bhikṣu-sūtra)，有甲乙兩本，甲種凡二卷（亦有作一卷或三卷者），乙種凡三卷。譯者佚名，一般認爲係東晉人。據研究，現存巴利本《彌蘭王問經》由三部份組成，第一部份爲彌蘭王問有七品，加上序語，是該經的原始成份，自梵文漢譯成《那先比丘經》正是這一部份。因迻譯時間較早，增添更換的痕迹較少，保留了原來簡單樸實的面目。[161]

628. "王"，指希臘印度王 Memander（或 Menandros）。據較可信的說法，該王的治期約爲公元前 155—前 135 年。[162]一般認爲，在彌蘭王的治期，希臘政權的疆域向興都庫什山以南擴展，包括了旁遮普的大部份，一度還可能深入恒河流域，抵達 Madhyadeśa（中國）和 Magadha（摩揭陀）。

629. "大秦國"，這是《那先比丘經》漢譯者採用的概念，用來指稱希臘人統治區。[163]

630. 舍竭，一般認爲應卽 Sākala（《大唐西域記》卷四所見奢羯羅），故地在今錫亞爾科特（Siālkoṭ）附近。

631. 《那先比丘經》甲種卷上作："王問左右邊臣言：國中道人及人民，誰能與我共難經道者？邊臣白言：有學佛道者，人呼爲沙門。其人智慧妙達，能與王共難經道。北方大臣，國名沙竭，古王之宮。其國中外安隱，人民皆善。其城四方皆復道行。"[164] 經文"北方大臣"云云，意思不明，很可能是"北方大國"甚或"北方大秦國"之奪訛。"沙竭"應卽"舍竭"。

10.1.2 那先[632] 問王："王本生何國。"王言：我本生大秦國，國名阿荔散[633]。那先問王：阿荔散去是間幾里。王言：去［是］[634] 二千由旬[635] 合八萬里。[165]（乙種卷下）[636]

632. 那先（Nāgasena），亦意譯爲"龍軍"，據巴利語文本，應生活於佛滅後五百年。這就是說，那先和彌蘭王可能並非同時代人。果然，會晤彌蘭王並與之討論佛教教理者可能另有其人，祇是經文的編撰者假託那先而已。

633. "阿荔散"，一般認爲乃 Alasandā 之漢譯，應指亞歷山大所建 Alexandria 城之一。但阿荔散究竟指哪一個 Alexandria 則衆說紛紜。一說此應爲埃及的 Alexandria。[166] 今案：埃及之亞歷山大曾是托勒密埃及王國之首都。托勒密埃及王國最早見載於《史記·大宛列傳》和《漢書·西域傳》，漢譯名稱爲"黎軒"[lyei-xian] 或"犂靬"[lyei-kan]，兩者均譯自 Alexandria。《那先比丘經》果然指稱埃及亞歷山大，衹能是因爲在漢譯者所處的時代，埃及已經淪爲羅馬帝國屬土的緣故。

634. "去二千由旬合八萬里"句，甲種卷下所引"去"後有"是"字，餘同。[167]

635. 由旬，yojanas 之對譯，按《那先比丘經》，一由旬爲四十里。

636. 巴利文本《彌蘭王問經》相應部份作："'大王，何處是你出生的城邑？''尊者，有一鄉村名卡拉西（Alasanda, Alexandria）。我出生該處。''大王，從此去卡拉西村有多遠？''尊者，兩百由旬。'"大王，從此去迦濕彌羅（Kashmir）有多遠？''尊者，十二由旬。'"（"上卷·第七品"，第五：梵天與迦濕彌羅）[168] 或據此以爲阿荔散應位於 Panjshir 和 Kābul 河之間，其廢墟在 Chārikār 附近。[169]

2.《佛使比丘迦旃延說法沒盡偈經》[637]

10.2 將有三惡王：大秦[638]在於前，撥羅[639]在於後，安息[640]在中央。[170]

637.《佛使比丘迦旃延說法沒盡偈經》（Sūtra on Buddha's causing the Bhikṣu Kātyāyana to preach the Gāthā on the destruction of the law），凡一卷，譯者佚名，一般認爲係西晉（265—316 年）人。

638. 大秦，此處指巴克特里亞希臘王國。[171]

639. 撥羅，似卽波羅（Vārānasī），中印度古國，在今貝拿勒斯（Benares）。
640. 安息，指帕提亞朝波斯。

3.《十二遊經》[641]

10.3 閻浮提[642]中有十六大國[643]。八萬四千城。有八國王[644]四天子。東有晉天子，人民熾盛。南有天竺國[645]天子，土地多名象。西有大秦國[646]天子，土地饒金銀璧玉。西北有月支[647]天子，土地多好馬。[172]（卷一）[648]

641.《十二遊經》（Dvādaśa-varṣa-viharaṇa-sūtra），凡一卷，東晉迦留陀伽（Kālodaka）譯。

642. 閻浮提，Jambu-dvipa 之對譯，此處泛指人世間。

643. 十六大國，原指古印度之十六大國，其名稱各經所載不一。此處似泛指天下各國，十六表示圓滿無盡之數。

644. 八國王：唐神清撰、慧寶注《北山錄》卷三："三陲大海，北背雪山，有八大國、十六大城、七十餘小國。"[173]八國名稱諸經所傳不一，據後秦佛陀耶舍、竺佛念譯《長阿含經》卷四，爲波婆（Pāvā）、拘尸（Kusināra）、遮羅（Allakappa）、羅摩伽（Rāamagāma）、毘留提（Veṭhadipa）、迦毘羅衛（Kapila）、毘舍離（Vesāli）、摩揭（Magadha）。[174]

645. 天竺，指印度。

646. 大秦，指羅馬帝國。

647. 月支，指貴霜帝國。

648. 類似記載又見梁寶唱等撰《經律異相》卷三："閻浮提內有十六大國、八萬四千城、八國王、四天子。東有晉國天子，人民熾盛。南有天竺國天子，土地多名象。西有大秦國天子，土地饒金、璧玉。北有月支國天子，土地[多]好馬。"[175] 又見唐道世撰《法苑珠林》卷四四："有八國王、四天子。東有晉天子，人民熾盛。南有天竺國天子，土地多饒象。西有大秦國天子。土地饒金玉，北有月支天子，土地多好馬。"[176]

4.《普曜經》[649]

10.4 師問：其六十四書皆何所名？太子[650]答曰：梵書[651]（一）、佉留書[652]（二）、佛迦羅書[653]（三）、安佉書[654]（四）、曼佉書[655]（五）、安求書[656]（六）、大秦書[657]（七）……（卷三）[177]

649.《普曜經》（Lalitavistara），凡八卷，西晉竺法護（Dharmarakṣa）譯。
650. 太子，指淨飯王（Śuddhodana）太子。
651. 梵書，卽 Brāhmī。
652. 佉留書，卽 Kharoṣṭī。
653. 佛迦羅書，卽 Puṣkarasāri。
654. 安佉書，卽 Aṅgalipi。
655. 曼佉書，卽 Vaṅgalipi。
656. 安求書，卽 Aṅgulīyalipi。
657. 大秦書，卽 Yavanī。Yavanī，應卽希臘文。今案：《普曜經》稱希臘文爲大秦書，可與《那先比丘經》稱希臘化世界爲大秦國參證。[178]

5.《佛本行集經》[658]

10.5 或復梵天所說之書[659]（今婆羅門書正十四音是）：佉盧虱吒書[660]（隋言驢脣）、富沙迦羅仙人說書[661]（隋言蓮花）、阿迦羅書[662]（隋言節分）、瞢伽羅書[663]（隋言吉祥）、耶寐尼書[664]（隋言大秦國書）、鴦瞿梨書[665]（隋言指書）……[179]（卷一一）[666]

658.《佛本行集經》（Buddha caritra），凡六十卷，隋闍那崛多（Jñānagupta）譯。
659. 梵天所說之書，即《普曜經》所謂梵書。
660. 佉盧虱吒書，即《普曜經》所謂佉留書。
661. 富沙迦羅仙人說書，即《普曜經》所謂佛迦羅書。
662. 阿迦羅書，即《普曜經》所謂安佉書。
663. 瞢伽羅書，即《普曜經》所謂曼佉書。
664. 耶寐尼書，即《普曜經》所謂大秦書。
665. 鴦瞿梨書，即《普曜經》所謂安求書。
666. 類似記載亦見唐道世撰《法苑珠林》卷九："或復梵天所說之書（今婆羅門書正有十四音是）：佉盧瑟吒書（隋言驢脣）、富沙迦羅仙人說書（隋言華果）、阿迦羅書（隋言節分）、瞢伽羅書（隋言吉祥）、邪寐尼書（隋言大秦國書）、鴦瞿梨書（隋言指言）。"[180]

6.《菩薩善戒經》[667]

10.6 ……陀毘羅國聲[668]、粟特聲[669]、月支聲[670]、大秦聲[671]、

安息聲[672]、真丹聲[673]、法（丹本佉）沙聲[674]、裸形聲[675]、鮮卑聲[676]。如是等邊地聲名爲細聲。（卷二）[181]

667.《菩薩善戒經》(Bodhisattva-caryā-nirdeśa)，凡一卷，劉宋求那跋摩（Guṇavarman）譯。

668. 陀毘羅國聲，卽達羅毘荼（Drāvida）語。"陀毘羅"似應作"陀羅毘"（Drāvida），南印度古國。

669. 粟特聲，卽 Sogdiana 語。

670. 月支聲，卽貴霜語。

671. 大秦聲，卽希臘語。

672. 安息聲，卽波斯語。

673. 真丹聲，卽漢語。"真丹"（"震旦"），古代印度人對中國之稱呼。

674. 佉沙聲，卽疏勒語。

675. 裸形聲，指裸國的語言。裸國[182]，亦見義淨《大唐西域求法高僧傳》卷下，其地一說似爲安達曼群島（Andaman Is.）之某島。[183]

676. 鮮卑聲，卽鮮卑語。

7.《大般涅槃經》[677]

10.7 假使復以象車百乘、載大秦國[678]種種珍寶，及其女人、身佩瓔珞，數亦滿百，持用布施，猶故不如發心向佛舉足一步。[184]（卷一九）[679]

677.《大般涅槃經》(Mahāparinirvāṇa-sūtra)，凡四十卷，北涼曇無讖（Dharmarakṣa）譯。

678. 大秦國，此處"大秦"乃"寶主"之代表。

679. 類似記載亦見劉宋慧嚴等依《泥洹經》加之《大般涅槃經》卷一七 [185] 等。

8.《十誦律》[680]

10.8 優波離[681] 問佛：若比丘[682] 作梵志[683] 形服[684]，於道行得何罪？答：得偷蘭遮[685]。若作秦[686] 形服，大秦[687]、安息[688]、薄佉利[689]、波羅[690] 大形服，得何罪？答：得突吉羅[691]。（卷五三）[186]

680.《十誦律》(Sarvāstivāda-vinaya)，凡六十一卷，後秦弗若多羅（Puṇyatara）、鳩摩羅什（Kumārajīva）譯。

681. 優波離（Upāli），釋迦牟尼弟子，精通戒律。[187]

682. 比丘，bhikṣu。出家得度，受具足戒之男子。

683. 梵志，即婆羅門（brāhmaṇa），指一切外道之出家者。

684. 形服，指袈裟。

685. 偷蘭遮（Sthūlātyayas），大罪。

686. 秦，指中國。

687. 大秦，即羅馬帝國。

688. 安息，指帕提亞波斯。

689. 薄佉利，即 Bactria。

690. 波羅，卽 Vārānasī，中印度古國，在今貝拿勒斯（Benares）。

691. 突吉羅，梵文 duṣkṛta 之對譯，意譯"惡作"。

9.《大寶積經》[692]

10.9 其十六大國，以用治政而相攝護。各自謗嗟：一切諸人及與非人，言語各異，音聲不同，辭有輕重。如來聖慧，從其音響，隨時而入。皆悉化之，立正真業。各有種號：釋種[693]、安息[694]、月支[695]、大秦[696]……如斯千國，周圍充滿。於閻浮利[697]天下，各自異居（卷一〇）。[188]

692.《大寶積經》（Mahāratnakuta sūtra），凡一百二十卷，唐菩提流志（Bodhiruci）譯。

693. 釋種，釋迦（Śākya）之略，指印度。

694. 安息，帕提亞波斯。

695. 月支，貴霜帝國。

696. 大秦，此處指羅馬帝國，蓋與印度、安息、貴霜並舉。

697. 閻浮利，卽閻浮提。

10.《高僧傳》[698]

10.10 龜茲[699]王爲造金師子座，以大秦[700]錦褥[701]鋪之，令什[702]升而說法。[189]（卷二）[703]

698. 《高僧傳》，凡十四卷，梁慧皎撰。

699. 龜茲，北道綠洲國，首見《漢書·西域傳》。一般認其王治位於今庫車縣治東郊的皮郎古城。

700. 大秦，此處無疑指羅馬帝國。

701. 錦褥，《魏略·西戎傳》載大秦國產"金縷繡、雜色綾"。

702. 什，指鳩摩羅什（Kumārajīva），東晉時龜茲國高僧。

703. 類似記載亦見唐僧詳撰《法華傳記》卷一："王爲造金師子座，以大秦錦褥鋪之，令什昇而說法。"[190] 唐道世撰《法苑珠林》卷二五："龜茲王爲造金師子座，以大秦錦褥鋪之，令什昇而說法。"[191] 以及宋道誠集《釋氏要覽》卷三："金師子座：鳩摩羅什昔在龜茲，王爲造金師子座，以大秦錦褥鋪之，請什坐說法。"[192]

11.《大莊嚴經論》[704]

10.11 有一估客名稱伽拔吒，作僧伽藍，如今現在，稱伽拔吒。先是，長者子居室素富，後因衰耗，遂至貧窮。其宗親眷屬，盡皆輕慢，不以爲人，心懷憂惱，遂棄家去。共諸伴黨至大秦國，大得財寶還歸本國。[705]（卷一五）[193]

704. 《大莊嚴經論》（Sūtrālaṅkāra），凡十五卷，馬鳴菩薩（Bodhisattva Aśvaghoṣa）造、後秦鳩摩羅什譯。

705. 此處大秦也代表寶主。

12.《洛陽伽藍記》[706]

10.12.1 西夷來附者，處崦嵫館[707]，賜宅慕義里。自葱嶺[708]已西，至於大秦[709]。百國千城，莫不歡附。商胡販客，日奔塞下。所謂盡天地之區已，樂中國土風。因而宅者，不可勝數。是以附化之民，萬有餘家。(卷三) [194]

706.《洛陽伽藍記》，凡五卷，北魏楊衒之撰。
707. 崦嵫，山名，在甘肅天水縣西。《楚辭·離騷》："吾令羲和弭節兮，望崦嵫而勿迫。"王逸注："崦嵫，日所入山也。"
708. 葱嶺，今帕米爾。
709. 大秦，指羅馬帝國；下兩條同。

10.12.2 百國沙門三千餘人，西域遠者乃至大秦國，盡天地之西垂。[710] [耕耘] 績紡，百姓野居，邑屋相望。衣服車馬，擬儀中國。[711] (卷四) [195]

710.《後漢書·西域傳》："或云其國西有弱水、流沙，近西王母所居處，幾於日所入也。"
711.《魏略·西戎傳》載大秦國："其制度，公私宮室爲重屋，旌旗擊鼓，白蓋小車，郵驛亭置如中國。"

10.12.3 拔陀云：有古奴調國[712]，乘四輪馬爲車。斯調國出火浣布，以樹皮爲之。其樹入火不燃。[713] 凡南方諸國，皆因城廓而居。多饒珍麗，民俗淳善，質直好義。亦與西國大秦、安息[714]、身毒諸國交通往來。或三方四方浮浪乘風，百日便至。率奉佛教，好生惡殺。（卷四）[196]

712. 古奴調國，應卽康泰《扶南傳》所見"迦那調"。
713. 《三國志‧魏書‧三少帝紀》裴注引《異物志》："斯調國有火州，在南海中。其土有野火，春夏自生，秋冬自死。有木生於其中而不消也，枝皮更活，秋火死則皆枯瘁，其俗常冬采其皮以爲布，色小青黑。若塵垢汙之，便投火中，則更鮮明也。"案：斯調，今斯里蘭卡。火浣布卽石綿。
714. 安息，按之時代，此處當指薩珊波斯。

■ 注釋

[1] 本文輯錄漢文古籍有關羅馬帝國（大秦）的記載，與羅馬帝國密切相關的塞琉古朝敍利亞王國（條枝）和托勒密朝埃及王國（黎軒）的資料亦一併收入。D. D. Leslie and K. H. J. Gardiner, *The Roman Empire in Chinese Sources*. Roma, 1996，一書資料詳備、編排合理，是本文主要參考書。

[2] 關於安息諸問題，詳見余太山《塞種史研究》，中國社會科學出版社，1992 年，pp. 174-178。

[3] 關於大月氏諸問題，詳見注 2 所引余太山書，pp. 52-69。

[4] 勞費爾《中國伊朗編》，林筠因漢譯，商務印書館，1964 年，pp. 197-199。

[5] 見勞費爾注 4 所引書，pp. 43-70。

[6] 關於大宛諸問題，詳見注 2 所引余太山書，pp. 70-95。

[7] 參看孫毓棠"安息與烏弋山離"，《文史》第 5 輯（1978 年），pp. 7-21。

[8] 關於條枝諸問題，詳見注 2 所引余太山書，pp. 182-209。

[9] 關於奄蔡諸問題，參看注 2 所引余太山書，pp. 118-130。

[10] 關於黎軒諸問題，詳見注 2 所引余太山書，pp. 182-209。

[11] 同注 4。

[12] N.C. Debevoise, *A Political History of Parthia*. Chicago, 1937, pp. 22-25, 33-35.

[13] 參看余太山《古族新考》，中華書局，2000 年，pp. 29-52。

[14] 森雅子"西王母の原像——中國古代神話における地母神の研究——"，《史學》56～3（1986 年），pp. 61-93。

[15] 關於烏弋山離諸問題，詳見注 2 所引余太山書，pp. 168-181。

[16] A. F. P. Hulsewé and M. A. N. Loewe, *China in Central Asia, the Early Stage: 125 B. C.-A. D. 23*. Leiden: 1979, p. 112, note 253.

[17] 注 2 所引余太山書，pp. 168-171。

[18] 關於罽賓諸問題，詳見注 2 所引余太山書，pp. 144-167。

[19] 參看注 16 所引 A. F. P. Hulsewé and M. A. N. Loewe 書，pp. 114-115，note 262。

[20] E. Chavannes, "Trois généraux chinois de la dynastie des Han orientaux." *T'oung Pao* 7 (1906): pp. 210-269, esp. 232.

[21] 徐松《漢書西域傳補注》（卷上）。

[22] 說見王念孫《讀書雜志》卷四之一五。《太平御覽·四夷一三·西戎二》（卷

七九三）引本傳"書"亦作"畫"。

[23] 見本書上卷第一篇。

[24] 參看注 2 所引余太山書，pp. 182-209。

[25] 辭海編輯委員會《辭海》，上海辭書出版社，1979 年，p. 1627。

[26] 王國維"西胡考"，《觀堂集林》（卷一三），中華書局，1959 年，pp. 606-616。

[27] 松田壽男"イラン南道論"，《東西文化交流史》，東京：雄山閣，1975 年，pp. 217-251。馬雍"巴基斯坦北部所見'大魏'使者的巖刻題記"，《西域史地文物叢考》，文物出版社，1990，pp. 129-137。

[28] 參看宮崎市定"條枝と大秦と西海"，《史林》24～1（1939 年），pp. 55-86。

[29] G. Downey, *A History of Antioch in Syria.* Princeton, 1961, pp.143-162.

[30] 參看余太山《兩漢魏晉南北朝與西域關係史研究》，中國社會科學出版社，1995 年，p. 92。

[31] 同注 23。

[32] 詳見本書上卷第三篇。

[33] 注 1 所引 D. D. Leslie and K. H. J. Gardiner 書，pp. 48, 113。

[34] 詳見白鳥庫吉"大秦傳に現はれたる支那思想"，《白鳥庫吉全集・西域史研究（下）》（第 7 卷），東京：岩波，1971 年，pp. 237-302，esp. 271-281。

[35] 詳見注 34 所引白鳥庫吉文，esp. 268-271。

[36] 詳見注 34 所引白鳥庫吉文，esp. 265-268。

[37] 同注 23。

[38] 章鴻釗《石雅·寶石說》上海古籍出版社，1993 年，pp. 102-103。

[39] 見注 38 所引章鴻釗書，pp. 102-103。

[40] 見謝弗《唐代外來文明》，吳玉貴漢譯，中國社會科學出版社，1995 年，pp. 510-514。

[41] 注 1 所引 D. D. Leslie and K. H. J. Gardiner 書，p. 202。

[42] 注 38 所引章鴻釗書，pp. 1-26。

[43] 注 38 所引章鴻釗書，pp. 27-34。

[44] F. Hirth, *China and the Roman Orient*. Shanghai & Hongkong, 1885, p. 41; D. D. Leslie and K. H. J. Gardiner 注 1 所引書, p. 49。

[45] 注 38 所引章鴻釗書，pp. 359-362。

[46] 注 44 所引 F. Hirth 書，pp. 253-254。

[47] 參看蔡鴻生《唐代九姓胡與突厥文化》，中華書局，1998 年，pp. 30-31。

[48] D. D. Leslie and K. H. J. Gardiner 注 1 所引書, p. 215。

[49] 說詳注 4 所引勞費爾書，pp. 328-331；注 40 所引謝弗書，pp. 435-436；注 38 所引章鴻釗書，pp. 206-207。

[50] 關於水羊，說詳注 40 所引謝弗書，pp. 440-441，以及注 1 所引 D. D. Leslie and K. H. J. Gardiner 書，p. 239。這個問題的其他說法可參看白鳥庫吉"大秦國及び拂菻國に就きて"，注 34 所引書，pp. 125-203，esp. 178-180。

[51] H. Rackham, tr. Pliny, *Natural History*, with an English translation. London, 1949. 譯文見裕爾、考迪埃《東域紀程錄叢》，張緒山漢譯，雲南人民出版社，2002，pp. 165-166。

[52] 有關考說見注 4 所引勞費爾書，pp. 282-285，注 40 所引謝弗書，p. 360，D.

D. Leslie and K. H. J. Gardiner 注 1 所引書，p. 204。

[53] H. B. Dewing, tr. *Procopius*, London, 1916. 譯文見注 51 所引書，p. 171。

[54] 注 2 所引余太山書，pp. 169-171，187-188。

[55] 注 34 所引白鳥庫吉文，esp. 280-282。

[56] 以下敍天竺國之貢獻："和帝時，數遣使貢獻，後西域反畔，乃絕。至桓帝延熹二年、四年，頻從日南徼外來獻。"

[57] 參看注 40 所引謝弗書，pp. 521-522。

[58] 周連寬"漢婼羌國考"，《中亞學刊》第 1 輯，中華書局，1983，pp. 81-90；該文指婼羌國王治在阿克楚克賽。

[59] 參看周連寬注 58 所引文。

[60] 黃烈"'守白力'、'守海'文書與通西域道路的變遷"，《中國古代民族史研究》，人民出版社，1987 年，pp. 431-458，以爲路線未變，"經婼羌轉西"，不過是說道路經過婼羌國北境。

[61] 王國維"《流沙墜簡》序"，《觀堂集林》（卷一七），中華書局，1959 年，pp. 819-834。

[62] K. Enoki, "The Location of the Capital of Lou-lan and the Date of Kharoṣṭhī Inscriptions." *Memoirs of the Research Department of the Toyo Bunko* (The Oriental Library) 22 (1963): pp. 125-171, esp. 146.

[63] 見黃文弼"羅布淖爾漢簡考釋"，《黃文弼歷史考古論集》，文物出版社，1989 年，pp. 375-408, esp. 384-387。

[64] 參看注 2 所引余太山書，pp. 228-241。

[65] 參看注 60 所引黃烈文，以及孟凡人《樓蘭新史》，光明日報出版社，1990 年，pp. 115-125。

[66] 松田壽男《古代天山の歷史地理學的研究》，東京：早稻田大學出版部，1970 年，pp. 118-121。

[67] 關於戊己校尉諸問題，詳見余太山注 30 所引書，pp. 258-270。

[68] 參看注 2 所引余太山書，pp. 193-196。

[69] 詳見注 34 所引白鳥庫吉文，esp. 288-289。

[70] 參看 D. D. Leslie and K. H. J. Gardiner 注 1 所引書，pp. 150-152, 222-223。

[71] 詳見注 34 所引白鳥庫吉文，esp. 285。

[72] 有關大秦物産，請參看余太山《兩漢魏晉南北朝正史西域傳研究》，中華書局，2003 年，pp. 284-312。

[73] 盧弼《三國志集解》（卷三〇），中華書局影印，1982 年，p. 709。

[74] 有關討論可參看藤田豐八"榻及び氀毹氍毼につきて"，《東西交涉史の研究・南海篇》，荻原星文館，1943 年，pp. 611-627；馬雍"新疆佉盧文书中之 kośava 卽氀毼考——兼論"渠搜"古地名"，《西域史地文物叢考》，文物出版社，1990 年，pp. 112-115；以及注 1 所引 D. D. Leslie and K. H. J. Gardiner 書，p. 214。

[75] 參見注 4 所引勞費爾書，p. 321；藤田豐八注 74 所引文。

[76] 詳見注 34 所引白鳥庫吉文，esp. 287。

[77] 注 1 所引 D. D. Leslie and K. H. J. Gardiner 書，p. 202。

[78] 參看注 40 所引謝弗書，pp. 521-522。

[79] 注 1 所引 D. D. Leslie, and K. H. J. Gardiner 書，p. 203。

[80] 詳見注 34 所引白鳥庫吉文，esp. 288。

[81] 見注 1 所引 D. D. Leslie, and K. H. J. Gardiner 書，p. 203。

[82] 見注 1 所引 D. D. Leslie, and K. H. J. Gardiner 書，p. 202。

[83] 參看注 40 所引謝弗書，p. 522。

[84] 參看注 38 所引章鴻釗書，pp. 35-41，注 40 所引謝弗書，pp. 494-496。

[85] 參看注 1 所引 D. D. Leslie and K. H. J. Gardiner 書，p. 212。

[86] 參看注 40 所引謝弗書，pp. 514-516。

[87] 注 38 所引章鴻釗書，pp. 1-26。

[88] 參看注 40 所引謝弗書，pp. 494-496。注 38 所引章鴻釗書，pp. 42-48。

[89] 注 38 所引章鴻釗書，pp. 51-57。

[90] 參看注 40 所引謝弗書，p. 478。注 38 所引章鴻釗書，pp. 218-220。

[91] 參看注 40 所引謝弗書，pp. 463-464。注 38 所引章鴻釗書，pp. 218-220。

[92] 注 73 所引盧弼書，p. 710。

[93] 參看注 44 所引 F. Hirth 書，pp. 253-254；注 1 所引 D. D. Leslie and K. H. J. Gardiner 書，p. 216。

[94] 同注 92。

[95] 注 40 所引謝弗書，p. 409。

[96] 注 2 所引余太山書，pp. 118-130。

[97] H. L. Jones, tr. *The Geography of Strabo, with an English translation*. 8 vols. London, 1916-1936.

[98] 注 51 所引 H. Rackham 書。

[99] 見孫培良"《山海經》拾證",《文史集林》（人文雜誌叢刊）1986 年第 4 期，pp. 137-150。

[100] 季羨林等《大唐西域記校注》，中華書局，1985，pp. 164-165。

[101] 見注 72 所引余太山書，pp. 65-94。

[102] 《魏書·西域傳》稱大秦國"人務蠱田"，內田吟風"魏書西域傳原文

考釋（下）"，《東洋史研究》31～3（1972 年），pp. 58-72，以爲指 Procopius, Theophanes 等所載東羅馬帝國的養蠶業。案：《魏略·西戎傳》已載大秦國"桑蠶"。又，內田吟風"魏書卷一百二西域傳譯注稿"，內田吟風《中國正史西域傳の譯注》，京都：河北印刷株式會社，1980 年，pp.1-34，以爲安都應指君士坦丁堡，亦未安。

[103] 注 34 所引白鳥庫吉文，esp. 270-310；白鳥庫吉"拂菻問題の新解釋"，注 34 所引書，pp. 403-596，esp. 405-416。

[104] 參看注 34 所引白鳥庫吉文，esp. 279-281。

[105] 參看注 34 所引白鳥庫吉文，esp. 243-247。

[106] 注 4 所引勞費爾書，pp. 113-122。

[107] 參看注 1 所引 D. D. Leslie and K. H. J. Gardiner 書，p. 202.

[108] 文字按張烈點校本，中華書局，2002 年。

[109] 同注 108。

[110] 注 30 所引余太山書，pp. 198-253。

[111] 注 72 所引余太山書，pp. 495-507。

[112] 注 30 所引余太山書，pp. 214-220。

[113] 注 4 所引勞費爾書，261-262。

[114] 白鳥庫吉"大秦の木難珠と印度の如意珠"，注 34 所引書，pp. 597-641。

[115] 注 1 所引 D. D. Leslie and K. H. J. Gardiner 書，p. 110。

[116] 參看注 1 所引 D. D. Leslie and K. H. J. Gardiner 書，p. 112。

[117] 參看內田吟風"《異物志》考"，《森鹿三博士頌壽記念論文集》，京都：同朋舍，1977 年，pp. 275-296。

[118] 參看余太山"董琬、高明西使考"，《嚈噠史研究》，齊魯書社，1986 年，

pp. 217-244。

[119] 關於這個問題，可以參看注 44 所引 F. Hirth 書，pp. 260-263; 注 103 所引白鳥庫吉文，esp. 446-448，注 1 所引 D. D. Leslie and K. H. J. Gardiner 書 pp. 236-239，等。

[120] 注 1 所引 D. D. Leslie, and K. H. J. Gardiner 書， p. 110。

[121] 《大正新脩大藏經》T54, No. 2131, p. 1105。

[122] 《正統道藏》第 31 冊，藝文印書館，1977 年，pp. 25047-25048。

[123] 見注 1 所引 D. D. Leslie and K. H. J. Gardiner 書，p. 205；注 38 所引章鴻釗書，pp. 63-64。

[124] 參看注 1 所引 D. D. Leslie and K. H. J. Gardiner 書， p. 85。

[125] 注 4 所引勞費爾書， pp. 302-303。

[126] 注 1 所引 D. D. Leslie and K. H. J. Gardiner 書， p. 96。

[127] 參看劉偉毅《漢唐方志輯佚》，北京圖書館出版社，1997 年，pp. 273-287。

[128] 注 114 所引白鳥庫吉文。

[129] 《大正新脩大藏經》T54, No. 2131, p.1106。

[130] Ma Tai-loi 馬泰來,"The Authenticity of Na Fang Ts'ao-Mu-Chuang." *T'oung Pao* 64 (1978): pp. 218-252.

[131] 參看注 4 所引費爾書，pp. 154-159。另可參看馬泰來"《南方草木狀》箋證二十則"，華南農業大學農業歷史遺產研究室編《〈南方草木狀〉國際學術討論會論文集》，農業出版社，1990 年，pp. 50-77。

[132] 注 4 所引勞費爾書， pp. 159-164。

[133] 注 4 所引勞費爾書， p. 158。

[134] 參看注 1 所引 D. D. Leslie and K. H. J. Gardiner 書，pp. 206-207。

[135] 馬泰來 "蜜香紙·抱香履——傳本《南方草木狀》辨偽舉隅"，《大陸雜誌》38（1969 年），pp. 199-202。

[136] 參看注 44 所引 F. Hirth 書，pp. 272-275; Li Hui-lin（李惠林），tr. *Nan-fang-ts'ao-mu-chuang: A fourth Century Flora of Southeast Asia*. Hongkong, 1979, pp. 105-108.

[137] 徐祥浩 "關於《南方草木狀》植物名稱的一些考證和討論"，華南農業大學農業歷史遺產研究室編《〈南方草木狀〉國際學術討論會論文集》，農業出版社，1990 年，pp. 209-215。

[138] 參看注 136 所引 Li Hui-lin 書，p. 127。

[139] 注 136 所引 Li Hui-lin 書，pp. 133-134。

[140] 王利华 "《廣志》成書年代考"，《古今農業》1995 年第 3 期，pp. 51-58。

[141] 中華書局，1980 年。

[142] 李劍國《唐五代志怪傳奇敘錄》，南開大學出版社，1993 年，pp. 252-257。

[143] 文淵閣四庫全書本。

[144] 吳楓《隋唐歷史文獻集釋》，中州古籍出版社，1987 年，pp. 168-169。

[145] 文淵閣四庫全書本。

[146] 詳見李劍國《唐前志怪小說史》，南開大學出版社，1984 年，pp. 151-158。

[147] 文淵閣四庫全書本。

[148] 詳見注 146 所引李劍國書，pp. 159-167。

[149] 范寧校證本，中華書局，1980 年，p. 11。

[150] 詳見注 146 所引李劍國書，pp. 260-269。

[151] 詳見注 146 所引李劍國書，pp. 269-278。

[152] 詳見注 39 所引章鴻釗書，pp. 93-105。《太平御覽》卷八一三引《南州異物志》："金剛，石也，其狀如珠，堅利無匹。外國人好以飾玦環。服之能辟惡毒。"

[153] 詳見注 146 所引李劍國書，pp. 278-279。

[154] 周叔迦、蘇晉仁校注本，中華書局，2003 年，p. 163。又，宋希麟集《續一切經音義》卷五（《大正新脩大藏經》T54, No. 2129, p. 956）引略同。

[155] 注 154 所引周叔迦、蘇晉仁校注本，p. 160。

[156] 安居香山、中村璋八《緯書集成》（上），河北人民出版社，1994 年，pp. 61-67。

[157] 注 154 所引周叔迦、蘇晉仁校注本，p. 161。

[158] 《正統道藏》第 31 冊，藝文印書館，1977 年，pp. 25048-25050。

[159] 注 4 所引勞費爾書，pp. 338-339。謝弗注 40 所引書，pp. 554-555。

[160] 《大正新脩大藏經》T32, No. 1670B, p. 705。

[161] 《南傳彌蘭王問經》，巴宙漢譯，中國社會科學出版社，1997 年，p. 17。

[162] A.K. Narain, *The Indo-Greeks*. Oxford: 1957, pp. 74-100.

[163] 詳見本書上卷四篇。。

[164] 《大正新脩大藏經》T32, No. 1670A, p. 694。

[165] 《大正新脩大藏經》T32, No. 1670B, p. 717。

[166] 例如：伯希和"犂軒爲埃及亞歷山大城說"，馮承鈞譯《西域南海史地考證譯叢七編》，商務印書館，1957 年，pp. 34-35。

[167] 《大正新脩大藏經》T32, No. 1670A, p. 702。

[168]《南傳彌蘭王問經》，p. 88。

[169] E. J. Rapson, ed. *The Cambridge History of India*, vol. 1: Ancient India. Fountain-Delhi, 1955, p. 550; W. W. Tarn, *The Greeks in Bactria & India*. London: Cambridge, 1951, pp. 140-141, 420-421.

[170]《大正新脩大藏經》T49, No. 2029, p. 11。

[171] 同注 161。

[172]《大正新脩大藏經》T4, No. 195, p. 147。

[173]《大正新脩大藏經》T52, No. 2113, p. 585。

[174]《大正新脩大藏經》T1, No. 1, p. 29。

[175]《大正新脩大藏經》T53, No. 2121, p. 10。

[176] 注 154 所引周叔迦、蘇晉仁校注本，p. 1363。

[177]《大正新脩大藏經》T3, No. 186, p. 498。

[178] 參看本書上卷第四篇。

[179]《大正新脩大藏經》T3, No. 0190, p. 703。

[180] 注 154 所引周叔迦、蘇晉仁校注本，p. 333。

[181]《大正新脩大藏經》T30, No. 1582, p. 972。

[182]《大智度論》卷二五："舍婆羅，裸國也。"（《大正新脩大藏經》T25, No. 1509, p. 243。）《翻梵語》卷八："舍婆羅，譯曰：裸也。"（《大正新脩大藏經》T54, No. 2130, p. 1034。）

[183]《大唐西域求法高僧傳校注》，王邦維校注，中華書局，1988 年，pp. 136-137。

[184]《大正新脩大藏經》T12, No. 374, p. 479。

[185]《大正新脩大藏經》T12, No. 375, p. 722。

[186]《大正新脩大藏經》T23, No. 1435, p. 391。

[187] 參看《大唐西域求法高僧傳校注》，p. 227。

[188]《大正新脩大藏經》T11, No. 310, p. 59。

[189] 湯用彤校注本，中華書局，1992年，p. 48。

[190]《大正新脩大藏經》T51, No. 2068, p. 51。

[191] 注154所引周叔迦、蘇晉仁校注本，p. 801。

[192]《大正新脩大藏經》T54, No. 2127, p. 296。

[193]《大正新脩大藏經》T4, No. 201, p. 347。

[194]《洛陽伽藍記校注》，范祥雍校注，上海古籍出版社，1978年，pp. 160-161。

[195] 注194所引范祥雍校注本，pp. 235-236。

[196] 注194所引范祥雍校注本，pp. 236-237。

三 《後漢書·西域傳》和《魏略·西戎傳》有關大秦國桑蠶絲記載淺析

一

《後漢書·西域傳》和《魏略·西戎傳》(《三國志·魏書·烏丸鮮卑東夷傳》（卷三〇，裴注引）所載大秦乃指羅馬帝國。[1]兩傳均有關於大秦國桑蠶絲的記載，主要內容可列述如下：

（一）《後漢書·西域傳》載大秦國"人俗力田作，多種樹蠶桑"。《魏略·西戎傳》亦載大秦國"桑蠶"。這是說在兩傳描述的時代大秦國亦即羅馬帝國已經能夠植桑養蠶。

（二）《後漢書·西域傳》載其國"有細布，或言水羊毳，野蠶繭所作也"。《魏略·西戎傳》則載大秦國"有織成細布，言用水羊毳，名曰海西布。此國六畜皆出水，或云非獨用羊毛也。亦用木皮或野繭絲作"。這是說在兩傳描述的時代羅馬帝國另有野蠶絲織物。

（三）《後漢書·西域傳》載："其王常欲通使於漢，而安息欲以漢繒綵與之交市，故遮閡不得自達。至桓帝延熹九年，大秦王安敦遣使自日南徼外獻象牙、犀角、瑇瑁，始乃一通焉。"《魏略·西戎傳》則載大秦國"常利得中國絲，解以爲胡綾，故數與安息諸國交市於海中"。這是說在兩傳描述的時代中國絲及其織物是安息亦卽帕提亞波斯與羅馬交市的重要商品，前者且曾試圖壟斷絲綢貿易。

以上記載存在一個明顯的矛盾：既然大秦國已能植桑養蠶，則其人何故"利得中國絲"，而安息國又怎能"遮閡"之。

唯一合理的解釋似乎應該是：大秦所織乃野蠶絲，故珍視中國絲，安息爲獨佔貿易之利故從中阻隔。"多種樹蠶桑"之說應係訛傳；一說可能是當時中國人美化大秦所致。[2]

二

《後漢書·西域傳》、《魏略·西戎傳》上引記載與西方古典作家的有關敍述可相參證。

據 Pliny（23—79 年）記載："有一種蠶以另一種方式從一種更大的蠐螬中產生、發育出來，這種蠐螬有兩隻特殊的角。從這種蠐螬中他首先演變爲一種毛蟲，然後變成叫做 bombylius 的動物，再變爲 necydalus，六個月時變成蠶。這種蠶像蜘蛛一樣織出絲網，這種絲網被利用來製作女性服裝，並以'秦那絲'（bombycina）之名顯示奢華。將這種絲網拆開然後再加工成布匹的方法，是由凱俄斯島（Ceos）拉圖斯（Latous）的女兒、一位名叫潘菲拉的婦女首先發明的。讓我們不要埋沒了她的功績，是她發明了一種方法，讓女人雖穿著衣服但仍爲裸體。"（XI, 26）[3]

又載："據說，在科斯（Cos）島上，由於大地溫暖的氣候對柏樹、松樹、梣樹或櫟樹花的作用，當它們被雨水衝落時，也生出一些蠶。這種生靈的最初形式似蝴蝶，形態小，裸露；由於冷溫的影響，它長出一片麤糙的皮；爲了抵禦冬天的寒冷，它用腳從樹葉上採集軟毛爲自己建造起一個厚厚的外殼，這個外殼能夠保護它度冬。它以爪子對這種材料進行梳理並把它拉成細絲，將細絲從一條樹枝扯到兒一條樹枝上，然後抓住這條絲將它繞身體盤纏，直到身體完全裹捲在纏成的巢內。人們將這些動物採集起來，放置於盛有暖糠的陶器，暖糠促使這些動物生出新的羽毛，長滿羽毛的動物將從事其他活動。這些動物織成的毛絨狀的網用水濡濕，便容易拆開並纏在蘆葦秆上，以這種原料織成的紡織品甚至被男人們毫無廉恥地用來製作夏日輕盈的衣衫。過去我們曾身披鎖子胸甲，現在我們卻是如此墮落，甚至穿一件外衣都成爲一個大負擔。"（XI, 27）[4]

這些記載值得注意者有以下幾點：

1. 羅馬國內確實有野蠶絲，並用於紡織。

2. 這種野蠶絲織成的女服稱爲"秦那絲"（卽中國絲）有兩種可能。一是作者將真正的中國絲織物和這種野蠶絲織物混爲一談了。另一種可能是野蠶絲織物被冒稱"秦那絲"，以擡高身價。無論如何，在 Pliny 描述的時代，羅馬已經對中國絲頗爲了解當可無疑。

3. "將這種絲網拆開然後再加工"云云，正可印證《魏略·西戎傳》"常利得中國絲，解以爲胡綾"的記載。祇是無從知道潘菲拉發明的這種方法究竟是首先用諸野蠶絲綢還是中國絲的。也許無妨認爲這種工藝一旦發明，既可用於野蠶絲，也可用於中國絲。

三

Pausanias（約 150—170 年）首次記載："Seres 人用來作衣料的絲線，不是長自植物，而用其它方法獲取。在 Seres 國有一種蟲子，希臘人稱之爲 Sér，但賽里斯人不稱之爲 Sér，而另有他名。這種蟲子的體積相當於最大甲蟲兩倍之大，但在其它方面，則類似於樹上織網的蜘蛛；且像蜘蛛一樣擁有八隻足。Seres 人餵養這些小動物，爲它們建造了分別於夏、冬兩季居住的房舍。這些蟲子生産的細綫纏繞於它們的腿上。Seres 人先以小米餵養它們四年，第五年（Seres 人知道這些小動物壽命不會更長了）便餵它們一種綠蘆葦飼料。這種綠蘆葦是這些蟲子最喜歡喫的食料；它們食綠蘆葦過量，飽脹身裂。賽里斯人便從這些蟲子的體内得到絲線。"（VI, 26, 6–8）[5]

這則記載（包括其中存在的不少誤會）表明：

1.《後漢書·西域傳》和《魏略·西戎傳》有關大秦國"蠶桑"的記載不過是出諸想像，不是事實。直至 Pausanias 描述的年代，羅馬人並没有植樹、養蠶和織絲。

2. 遲至 Pausanias 描述的年代，羅馬對於中國人如何植桑養蠶已有一定程度的了解。

3. Pausanias 的記載得與《後漢書·西域傳》關於"桓帝延熹九年（166 年），大秦王安敦遣使自日南徼外獻象牙、犀角、瑇瑁，始乃一通焉"的記載相印證。[6] 蓋時代接近，而"安敦"可比定爲羅馬安敦尼王朝第五帝 Marcus Aurelius Antonius（161—180 年）。質言之，上述記載的資料來源可能是這次通使所獲信息。

四

Procopius（500—565 年）記載："大約在同一個時候，幾位來自印度（居住區）的僧侶到達這裏，獲悉 Justinianus 皇帝心中很渴望使羅馬人此後不再從波斯人手中購買絲綢，便前來拜見皇帝，許諾說他們可設法弄到絲綢，使羅馬人不再受制于波斯人或其他民族，被迫從他們那裏購買絲貨；他們自稱曾長期居住在一個有很多印度人、名叫 Serinda 的地區。在此期間他們完全弄懂了用何種方法可使羅馬國土上生產出絲綢。Justinianus 皇帝細加追尋，問他們如何保證辦成此事。僧人們告訴皇帝，產絲者是一種蟲子，天性教它們工作，不斷地促使它們產絲。從那個國家（Serinda）將活蟲帶來是不可能的，但可以很容易很迅捷地設法孵化出活蟲，因爲一個絲蠶一次可產下無數蠶卵；蠶卵產出後，以廄糞覆蓋，使之孵化——廄糞產生足夠熱量，促成孵化，僧人們做如是解釋後，皇帝向他們承諾，如果他們以行動證明其言不妄，必將酬以重賞。於是，僧人們返回印度，將蠶卵帶回了拜占庭。他們以上述方法繁殖蠶卵，成功地孵化出蠶蟲，并以桑葉加以飼養。從此以後，養蠶製絲業在羅馬領土上建立起來。"（VIII, 17）[7]

以上記載可證：

1.《後漢書・西域傳》關於"安息欲以漢繒綵與之交市，故遮閡不得自達"之類的記載是可信的。

2. 遲至 Procopius 描述的年代羅馬人纔獲悉養蠶的方法。

Byzantius 的 Theophanes（六世紀末）記載同一事件更爲清楚準確："Justinianus 執政時，某一位波斯人在拜占庭展示了（絲）蠶孵化的方法。此前羅馬人對這件事一無所知。這位波斯人離開賽里斯國（Seres）時，以手杖盛（藏）蠶卵，將它們帶走，安全地攜至拜占庭。春天告始，他特蠶卵置於桑葉上。蠶以桑葉爲食。蠶蟲食桑葉後長成帶翅的昆蟲並完成其他任務。後來查士丁尼皇帝讓突厥人觀看育蠶吐絲之法，突厥人大爲吃驚。"[8]

案：《魏書・西域傳》載大秦國："其土宜五穀桑麻，人務蠶田。"北魏時代的"大秦"應指東羅馬帝國，後者在同傳中又被寫作"普嵐"。這裏所載固然是承襲前史，未必北魏時代所獲信息，客觀上卻成了正確的記載。蓋地中海地區直至 Justinianus 一世（527—565 年）時代纔獲得養蠶的技術。

一說可能早在公元三世紀，中亞各地已經知道植桑養蠶，故羅馬人掌握這一知識未必遲至六世紀。[9] 案：Procopius 所謂 Serinda 應指中亞，因鄰近中國，植桑養蠶自然早於羅馬人，但未必因此《魏略》等有關記載是有根據的。

■ 注釋

[1] 參看本書上卷第一篇。

[2] 白鳥庫吉"大秦傳に現はれたる支那思想",《白鳥庫吉全集·西域史研究（下）》（第7卷），東京：岩波，1971年，pp. 237-302。G. F. Hudson, *Europe and China*. Boston, 1931, pp. 120-121.

[3] J. Bostock and H. T. Riley, ed. & tr., Pliny the Elder, *The Natural History*. London, 1855. 譯文見裕爾、考迪埃《東域紀程錄叢》，張緒山譯，雲南人民出版社，2002年，pp. 165-166。

[4] 注3所引J. Bostock and H. T. Riley書。漢譯文見裕爾注3所引書，p. 166。

[5] P. Levi, tr. *Pausanias, Guide to Greece*, vol. 2. Penguin, 1971. 漢譯文見裕爾注3所引書，p. 168。

[6] D. D. Leslie and K. H. J. Gardiner, *The Roman Empire in Chinese Sources*. Roma, 1996, pp. 226-227.

[7] H. B. Dewing, tr. *Procopius, History of the Wars, with an English Translation*, vol. 1. New York, 1914. 漢譯文見裕爾注3所引書，p. 171。

[8] C. Müller, *Fragmenta Historicorum Græcorum IV, Disposuit, Notis et Prolegomenis Illustravit*. Paris, 1851, p. 270. 漢譯文見裕爾注3所引書，pp. 171-172。

[9] Manfred G. Raschke, "New Studies in Roman Commerce with the East." In Aufstieg und Niedergang der römischen Welt II (Principat), vol. 9.2, ed. by H. Temporini. Berlin/N.Y., 1976, pp. 604-1233, esp. 622-623.

四 《那先比丘經》所見"大秦"及其他

一

《那先比丘經》（Nāgasena-bhikṣu-sūtra）收入《大藏經》卷三二，有甲乙兩種本子。甲種二卷（亦有作一卷或三卷者），乙種三卷；題："失譯人名，附東晉錄。"所謂"東晉錄"，據《歷代三寶記》卷七，"《東晉錄》者……自元皇建武元年（317年）丁丑創都，至恭帝元熙元年（419年）己未禪宋，其間一百四載，華戎道俗二十七人，而所出經幷舊失譯，合二百六十三部，五百八十五卷，集爲東晉一十二主《建康錄》云"。[1] 這就是說此經譯出最晚在東晉時，譯者佚名。

《那先比丘經》的巴利語名稱是 Milindapañha，舊譯《彌蘭王問經》。公元五世紀錫蘭佛典注釋家《清淨道論》與《善見律毘婆沙》的作者佛音（Buddbaghosa）曾於其註疏中多次引用此經。

"彌蘭"是巴利語 Milinda 的音譯，指希臘印度王 Memander（或 Menandros）。據較可信的說法，該王的治期約爲公元前155—前

135 年。[2] 一般認爲，在彌蘭王的治期，希臘巴克特里亞王國的版圖向興都庫什山以南擴展，包括了旁遮普的大部份，一度還可能深入恒河流域，抵達 Madhyadeśa（中國）和 Magadha（摩揭陀）。

至於那先，亦意譯爲"龍軍"，據巴利語文本，應生活於佛滅後五百年。這也就是說，那先和彌蘭王可能並非同時代人。果然，會晤彌蘭王於 Siālkot、並與之討論佛教教理者可能另有其人，祇是經文的編撰者假託那先而已。

據研究，現存巴利本《彌蘭王問經》由三部份組成，第一部份爲彌蘭王問有七品，加上序語，是該經的原始成份，自梵文漢譯成《那先比丘經》正是這一部份。因迻譯時間較早，增添更換的痕迹較少，保留了原來簡單樸實的面目。[3]

二

《那先比丘經》甲種祇有一處出現"大秦"之名：

> 那先問王：王本生何國。王言：我本生大秦國，國名阿荔散。那先問王：阿荔散去是間幾里。王言：去［是］二千由旬合八萬里。（卷下）[4]

乙種卷下亦有同類記載，文字幾乎完全相同。[5] 其中，"阿荔散"一般認爲乃 Alexandria 之漢譯。

據《那先比丘經》這則記載，舊說彌蘭王生地應卽埃及的 Alexandria。[6] 今案：此說似難輕易否定。

一則，《那先比丘經》迻譯時間較早，保留該經原始成份較多，沒有理由持巴利語本（詳下）否定漢文本。

二則，彌蘭王生地阿荔散去王所在奢羯羅（Sākala）"二千由旬（yojanas）合八萬里"，指爲埃及之亞歷山大，似無不可。Memander 來自同屬希臘人統治區的埃及也不見得匪夷所思。

三則，埃及之亞歷山大曾是托勒密王國之首都。托勒密埃及王國最早見載於《史記·大宛列傳》和《漢書·西域傳》，漢譯名稱爲"黎軒"[lyei-xian] 或"犂軒"[lyei-kan]，兩者均譯自 Alexandria。

四則，《三國志·魏書·烏丸鮮卑東夷傳》裴注引《魏略·西戎傳》稱"大秦國一號犂軒"（《後漢書·西域傳》作"大秦國一名犂鞬 [lyei-kian]"），這和經文"本生大秦國，國名阿荔散"之說相符。

應該指出：《魏略·西戎傳》和《後漢書·西域傳》中出現黎軒或犂軒卽大秦的記載，是因爲黎軒卽托勒密埃及王國距漢遙遠，直至公元前 30 年（成帝建始三年）淪爲羅馬行省時，還沒有來得及爲漢人瞭解，僅知其大致位置而已，而當漢人有可能進一步瞭解西方世界時，黎軒已經不復存在，而大秦之名卻如雷貫耳；原黎軒國旣成了大秦國的一部份，來華的原黎軒國人又可能自稱大秦人，於是黎軒和大秦這兩個表示不同概念的名詞很自然地被合而爲一了。[7] 這就是說，《那先比丘經》譯者稱彌蘭王生地埃及的亞歷山大爲大秦國並非不可解釋。

三

在巴利文《彌蘭王問經》[8]上卷第七品第四"梵天的距離"有如下記載：

> 長老說："大王，何處是你的出生地？"
> "尊者，有一島名 Alasandā，我卽出生該處。"
> "大王，從此去 Alasandā 有多遠？"
> "尊者，有兩百由旬。"

又第七品第五"梵天與迦濕彌羅"載那先與彌蘭王的問答如下：

> "大王，何處是你的出生的城邑？"
> "尊者，有一鄉村名卡拉西（Kalasi）。我出生該處。"
> "大王，從此去卡拉西村有多遠？"
> "尊者，兩百由旬。"
> "大王，從此去迦濕彌羅（Kashmir）有多遠？"
> "尊者，十二由旬。"

其中，Alasandā 應卽漢譯本所見"阿荔散"無疑。

據巴利文本這兩則記載，一些學者認爲彌蘭王生地應卽馬其頓亞歷山大大王所建 Caucasus 的亞歷山大城，其廢墟在今 Chārikār 附近。[9]

一則，所謂"島（dvīpa）"，常指位於兩河之間的地區，Chārikār 正處在 Panjshir 河和 Kābul 河之間。

二則，"由旬"之值諸說不同，但在佛經中 1 由旬有時約等於 2.5 英里。準此，200 由旬等於 500 英里，大致符合彌蘭王所在 Śiālkoṭ 和 Chārikār 之間的距離。

今案：這一結論與已知希臘印度的其他歷史並無抵觸，也可備一說。果然，則《那先比丘經》譯者可能爲了極言彌蘭王生地之遠，修改了原文所載距離。

四

應該指出的是，無論《那先比丘經》所載阿荔散是埃及的亞歷山大還是 Caucasus 山麓的亞歷山大，所見"大秦"國祇能指希臘人統治地區，與東漢以降中國史籍所見用來指稱羅馬帝國的"大秦"含義不同。事實上，"大秦"一名的類似用法也見於《那先比丘經》乙種卷上：

> [彌蘭] 王問左右邊臣言：國中道人及人民誰能與我共難經道者？邊臣白王言：有。有學佛道者，人呼爲沙門。其人智慧博達，能與大王共難經道。今在北方大秦國，國名舍竭，古王之宮。其國中外安隱，人民皆善；其城四方皆復道行。……[10]

甲種本卷上平行的記載是：

> 王問左右邊臣言：國中道人及人民，誰能與我共難經道者？邊臣白言：有學佛道者，人呼爲沙門。其人智慧妙達，能與王共難經道。北方大臣，國名沙竭，古王之宮。其國中外安隱，人民皆善。其城四方皆復道行。……[11]

"北方大臣"云云，頗爲費解，似乎不無理由指爲"北方大國"甚或"北方大秦國"之奪訛。

既然"舍竭"（或"沙竭"），一般認爲應即 Sākala（《大唐西域記》卷四所見奢羯羅，[12] 故地在今 Siālkoṭ 附近），此處所見"大秦國"所指祇能是印度希臘人的統治區。

五

以下兩則可視爲"大秦國"在佛經中有時可以指稱希臘人統治區的佐證。

一、譯於西晉的《佛使比丘迦旃延說法沒盡偈經》有云："將有三惡王：大秦在於前，撥羅在於後，安息在中央。"[13] 其中"撥羅"，應即波羅（Vārānasī），爲中印度古國，在今貝拿勒斯（Benares）；"安息"應即帕提亞波斯，而在"安息"之前的"大秦"，應即位於帕提亞波斯東北方的希臘巴克特里亞王國。

既然希臘巴克特里亞王國可以被稱爲"大秦",同爲希臘人統治的埃及或印度地區或王國自然也可以稱爲"大秦"。

二、西晉月氏三藏竺法護譯《普曜經》卷三:

問師選友:今師何書而相教乎?其師答曰:以梵佉留而相教耳。無他異書。菩薩答曰:其異書者有六十四。師問:其六十四書皆何所名?……太子答曰:梵書(一)、佉留書(二)、佛迦羅書(三)、安佉書(四)、曼佉書(五)、安求書(六)、大秦書(七)……[14]

其中,所謂"大秦書",應即希臘文。蓋據隋闍那崛多譯《佛本行集經》卷一一:"或復梵天所說之書(今婆羅門書正十四音是):佉盧虱吒書(隋言驢脣)、富沙迦羅仙人說書(隋言蓮花)、阿迦羅書(隋言節分)、瞢伽羅書(隋言吉祥)、耶寐尼書(隋言大秦國書)……"[15] 知"大秦書"即"耶寐尼書"(唐道世撰《法苑珠林》卷九亦稱:"邪寐尼書(隋言大秦國書)")[16]。而所謂"耶寐尼"或"邪寐尼",應爲 Yavani(Yavana)之對譯。Yavana 是印度人和中亞人对希腊人的称呼。

既然"大秦書"即希臘文,《那先比丘經》漢譯者稱希臘人統治區爲"大秦國"也就不難理解了。

六

佛經的漢譯者將中國史籍中用來指稱羅馬帝國及其屬地的"大秦"一名指稱希臘，合理的解釋似乎是：在這些漢譯者看來，希臘、羅馬是一脈相承的。就《那先比丘經》而言，漢譯者是在了解彌蘭王的文化背景的基礎上使用"大秦"一詞的。

如所週知，遲至《那先比丘經》迻譯的年代（東晉），印度人的天下四分法已經在中國流行。最早見於東吳康泰《外國傳》（《史記·大宛列傳》"正義"引）：

外國稱天下有三衆，中國人衆，大秦寶衆，月氏馬衆。

又見於東晉伽留陀伽譯《佛說十二遊經》卷一：

東有晉天子，人民熾盛；南有天竺國天子，土地多名象；西有大秦國天子，土地饒金銀璧玉；西北有月支天子，土地多好馬。[17]

又見於道宣的《釋迦方誌》（卷上）：

又此一洲，四主所統。雪山以南，至于南海，名象主也。地唯暑濕，偏宜象住，故王以象兵而安其國。俗風躁烈，篤學異術，是爲印度國。……雪山之西，至于西海，名寶主也。

地接西海，偏饒異珍，而輕禮重貨，是爲胡國。雪山以北，至于北海，地寒宜馬。名馬主也。其俗兇暴，忍煞衣毛，是突厥國。雪山以東，至于東海，名人主也。地唯和暢。俗行仁義，安土重遷，是至那國，卽古所謂振旦國也。[18]

和《續高僧傳》（卷四）：

瞻部一洲，四王所治；東謂脂那，主人王也；西謂波斯，主寶王也；南謂印度，主象王也；北謂獫狁，主馬王也。[19]

其中康泰《外國傳》雖將天下一分爲三，但這是站在某外國立場上說的，卽所謂"外國稱"，這個外國無疑就是"象裔"的印度，故康氏所傳其實也是將天下一分爲四。[20]

印度人將天下一分爲四，其標準主要是自然環境和由此決定的文化形態，與政治形勢無關。因此，同一"馬主"，在康泰和伽留陀伽可以"月氏"當之，在道宣則可以"突厥"或"獫狁"當之；同一"寶主"，在前兩者可以"大秦"當之，在後者則可以"波斯"當之；在這裏"月氏"等顯然不是指政治實體，僅僅代表文化形態。

從這個角度來看，《那先比丘經》的漢譯者無視年代，將彌蘭王生地歸諸"大秦"，主要是受到當時流行的這種天下四分法的影響。質言之，經文中出現的"大秦"僅僅是一種文化形態的符號，與羅馬帝國或其屬地完全無關。

■ 注釋

[1]《大正新脩大藏經》T49, No. 2034, p. 68。

[2] A. K. Narain. *The Indo-Greeks*. Oxford, 1957, pp. 74-100.

[3]《南傳彌蘭王問經》，巴宙漢譯，中國社會科學出版社，1997年，p. 17。

[4]《大正新脩大藏經》T32, No. 1670A, p. 702。

[5] 甲種卷下"去"後有"是"字，餘同。案："是"字應有。

[6] 例如：伯希和"犂軒爲埃及亞歷山大城說"，馮承鈞譯，《西域南海史地考證譯叢七編》，商務印書館，1957年，pp. 34-35。

[7] 白鳥庫吉："大秦傳より見たる西域の地理"，《白鳥庫吉全集・西域史研究（下）》（第7卷），東京：岩波，1971年，pp. 303-402, esp. 321-322，力主"大秦"是羅馬帝國的東方屬地，而非羅馬帝國本土，證據之一便是《那先比丘經》的上述記載。今案：白鳥氏說非是。

[8]《南傳彌蘭王問經》, p. 88。

[9] E. J. Rapson, ed. *The Cambridge History of India*. Delhi, 1922, p. 550; W. W. Tarn, *The Greek in Bactria and India*. London: Cambridge, 1951, pp. 140-141, 420-421。

[10]《大正新脩大藏經》T32, No. 1670B, p. 705。

[11]《大正新脩大藏經》T32, No. No. 1670A, p. 695。

[12]《大唐西域記》，季羨林等校注本，中華書局，1985年，pp. 354-257。

[13]《大正新脩大藏經》T49, No. 2029, p. 11。

[14]《大正新脩大藏經》T3, No. 0186, p. 498。

[15]《大正新脩大藏經》T3, No. 0190, p. 703。

[16] 周叔迦、蘇晉仁校注本，中華書局，2003 年，p. 333。

[17]《大正新脩大藏經》T4, No. 0195, p. 147。

[18] 范祥雍校注本，中華書局，1983 年，pp. 11-12。

[19]《大正新脩大藏經》T50, No. 2060, p. 454。

[20] 參看伯希和"四天子說"，馮承鈞譯，《西域南海史地考證譯叢三編》，商務印書館，1962 年，pp. 84-103。

五 關於"驪靬問題"的劄記

所謂"驪靬問題",其核心是西漢張掖郡驪靬縣名稱的來源。雖然在我看來這是一個早就解決了的問題,但由於經常有人、特別是外國學者詢及此事,我還是做了若干劄記。這裏發表的便是整理這些劄記的結果。

一

驪靬一名最初見於《漢書·地理志下》:"張掖郡:縣十……驪靬(莽曰揭虜)……"顏師古於此並未就"驪靬"這一名稱的來歷出注,而在《漢書·張騫傳》"因益發使抵安息、奄蔡、犛靬、條支、身毒國"句下引服虔曰:"犛靬,張掖縣名也",且注云:"犛靬即大秦國也,張掖驪靬縣蓋取此國爲名耳。"這就是說"驪靬"得名於"犛靬",而"犛靬"乃大秦即羅馬帝國之本名,該縣之得名與羅馬帝國有關。

今案:師古稱"犛靬即大秦國",乃本《後漢書·西域傳》:

"大秦國一名犁鞬,以在海西,亦云海西國。地方數千里,有四百餘城。""犁鞬"[lyei-kian],同傳亦作"犁軒"[lyei-kian],與"黎軒"[lyei-xian]或"犛軒"[liə-kian]得視爲同名異譯。

但是,《後漢書·西域傳》編者指稱犁鞬(犁軒)爲大秦即羅馬帝國,實係誤會。犁軒或犁鞬源自《史記·大宛列傳》所見黎軒(《漢書·西域傳》作犁軒、《漢書·張騫傳》作犛軒),黎軒指托勒密埃及王國。"黎軒"[lyei-xian]等實爲托勒密埃及王國首都[A]lexan[dria]之縮譯。[1] 托勒密埃及王國由於距漢遙遠,直至公元前30年(成帝建始三年)淪爲羅馬行省時,還沒有來得及爲漢人瞭解。而當漢人有可能進一步瞭解西方世界時,黎軒已經不復存在,而大秦之名卻如雷貫耳。原黎軒國既成了大秦國的一部份,來華的原黎軒國人又可能自稱大秦人,於是很自然地把黎軒和大秦這兩個表示不同概念的名詞合而爲一了,終於有了《後漢書·西域傳》所見"大秦國一名犁鞬"的說法。

要之,指"驪軒"[lyai-xian]與"黎軒"等爲同名異譯固無不可,驪軒縣果因犛軒得名,則應與托勒密埃及王國有關,而與大秦即羅馬帝國無關。

二

清王先謙作《漢書補注》,衍繹師古之說云:"《說文》作麗軒,'張騫傳'作犛軒,'西域傳'作黎軒,'匈奴傳'作黎汙,音同通用。犛軒卽大秦國，蓋以其降人置縣。"[2] 先謙於此指實得名原由："以其降人置縣"，較師古進了一步。[3]

王氏之說似無直接證據，不過推論而已。蓋《漢書·地理志下》載上郡有龜茲縣，師古注曰："龜茲國人來降附者，處之於此，故以名云。"上郡龜茲縣如是，張掖驪靬縣的情況似乎不難想見。何況，後者於王莽時更名爲"揭虜"，亦爲因降人得名說增添了想像的空間。

其實，《漢書·地理志下》郡縣之得名於少數族者，不僅降人一端。而同志有載武都郡武都縣，"莽曰循虜"，金城郡令居縣，"莽曰罕虜"等，莽時縣均以"虜"名，無非是因爲這些縣地接匈奴，乃賦予綏遠之類含義，未必皆爲"降附者"置。

漢張掖郡大致設置於武帝元鼎六年（前111年）。[4] 該郡所轄驪靬縣雖未必置於同時，但王氏若欲指實"犛軒卽大秦國，蓋以其降人置縣"，則至少應該求證驪靬縣設置於成帝建始三年（前30年）亦卽黎軒卽托勒密朝埃及王國亡於羅馬之後，否則其說無非一建築於誤會之上的聯想而已。

要之，埃及亞歷山大城以商業發達著稱，商人足蹟遍及各地，其中若干到達河西，終於歸化，不是完全不可能的。當然，西漢置縣名"驪靬"，也可能僅僅是爲了招徠遠人，誇示朝廷"威德徧於四海"，未必眞有犛軒人歸附。

又，《史記·大宛列傳》："[安息國]而後發使隨漢使來觀漢廣大，以大鳥卵及黎軒善眩人獻于漢。"[5]《漢書·張騫傳》所載略同，注引應劭曰："眩，相詐惑也。鄧太后時，西夷檀國來朝賀，詔令爲之。而諫大夫陳禪以爲夷狄僞道不可施行。後數日，尚書陳忠案《漢舊書》，乃知世宗時犛軒獻見幻人，天子大悅，與俱巡狩，乃知古有此事。"師古曰："眩讀與幻同。卽今吞刀吐火，植瓜種樹，屠人截馬之術皆是也。本從西域來。"所謂"天子大悅，與俱巡狩"，或卽《史記·大宛列傳》所載：

是時，上方數巡狩海上，乃悉從外國客，大都多人則過之，散財帛以賞賜，厚具以饒給之，以覽示漢富厚焉。於是大觳抵，出奇戲諸怪物，多聚觀者，行賞賜，酒池肉林，令外國客徧觀各倉庫府藏之積，見漢之廣大，傾駭之。及加其眩者之工，而觳抵奇戲歲增變，甚盛益興，自此始。

"外國客"中當有犂軒善眩人。"加其眩者之工，而觳抵奇戲歲增變，甚盛益興"云云可見其影響不小。這些善眩人當來自埃及亞歷山大。其人來華後，旣頗受武帝重視，驪軒縣之得名與這些善眩人有關亦未可知。[6]

另外，《後漢書·西南夷列傳》："永寧元年（120 年），撣國[7]王雍由調復遣使者詣闕朝賀，獻樂及幻人，能變化吐火，自支解，易牛馬頭。又善跳丸，數乃至千。自言我海西人。海西卽大秦也，撣國西南通大秦。""幻人"卽眩人，此處稱其人來自海西卽大秦，有兩種可能。一、其人來自埃及亞歷山大，與《史記·大宛列傳》所載相同，祇是因爲當時埃及已屬羅馬帝國，故云。二、其人來自羅馬，蓋眩術已自埃及傳入。[8]

三

　　王氏指"驪靬"一名與《漢書》所見"黎汗"有關。"黎汗"今本作"犂汗"。蓋《漢書·匈奴傳下》載匈奴有"左犂汗王咸",同傳下文作"右犂汗王咸",雖未知孰是,但或可推知匈奴有左右犂汗王。而同傳又載匈奴有"南犂汗王"。另外,《漢書·匈奴傳上》載匈奴有"犂汗王",同傳和《漢書·西域傳下》均載匈奴有"犂汗都尉"。

　　今案:卽使諸傳之"犂汙"皆"犂汗"之譌,似亦不應與《史記·大宛列傳》之黎軒、《漢書·張騫傳》之"犂靬"相提並論,更不可與《後漢書·西域傳》之"犂鞬"混爲一談。蓋無從證實匈奴曾與黎軒卽托勒密埃及王國發生關係,以致以"犂軒"命名其職官。王氏以爲"犂汗"與"驪靬"等名稱同源,無非音近而已。

　　若完全撇開黎軒、犂靬等,因"犂汗"與"驪靬"音近而指爲驪靬縣名之來歷倒不失爲一說。蓋據《漢書·匈奴傳上》:

　　　　其後,左谷蠡王死。明年,單于使犂汗王窺邊,言酒泉、張掖兵益弱,出兵試擊,冀可復得其地。……後無幾,右賢王、犂汗王四千騎分三隊,入日勒、屋蘭、番和。張掖太守屬國都尉發兵擊,大破之,得脫者數百人。屬國千長義渠王騎士射殺犂汗王,賜黃金二百斤,馬二百匹,因封爲犂汗王。屬國都尉郭忠封成安侯。自是後,匈奴不敢入張掖。

匈奴犁汙卽犁汙王覬覦酒泉張掖之地，張掖屬國千長義渠王騎士射殺之，因得"封爲犁（汙）[汙]王"，該王王治很可能就在張掖郡驪靬縣，而縣名則得自王號。同屬張掖郡之觻得縣，一說其名得自匈奴王號，似堪佐證。蓋《舊唐書·地理志三》稱"觻得"，"匈奴王號也"。《太平寰宇記》卷一五二引《西河舊事》云："此地本匈奴觻得王所居，因以名縣。"[9]

"犁汙王窺邊"，《資治通鑒·漢紀一五》繫於昭帝元鳳三年（前 78 年）。這一年，可能就是驪靬縣設置年代之上限。

四

二十世紀五十年代。有學者據師古和王氏說，試圖進一步考定驪靬縣的大秦卽羅馬人係漢軍征討匈奴時所俘一羅馬軍團之餘眾。其說略云：公元前 55 年左右，羅馬帝國駐敍利亞總督 Marcus Licinius Crassus 東征波斯敗績乞降，被派駐波斯東界 Margiana。其人有混跡匈奴者，爲漢將甘延壽、陳湯西征郅支於康居時俘歸。這些羅馬戰俘安置之地得名"驪靬"。[10] 主要證據出自《漢書·元帝紀》：

[建昭]四年春正月，以誅郅支單于告祠郊廟。赦天下。羣臣上壽置酒，以其圖書示後宮貴人。

以及《漢書·傅常鄭甘陳段傳》：

> 明日，前至郅支城都賴水上，離城三里，止營傅陳。望見單于城上立五采幡織，數百人披甲乘城，又出百餘騎往來馳城下，步兵百餘人夾門魚鱗陳，講習用兵。……土城外有重木城，從木城中射，頗殺傷外人。

據云：羅馬人常在戰勝敵軍後用圖畫來記載、描述軍事行動的種種場面，而在中國卻素無此習。"魚鱗陳"[11]與羅馬軍隊使用的龜甲陣（testudo）極爲相似，而郅支城外有重木城（周圍築以雙層木檣），這種防禦方式亦常見於羅馬軍中。由此可見，郅支單于軍中確有羅馬軍人。

此說可議之處不少，早已被一一指出。[12]

今案：關於"圖書"，服虔曰："討郅支之圖書也。或曰單于土地山川之形書也"；師古曰："或說非。"服虔、師古均語焉不詳，究竟是否中國古已有之，實在難以確知。關於"魚鱗陳"，師古祇是說："言其相接次，形若魚鱗"，無非是顧名思義而已。其形制究竟如何，亦難以落實。重木城的情況也差不多。

祇有一點似乎可以肯定，魚鱗陣、重木城均非遊牧部族匈奴典型的戰術。當日之郅支單于蹟近流寇，佈陣築城更是匪夷所思。佈陣築城者應該是郅支投靠的康居人。康居也是一個典型的遊牧部族，但由於地處錫爾河南北，一度控制索格底亞那地區，不可避免會受到包括羅馬在內的西方文化影響。後來領有這一地區的嚬噠、突厥的情況可以佐證。也就是說，當時陳湯等所遭遇的魚鱗陣、重木城之形制有羅馬風格的可能性不能完全排除。

其實，關鍵問題並不在於圖書、魚鱗陣、重木城等三者是不是羅馬形制，而在於證實這三者與可能存在的羅馬軍團餘眾之間的聯繫，在於證實這些餘眾與張掖郡之間的聯繫。這樣的聯繫既無從建立，即使這三者如說者所言均係羅馬形制，對於證實驪軒城之得名也完全於事無補。客觀上，羅馬文化影響都賴水畔的渠道絕非一種。

五

河西走廊二十世紀七十年代出土的金關漢簡和九十年代出土的懸泉漢簡爲驪軒縣城的設置時間提供了直接的證據。[13] 金關簡中如下二通堪稱關鍵：

簡1：☐和宜便里，年卅三歲，姓吳氏，故驪軒苑斗食嗇夫，乃神爵二年三月庚寅，以功次遷爲☐（73EJT4: 98）

簡2：☐公乘，番和宜便里，年卅三歲，姓吳氏，故驪軒苑斗食嗇夫，乃神爵二年三月辛☐（73EJH2: 2）

可見，"驪軒"作爲地名最早出現在神爵二年（前60年）。既然驪軒苑設置的前提是驪軒縣的設置，則驪軒縣當設置於神爵二年之前。這一年份早於 Crassus 兵敗、更早於甘、陳西征康居。足見驪軒縣之得名與羅馬軍團餘種無關。

六

《大清一統志》卷二六七："驪軒廢縣在今涼州府永昌縣南。"[14] 據此，一般認爲"驪軒"城故址在今甘肅永昌南。報載有專家"在驪軒城舊址周圍，找到了許多具有明顯歐洲人體貌特徵的居民"，且有蘭州大學生命科學院調查組"準備通過 DNA 技術和體質人類學測量，對驪軒人群進行群體遺傳學研究"云云。[15]

今案：河西地處古代東西交通的樞紐，各色人種往來該處，其中若干因故留居永昌，後裔縣延迄今，不足爲奇，完全不能夠證明今永昌居民之祖爲羅馬軍團餘眾。

七

綜上所述，驪軒縣名之來歷，依據目前的材料，可以說有兩種可能性。（一）得自匈奴犁汙王之號。（二）得自黎軒（犂軒），卽托勒密朝埃及王國。

■ 注釋

[1] 說詳本書上卷第一篇。

[2] 中華書局影印本，1983 年，p. 798。

[3] 王說本錢坫撰、徐松集釋《新斠注地里志集釋》卷十二，開明書局，1937 年，《二十五史補編》第 1 冊，p. 1141，以及吳卓信撰《漢書地理志補注》卷五十七，同上書第 1 冊，p. 898。清人持類似意見者不少，茲不一一。王紹蘭《漢書地理志校注》卷下，同上書第 1 冊，p. 498，另有說，非是。駁論見張維華"漢張掖郡驪軒縣得名之由來及犁軒眩人來華之經過"，《漢史論集》，齊魯書社，1980 年，pp. 329-339。

[4] 周振鶴《西漢政區地理》，人民出版社，1987 年，pp. 157-171。

[5]《漢書・張騫李廣利傳》作"大宛諸國發使隨漢使來，觀漢廣大，以大鳥卵及犛軒眩人獻於漢，天子大說"，表述有欠確切，應從《史記・大宛列傳》。

[6] 參看注 3 所引張維華文。

[7] 撣國，一般認爲在今緬甸東北境。

[8]《三國志・魏書・烏丸鮮卑東夷傳》裴注引《魏略・西戎傳》："[大秦國]俗多奇幻，口中出火，自縛自解，跳十二丸巧妙"，也應該這樣理解。

[9]《漢書・衛青霍去病傳》所載武帝詔贊去病"揚武乎鱳得"。師古注："鱳得，匈奴中地名。"此又一說也。

[10] Homer H. Dubs, "A Roman City in Ancient China." In S. H. Hansford. ed. *China Society Sinological Series* No. 5 (1957): pp. 1-48.

[11] "陳"即"陣"也。"止營傅陳"，師古注："傅讀曰敷。敷，布也。""傅陳"即佈陣。

[12] 楊希枚"評德效騫著《古中國境內一個羅馬人的城市》——兼論所謂羅馬人的幾種文化成份",《書目季刊》第 2 輯（1969 年）, pp. 3-24; 汪受寬"駁古羅馬軍團安置驪靬城說",《甘肅社會科學》1999 年第 6 期, pp. 34-38; 汪受寬"驪靬縣名由來與設置年代檢論",《敦煌學輯刊》2000 年第 1 期, pp. 114-120。

[13] 張德芳"漢簡確證：漢代驪靬城與羅馬戰俘無關",《敦煌懸泉漢簡釋粹》, 上海古籍出版社, 2001 年, pp. 222-229。郝樹聲、張德芳《懸泉漢簡研究》, 甘肅文化出版社, 2009 年, pp. 177-184。

[14]《續修四庫全書》編纂委員會編《續修四庫全書》第 618 冊, 上海古籍出版社, 2002 年, p. 465。

[15] 杜琛"DNA, 期待解析驪靬人身世——晨報記者跟隨調查組前往甘肅尋找古羅馬第一軍團足蹟",《新聞晨報》2005 年 6 月 24 日星期五 A9。類似報導甚多, 不具引。

下卷

一　匈奴、鮮卑與西域關係述考

一

匈奴的勢力伸向西域，始於月氏放棄其故地之時。

月氏的故地，據《史記·大宛列傳》，在"敦煌、祁連閒"。其地東起今祁連山以北，西抵今天山、阿爾泰山東端；極盛時其勢力範圍在東方到達河套內外，在西方準噶爾盆地和塔里木盆地應在它控制之下。[1]

據《史記·匈奴列傳》，匈奴自冒頓單于卽位後開始強盛。冒頓在破滅東胡、消滅來自東面的威脅後，便掉過頭來對付月氏。他對月氏發動的攻勢較大的有兩次。傳文稱第一次爲"西擊走月氏"，其結果是匈奴"右方王將居西方，直上郡以西，接月氏、氐、羌"。[2] 傳文稱，"是時漢兵與項羽相距"，知這次攻勢發動的時間大約是公元前三世紀末。

嗣後，據《史記·匈奴列傳》所載文帝前元四年（前 176 年)[3] 冒頓單于"遺漢書"：

今以小吏之敗約故，罰右賢王，使之西求月氏擊之。以天之福，吏卒良，馬彊力，以夷滅月氏，盡斬殺降下之。定樓蘭、烏孫、呼揭及其旁二十六國，皆以爲匈奴。諸引弓之民，并爲一家。

可知第二次攻勢發動的時間大約在公元前177/前176年。蓋書中所謂"小吏之敗約"，乃指《史記·匈奴列傳》所載右賢王於文帝前元三年（前177年）五月"入居河南地，侵盜上郡葆塞蠻夷，殺略人民"一事。

又，所謂"夷滅月氏，盡斬殺降下之"，雖未免誇大其辭，但月氏損失之慘重不難想見。更重要的是，經此一役，大部份月氏人永遠離開了故地。因爲"樓蘭"位於羅布泊西南；[4]"烏孫"在今哈密一帶（詳下）；[5]"呼揭"在阿爾泰山南麓。[6]"其旁二十六國"，"二"係"三"之訛，"三十六"並非實數，"三十六國"泛指塔里木盆地諸國。[7] 樓蘭、烏孫、呼揭和塔里木盆地諸國既爲匈奴所"定"，月氏在其故地無處容身當無疑義。不僅如此，月氏人的勢力範圍亦喪失殆盡，準噶爾盆地和塔里木盆地轉而受匈奴控制。匈奴與西域關係的序幕從此揭開。

月氏放棄故地後，遷至伊犂河和楚河流域。然而匈奴並沒有因此停止對月氏的進攻，這可能是因爲衹要月氏作爲一個敵對勢力存在於伊犂河及其以西地區，匈奴不僅很難繼續向西方發展，而且不能確保對準噶爾盆地的控制。據《史記·大宛列傳》，"至匈奴老上單于，殺月氏王，以其頭爲飲器"，可知遷至伊犂河、楚河流域的月氏人又遭到匈奴老上單于（前174—前161年）的沉重打擊，其王也被殺死。

但是，月氏並沒有因此放棄伊犁河、楚河流域，蓋據《史記·大宛列傳》：

> 是時（武帝建元初，前140/前139年）天子問匈奴降者，皆言匈奴破月氏王，以其頭爲飲器，月氏遁逃而常怨仇匈奴，無與共擊之。漢方欲事滅胡，聞此言，因欲通使。

知月氏在其王被殺後，尚思報讎，漢廷亦欲與之聯盟共滅匈奴（這纔派張騫出使月氏）。如果月氏前此已經放棄伊犁河、楚河流域，這一切都無從談起。故傳文所謂"月氏遁逃"，不過指敗北而已，不可理解爲遠走它處。[8]

另一方面，老上單于雖然獲勝，但數千里出擊，想必也付出了重大代價。很可能正是這一仗，使匈奴認識到自己沒有足夠的力量佔領伊犁以遠。蓋據《漢書·張騫傳》等，軍臣單于（前161—前126年）即位以後，僅僅支援當時役屬匈奴的烏孫往擊月氏，且在烏孫戰勝月氏，立國伊犁，"不肯復朝事匈奴"時，匈奴擊之不勝，便轉而採取羈縻政策。

二

烏孫原來可能役屬月氏，當它開始登上歷史舞臺時，祇是一個很弱小的部落。據《史記·大宛列傳》、《漢書·張騫傳》等有關記載可以考知：公元前 177/前 176 年冒頓單于遣右賢王進擊月氏，月氏戰敗潰退，衝擊烏孫，殺死其王難兜靡，匈奴接踵而至，收其餘衆，烏孫國滅。[9]匈奴單于收養了難兜靡之遺孤獵驕靡。據《史記·大宛列傳》，後者"及壯"，匈奴"單于復以其父之民予昆莫（按指獵驕靡），令長守於西城（域）"。

所謂"西城（域）"，應指月氏、烏孫的故地，即《漢書·張騫傳》所謂"祁連、焞煌間"。其地在月氏西遷後一度屬於匈奴渾邪王的領地，故《史記·驃騎列傳》、《漢書·霍去病傳》均稱渾邪爲"匈奴西域王"。[10]當時烏孫力量很小，獵驕靡所守祇能是其中一小部份，具體地點應在今哈密一帶。[11]蓋據《史記·大宛列傳》、《漢書·張騫傳》等，渾邪降漢後，漢遣張騫使烏孫，欲招烏孫東歸故地，以"斷匈奴右臂"，而在"祁連、焞煌間"，較合適者莫過於今哈密一帶。如果再考慮到單于乃命獵驕靡率領難兜靡的部衆守"西城（域）"，又別無資料表明匈奴曾將難兜靡的部衆徙離故地，則不妨認爲單于令獵驕靡所守，便是昔日難兜靡所居，亦即烏孫故地。[12]

"守西城（域）"的獵驕靡，據《史記·大宛列傳》，"收養其民，攻旁小邑，控弦數萬，習攻戰"；《漢書·張騫傳》亦稱：單于"使將兵，數有功"；成爲匈奴控制西域的一枝重要軍事力量。[13]

嗣後，據《漢書·張騫傳》等可以考知，大約在公元前 130 年，匈奴軍臣單于指使獵驕靡率其部衆遠征伊犂河、楚河流域的大月氏。烏孫大獲全勝，大月氏被迫西遷阿姆河流域，烏孫便佔領了伊犁河流域和部份楚河流域，後來並逐步向東方擴展，終於成爲西域一個大國。[14] 雖然自軍臣單于去世後烏孫便不肯朝事匈奴，但在一段很長的時期內一直羈屬匈奴，故不妨認爲匈奴假手烏孫實現了向伊犁以遠發展的目的。

通過烏孫，匈奴間接控制了從伊犁河流域西抵伊朗高原的商道。《史記·大宛列傳》載：

　　自烏孫以西至安息，以近匈奴，匈奴困月氏也，匈奴使持單于一信，則國國傳送食，不敢留苦。

這種形勢對於匈奴的強盛自然是十分有利的。[15]

與此相反，據《史記·大宛列傳》，"及至漢使，非出幣帛不得食，不市畜不得騎用。所以然者，遠漢，而漢多財物，故必市乃得所欲，然以畏匈奴於漢使焉"。這應該是張騫西使月氏以後，直至漢朝以公主妻烏孫昆莫獵驕靡這一段時期的情況。

其間，漢朝反擊匈奴的戰爭屢建大功，尤其是武帝元狩二年（前121年），漢軍進攻匈奴在天山東端的據點，獲勝，殺虜數萬人，迫使渾邪王降漢，匈奴的西域經營受到重大打擊。但是，匈奴在準噶爾盆地的基地並未動搖，從該處出發，匈奴仍有效地控制著烏孫。

爲打擊匈奴，漢朝試圖聯結烏孫，切斷匈奴和西域的聯繫，使匈奴得不到來自西域的人力、物力和財力的支援，於是遣張騫出使烏孫。

據《漢書·張騫傳》等，張騫雖然順利地到達烏孫，但由於烏孫昆莫獵驕靡年事已高，國分爲三，諸大臣皆畏懼匈奴，沒有能達到招誘烏孫東返故地的目的。然而烏孫使者隨同漢使來獻，目睹漢朝地大物博、人口衆多，歸國報告後，引起了烏孫昆莫的重視。這是烏孫出於自身利益的考慮，走上尋求與漢結盟道路的開始。

控制烏孫既是匈奴重大利益所在，烏孫的離心傾向，匈奴自然很敏感。據《漢書·西域傳下》：

> 匈奴聞其與漢通，怒，欲擊之。又漢使烏孫，乃出其南，抵大宛、月氏，相屬不絕。烏孫於是恐，使使獻馬，願得尚漢公主，爲昆弟。天子問羣臣，議許，曰：必先内聘，然後遣女。烏孫以馬千匹聘。

匈奴施加壓力，反而成爲促使烏孫下決心與漢聯姻的重要因素，也許是匈奴始料所不及。據《漢書·西域傳下》：

> 漢元封中，遣江都王建女細君爲公主，以妻焉。賜乘輿服御物，爲備官屬宦官侍御數百人，贈送甚盛。烏孫昆莫以爲右夫人。匈奴亦遣女妻昆莫，昆莫以爲左夫人。

烏孫初與漢通，匈奴便"欲擊之"，烏孫尚漢公主，匈奴卻"遣女妻昆莫"，則無非說明匈奴其實無力遠征烏孫，祇能採取籠絡手段。

這既是烏孫所處地理位置使然，也是匈奴在對漢戰爭中實力大爲削弱的緣故。由此可見烏孫於元封中尚漢公主，貳於匈奴，已爲客觀條件所允許。至於匈奴尚左，昆莫以其女爲"左夫人"，[16] 是匈奴積畏尚在的緣故。

　　細君死，據《漢書·西域傳》，"漢復以楚王戊之孫解憂爲公主，妻岑陬"，岑陬卽當時的烏孫昆莫軍須靡。軍須靡死，繼位的翁歸靡"復尚楚主解憂"。據《漢書·西域傳下》：

　　　　昭帝時，公主上書，言：匈奴發騎田車師，車師與匈奴爲一，共侵烏孫，唯天子幸救之！漢養士馬，議欲擊匈奴。會昭帝崩，宣帝初卽位，公主及昆彌皆遣使上書，言：匈奴復連發大兵侵擊烏孫，取車延、惡師地，收人民去，使使謂烏孫趣持公主來，欲隔絕漢。昆彌願發國半精兵，自給人馬五萬騎，盡力擊匈奴。唯天子出兵以救公主、昆彌。

這段文字說明由於漢與烏孫聯姻，遲至昭帝末年，匈奴和烏孫已經完全成爲敵對關係。蓋自武帝元封中至昭帝末三十餘年間，匈奴與漢翻覆爭奪西域，而自從太初年間李廣利伐大宛獲勝之後，漢在西域各國間威望大大提高，烏孫日趨親漢可謂勢在必然，上述烏孫以西至於安息各國留苦漢使的情況當告結束。

　　另一方面，匈奴無論自準噶爾盆地南下，還是沿天山山脈西進，首當其衝的便是車師之地，特別在昭帝元鳳年間樓蘭歸漢之後，對匈奴來說，該地勢在必得，故多次與漢爭奪之。"發騎田車師"，擬作久長計，而"欲與車師爲一"，便不能不設法取得車師人的支援，故侵烏孫、奪其人民土地，有可能是爲了取悅車師貴族，鞏固與車師的聯盟，同時亦脅迫烏孫，使烏孫與漢斷交。

烏孫公主和昆彌上書的結果，據《漢書·西域傳下》："漢兵大發十五萬騎，五將軍分道並出"，擊匈奴。[17] 同時，"遣校尉常惠，使持節護烏孫兵，昆彌自將翎侯以下五萬騎從西方入，至右谷蠡王庭，獲單于父行及嫂、居次、名王、犁汙都尉、千長、騎將以下四萬級，馬牛羊驢橐駝七十餘萬頭，烏孫皆自取所虜獲。……是歲，本始三年也。"

又據《漢書·匈奴傳上》，這一年冬季，"單于自將萬騎擊烏孫，頗得老弱，欲還。會天大雨雪，一日深丈餘，人民畜產凍死，還者不能什一"。至此，匈奴與烏孫的關係事實上已經決裂。

《漢書·西域傳下》又載，"元康二年（前64年），烏孫昆彌因惠上書，願以漢外孫元貴靡爲嗣，得令復尚漢公主，結婚重親，畔絕匈奴，願聘馬贏各千匹。"這是烏孫正式宣告與匈奴斷交。

按照以上的敍述，可知匈奴與烏孫的關係大致經歷了三個階段。自獵驕靡"及壯"，受單于令率其父民衆"長守於西域"，至軍臣單于死後"不肯復朝事匈奴"爲第一階段。在此期間，烏孫完全受匈奴役使。此後直至元封年間爲第二階段，在此期間烏孫是匈奴的屬國。此後直至本始三年爲第三階段，在此期間烏孫動搖於匈奴與漢之間。

元康二年以後，烏孫轉爲漢之盟國。《漢書·西域傳下》所載蕭望之的一段話精闢地概括了上述第三階段漢和烏孫的關係：

烏孫持兩端，難約結。前公主在烏孫四十餘年，恩愛不
親密，邊竟未得安，此已事之驗也。

這段話也差不多可以搬來形容匈奴與烏孫第三階段的關係。蓋自獵驕靡、軍須靡、翁歸靡乃至泥靡，匈奴皆以女妻之。這不僅說明匈奴重視它與烏孫的關係，也說明烏孫長期以來不願同匈奴絕交。烏孫"持兩端"最根本的原因是烏孫相對於匈奴來說是弱國，是小國，不得不如此。因此，匈奴與烏孫關係日益惡化終於破裂，是漢匈關係不斷朝有利於漢的方向發展不可分割的。而烏孫倒向漢朝一方，對於漢戰勝匈奴又具有重大意義。本始三年一戰，匈奴幾乎一蹶不振，便是明證。可以認爲，匈奴與烏孫關係破裂，是匈奴早期西域經營的最大挫折。

三

公元前 177/ 前 176 年，冒頓單于遣右賢王西擊月氏、兼定烏孫的同時，也征服了位於阿爾泰山南麓的呼揭。據《漢書・西域傳下》，匈奴置"呼揭王"以鎮守該處。

自呼揭居地往西，經由巴爾喀什湖北岸，可以抵達康居本土。[18]《史記・大宛列傳》稱康居"東羈事匈奴"。《漢書・西域傳》同。這說明錫爾河北岸的康居一度也受到匈奴的威脅。在月氏被匈奴逐出伊犁河、楚河流域後，匈奴自然也可以通過烏孫間接控

制康居。但匈奴和康居的聯繫大概主要還是通過經由巴爾喀什湖以北的道路進行的，特別在烏孫附漢之後。由於康居離匈奴本土畢竟很遠，康居"羈事匈奴"可能是比較鬆弛的。

　　匈奴與康居關係中最重要的事件是郅支單于西奔康居。據《漢書·陳湯傳》，宣帝時，匈奴內亂，五單于爭立，終於分裂爲兩部，東部呼韓邪單于附漢，西部郅支單于因殺漢使者，"自知負漢，又聞呼韓邪益彊，遂西奔康居。康居王以女妻郅支，郅支亦以女予康居王。康居甚尊敬郅支，欲倚其威以脅諸國。郅支數借兵擊烏孫，深入至赤谷城，殺略民人，毆畜產，烏孫不敢追，西邊空虛，不居者且千里。郅支單于自以大國，威名尊重，又乘勝驕，不爲康居王禮，怒殺康居王女及貴人、人民數百，或支解投都賴水中。發民作城，日作五百人，二歲乃已。又遣使責闔蘇、大宛諸國歲遺，不敢不予"。康居之所以甘心接納郅支，《漢書·匈奴傳下》所述更爲具體：

　　　　康居王數爲烏孫所困，與諸翕侯計，以爲匈奴大國，烏孫素服屬之，今郅支單于困阸在外，可迎置東邊，使合兵取烏孫以立之，長無匈奴憂矣。即使使至堅昆通語郅支。

至於郅支選擇康居爲避難之地，乃因烏孫敵視之。

　　據《漢書·匈奴傳下》，郅支西奔康居之前，因"自度力不能定匈奴，乃益西近烏孫，欲與幷力，遣使見小昆彌烏就屠。烏就屠見呼韓邪爲漢所擁。郅支亡虜，欲攻之以稱漢，乃殺郅支使，持頭送都護在所，發八千騎迎郅支。郅支見烏孫兵多，其使又不返，勒兵逢擊烏孫，破之。因北擊烏揭，烏揭降，發其兵西破堅昆，北降丁令，并三國。數遣兵擊烏孫，常勝之。堅昆東去單于庭七千里，南去車師五千里，郅支留都之"。烏孫斬使與絕，郅支不得已乃北擊烏揭等，康居既爲烏孫所困，自然與郅支相投合。

然而亡命康居的郅支仍以宗主自居，視康居王、貴人爲僮僕，康居人怨恨郅支，故當元帝建昭三年（前36年）漢將甘延壽、陳湯西討郅支時，頗得康居人之助。據《漢書・陳湯傳》，漢軍"由是具知郅支情"。而郅支也"疑康居怨己，爲漢內應，又聞烏孫諸國兵皆發"，走投無路，終於被殺於都賴水畔郅支城。

如前所述，匈奴與康居聯繫主要取道巴爾喀什湖以北。而郅支單于奔康居，實際上是由烏揭（即呼揭）而堅昆而康居，康居迎郅支也先"使使至堅昆通語郅支"。明乎此，《漢書・匈奴傳上》如下記載就比較容易理解：

> 烏禪幕者，本烏孫、康居間小國，數見侵暴，率其眾數千人降匈奴，狐鹿姑單于（前96—前85年）以其弟子日逐王姊妻之，使長其眾，居右地。

烏禪幕作爲小國，既處烏孫、康居之間。屢遭欺凌自不待言，至於率眾降匈奴，完全可能取道巴爾喀什湖北岸。或據以爲匈奴勢力曾伸向康居和烏孫之間，[19]似乎有欠精當。

另外，據《漢書・西域傳上》，成帝時，都護郭舜上言："本匈奴盛時，非以兼有烏孫、康居故也；及其稱臣妾，非以失二國也。漢雖皆受其質子，然三國内相輸遺，交通如故，亦相候司，見便則發；合不能相親信，離不能相臣役。"這段話說明了郅支事件以後，匈奴和烏孫、康居三者間的關係。輸遺交通，亦相候司，無非以一時之利害爲轉移。"合不能相親信"二句似乎還表明三國在當時實力相差無幾。郭舜以爲匈奴之盛衰與得失二國完全無關，則未必然。匈奴之盛，實得力於兼有二國。匈奴之衰，固不能歸因於失二國，然而失二國（特别是烏孫），無疑加速了它的没落。

四

匈奴在"定"烏孫、佔有其故地即今哈密一帶的同時，也必定佔有了今巴里坤湖周圍地區。巴里坤湖漢代稱爲蒲類澤（海），附近有蒲類國和蒲類後國。一般認爲國名得自澤名。但其實蒲類澤應得名於蒲類國或蒲類人。本節考述匈奴和蒲類澤周圍地區（包括伊吾）的關係。

據《後漢書·西域傳》："蒲類本大國也，前西域屬匈奴，而其王得罪單于，單于怒，徙蒲類人六千餘口，内之匈奴右部阿惡地，因號曰阿惡國。南去車師後部馬行九十餘日。人口貧羸，逃亡山谷間，故留爲國云。"所謂"前西域屬匈奴"，似指公元前二世紀七十年代以降匈奴稱霸西域的時代。蓋據《後漢書·西域傳》，東漢時代的蒲類國"居天山西疏榆谷"，有"口二千餘，勝兵七百餘人"。這和《漢書·西域傳》所傳蒲類國的情形大致相同。而據《漢書·西域傳》，"蒲類國，王治天山西疏榆谷"，有"口二千三十二，勝兵七百九十九人"。又有蒲類後國，有"口千七十，勝兵三百三十四人"，兩國總人口也不過四千餘。也就是說，祇能認爲《漢書·西域傳》的蒲類國和蒲類後國都是從《後漢書·西域傳》所謂"蒲類大國"的餘衆發展而成的。

然而事實可能並非如此。《後漢書·西域傳》稱蒲類爲"車師六國"之一，說明蒲類本係車師之一部，其國在車師分裂時纔可能形成，時間當在武帝元封三年（前108年）以後。因此，《後漢書·西域傳》"蒲類本大國"云云，也許僅僅表明在《漢書·西域傳》和《後漢書·西域傳》的蒲類國形成之前，巴里坤湖附近原有一國，因被匈奴迫徙六千餘口而衰亡。由於該國名稱已佚，後人未究底蘊，誤指爲蒲類國的前身。[20]

不管怎樣，匈奴在驅逐月氏的同時佔領巴里坤湖附近地區是毋庸置疑的。從此，這一地區成爲匈奴向西域發展的重要基地之一。大約在公元前二世紀中至公元前130年，匈奴曾令難兜靡之遺孤獵驕靡鎮守這一帶。由於該處地扼東西交通要衝，所以當漢朝反擊匈奴的戰爭開始後，多次想摧毀匈奴的這一基地。

據《史記·匈奴列傳》，元狩二年（前121年）夏，"驃騎將軍復與合騎侯數萬騎出隴西、北地二千里，擊匈奴。過居延，攻祁連山，得胡首虜三萬餘人，裨小王以下七十餘人"。其秋，"渾邪王殺休屠王，并將其衆降漢"。驃騎所攻"祁連山"應即今天山東端，包括巴里坤湖至哈密一帶，[21] 一度係渾邪王領地，渾邪王降漢後，據《史記·大宛列傳》，這一帶也"地空無人"。[22] 正因爲如此，漢朝纔決定派遣張騫第二次西使，招誘烏孫東居故地。由於烏孫並未東歸，這一帶不久又爲匈奴佔領。嗣後，漢朝又多次發動對天山東端的進攻，但始終未能佔有該地。漢兵一退，匈奴復至。

蒲類前後國成立後，匈奴依舊駐兵控制該處。據《漢書·匈奴傳上》，天漢二年（前99年）："漢使貳師將軍將三萬騎出酒泉，擊右賢王於天山，得首虜萬餘級而還。匈奴大圍貳師，幾不得脫，漢兵物故什六七"。征和三年（前90年），又遣"重合侯莽通將四萬騎出酒泉千餘里"，至天山，擊匈奴，由於匈奴引去，"重合侯無所得失"。宣帝本始二至三年（前72—前71年），漢又遣五將軍兵凡二十餘萬衆擊匈奴。其中，"後將軍趙充國爲蒲類將軍，三萬餘騎，出酒泉……蒲類將軍兵當與烏孫合擊匈奴蒲類澤，烏孫先期至而去，漢兵不與相及。蒲類將軍出塞千八百餘里，西去候山，斬首捕虜，得單于使者蒲陰王以下三百餘騎，鹵馬牛羊七千餘，聞虜已引去，皆不至期還"。所謂"蒲陰王"，可能是匈奴在蒲類澤南面的統帥。

又據《漢書·西域傳上》，"至元帝時，復置戊己校尉，屯田車師前王庭。是時匈奴東蒲類王茲力支將人衆千七百餘人降都護，都護分車師後王之西爲烏貪訾離地以處之"。這說明直至此時，蒲類地區仍爲匈奴所控制，茲力支其人當爲匈奴在蒲類澤東面的統帥。《漢書·西域傳》載蒲類國和蒲類後國均屬都護，其時間恐怕要到茲力支降漢之後了。

東漢初立，光武帝因中原甫定，無暇經營西域，西域諸國復附匈奴。公元48年，匈奴分裂爲南北兩部，不久南部附漢，北部繼續控制西域。

明帝遵漢武故事，重開西域經營，首先爭奪的就是伊吾和蒲類地區。據《後漢書·竇固傳》，永平十六年（73年），漢遣竇固、耿忠等出酒泉塞，擊北匈奴，"固、忠至天山，擊呼衍王，斬首千餘級。呼衍王走，追至蒲類海。留吏士屯伊吾盧城"。[23] 據《後漢書·明帝紀》，永平十七年，又遣竇固、耿秉等"出敦煌昆侖塞，擊破白山虜於蒲類海上，遂入車師。初置西域都護、戊己校尉"。竇固天山之戰可以同武帝元狩二年霍去病祁連山之戰相比況，知漢朝欲擊匈奴、通西域，摧毀匈奴在蒲類海周圍地區的基地最是捷徑。反過來，也可以看出這個基地對於匈奴來說是何等重要了。因此，此後東漢和北匈奴翻覆爭奪這一地區。

章帝建初二年（77年），據《後漢書·西域傳》，漢"復罷屯田伊吾，匈奴因遣兵守伊吾地"。[24] 至和帝永元二年（90年），大將軍竇憲"遣副校尉閻槃將二千餘騎掩擊伊吾，破之"。[25] 永元四年，據《後漢書·南匈奴傳》，因北單于弟於除鞬自立單于，"止蒲類海，遣使款塞"，漢"遣耿夔即授璽綬，賜玉劍四具，羽蓋一駟，使中郎將任尚持節衛護屯伊吾，如南單于故事"。[26] 安帝永初元年（107年），據《後漢書·梁慬傳》，漢罷都護，迎還"伊吾盧、柳中屯田吏士"。[27] 元初六年（119年），據《後漢書·西域傳》，敦煌太守曹宗患北匈奴寇邊，"上遣行長史索班將千餘人屯伊吾",招撫西域諸國。然數月之後,即元初七年三月,北匈奴便"率車師後部王共攻沒班等"。[28] 伊吾和蒲類地區復爲匈奴所佔。[29] 延光二年(123 年),敦煌太守張璫上書稱:"北虜呼衍王常展轉蒲類、秦海之間,專制西域,共爲寇鈔",並認爲經營西域、打擊匈奴的上計是"先擊呼衍王,絕其根本"。於是漢"以班勇爲西域長史,將弛刑士五百人,西屯柳中"。順帝永建六年(131 年),又"以伊吾舊膏腴之地,傍近西域,匈奴資之,以爲鈔暴,復令開設屯田如永元時事,置伊吾司馬一人"。此後,伊吾屬漢。陽嘉四年(135 年),北匈奴呼衍王侵後部,敦煌太守發西域諸國兵及玉門關候、伊吾司馬合六千三百騎救之。漢軍不利,呼衍王攻破後部。嗣後,據《裴岑碑》,"惟漢永和二年(137 年)八月,敦煌太守雲中裴岑將郡兵三千人誅呼衍王等,斬馘部衆,克敵全師,除西域之災,蠲四郡之害,邊境乂安"。消除了北匈奴對伊吾和蒲類地區的威脅。[30] 此後,直至桓帝元嘉元年(151 年),據《後漢書·西域傳》,另一呼衍王"將三千餘騎寇伊吾,伊吾司馬毛愷遣吏兵五百人於蒲類海東與呼衍王戰,悉爲所沒,呼衍王遂攻伊吾屯城。夏,遣敦煌太守司馬達將敦煌、酒泉、張掖屬國吏士四千餘人救之,出塞至蒲類海,呼衍王聞而引去,漢軍無功而還"。這是見諸記載的匈奴最後一次與漢爭奪蒲類和伊吾地區。由於不久北匈奴便從歷史舞臺上消失,可以說漢與匈奴對蒲類和伊吾地區的爭奪幾同雙方的鬥爭相始終。

五

　　公元前 177/ 前 176 年，冒頓單于遣右賢王在西擊月氏，兼定烏孫、呼揭的同時，也征服了樓蘭。樓蘭位於羅布泊西南，張騫西使大月氏歸國可能途徑該處。由於天山北路爲匈奴直接控制，在很長一段時期內漢朝和西域各國使節往返多經由南道，一度樓蘭成爲重要的交通樞紐。《漢書·西域傳上》載：

> 初，武帝感張騫之言，甘心欲通大宛諸國，使者相望於道，一歲中多至十餘輩。樓蘭、姑師當道，苦之，攻劫漢使王恢等，又數爲匈奴耳目，令其兵遮漢使。

這是張騫西使月氏歸國以降二十餘年間的情況。蓋樓蘭自從被冒頓遣右賢王征服以來，一直役屬匈奴。樓蘭這種立場嚴重地妨礙了漢朝和西域的交通。漢朝既無力開通北道，便對南道用兵。據《漢書·西域傳》，元封三年（前 108 年）武帝遣將擊樓蘭，虜其王，並破姑師。樓蘭附漢，匈奴自然不會坐視，據《漢書·西域傳上》：

> 樓蘭既降服貢獻，匈奴聞，發兵擊之。於是樓蘭遣一子質匈奴，一子質漢。

匈奴擊樓蘭，無非想重新控制樓蘭。但這時的樓蘭已經目睹漢軍軍威，而且漢已列亭障至玉門關，因此它在遣一子質匈奴的同時，遣另一子質漢。這表明匈奴單獨控制樓蘭七十餘年的歷史宣告結束。

嗣後，據《漢書·西域傳上》，太初三年（前 102 年）李廣利擊大宛後自南道還軍，"匈奴欲遮之，貳師兵盛不敢當，卽遣騎因樓蘭候漢使後過者，欲絕勿通"。[31] 漢知狀後命將捕得樓蘭王，又"遣歸國，亦因使候司匈奴。匈奴自是不甚親信樓蘭"。樓蘭則繼續向漢靠攏。天漢二年（前 99 年），漢發樓蘭國兵往擊車師。

又據《漢書·西域傳上》，征和元年（前 92 年），樓蘭王死，新王卽位，"亦遣一子質匈奴。後王又死，匈奴先聞之，遣質子歸，得立爲王"。這位新王親匈奴，以"新立，國未定"爲藉口，不肯朝漢。又因征和四年漢再討車師，徵樓蘭兵餉，以及平時送迎漢使，不堪誅求，"復爲匈奴反間，數遮殺漢使"。[32] 昭帝元鳳四年（前 77 年），漢遣將刺殺樓蘭王嘗歸，更立親漢的樓蘭貴人尉屠耆爲王，更其國名爲"鄯善"，並"遣司馬一人，吏士四十人，田伊循以塡撫之，其後更置都尉"。從此，終西漢之世，樓蘭（鄯善）不復附匈奴。

東漢建立後，據《後漢書·光武帝紀》，鄯善於建武十四年（38 年）來朝，是最早來朝的西域國家之一。又據《後漢書·西域傳》，"[建武] 二十一年冬，車師前王、鄯善、焉耆等十八國俱遣子入侍，獻其珍寶。及得見，皆流涕稽首，願得都護。天子以中國初定，北邊未服，皆還其侍子，厚賞賜之"。當時莎車強盛，欲兼幷西域，其王見都護不出，便擊破鄯善，鄯善王出亡，復上書請都護，稱"都護不出，誠迫於匈奴"。[33] 光武帝報以"今使者大兵未能得出，如諸國力不從心，東西南北自在也"。於是"鄯善、車師復附匈奴"。

明帝永平十六年（73年），漢征匈奴，取伊吾盧地，置宜禾都尉以屯田，又遣班超使西域。據《後漢書・班超傳》，超至鄯善，擊殺匈奴使者，鄯善震怖，"遂納子爲質"。此後，漢於章帝建初元年（76年）與和帝永元六年（94年）均曾發鄯善國兵討車師、焉耆。[34]

安帝於永初元年（107年）罷西域都護，北匈奴復收屬西域諸國，也包括鄯善在内，這是鄯善最後一次附匈奴。至元初六年（119年）索班屯伊吾，鄯善和車師前王一起降索班。然而由於北單于和車師後部共攻沒索班，擊走前王，略有北道，威脅鄯善，鄯善王告急於敦煌太守。安帝從陳忠之議，於延光二年以班勇爲西域長史，出屯柳中，鄯善遂安。據《後漢書・班勇傳》，延光三年"正月，勇至樓蘭，以鄯善歸附，特加三綬"。是時，北匈奴勢力日衰，不復進入南道，匈奴與鄯善關係至此完全斷絕。

《後漢書・班勇傳》載班勇上議曰："間者羌亂，西域復絶，北虜遂遣責諸國，備其逋租，高其價直，嚴以期會。鄯善、車師皆懷憤怨，思樂事漢，其路無從。前所以時有叛者，皆由牧養失宜，還爲其害故也。"這段話概括了東漢時匈奴和鄯善、車師等國關係的實質。鄯善等附匈奴可以說出於無奈，這是和西漢時不盡相同的地方。

班勇的上議還說："又宜遣西域長史將五百人屯樓蘭，西當焉耆、龜茲徑路，南彊鄯善、于寘心膽，北扞匈奴，東近敦煌，如此誠便。"這段話說明了鄯善國、特別是鄯善國內當時稱爲"樓蘭"的地區對漢朝經營西域的重要性。反過來,匈奴控制該處,既可以截斷漢通向于闐和焉耆、龜茲的道路,屛衞設在車師、焉耆等地的據點,又可以威脅敦煌和河西地區。這是匈奴和漢爭奪鄯善的意義所在。

班勇所說的"屯樓蘭",顯然不是指屯田扜泥城或伊循城,而是位於羅布泊西北岸今所謂樓蘭古城遺址一帶。該遺址一帶原爲姑師所居,姑師北遷後屬樓蘭國,大概在樓蘭國改名鄯善後始得名"樓蘭"。否則,下文"南彊鄯善"就頗難理解。[35] 延光三年,班勇就是在該處召見鄯善王,特加三綬。

又,班勇上議强調應屯田樓蘭,但此後究竟有沒有在該處屯田並無明確記載。而據《後漢書·楊終傳》,建初元年(76年)楊終上疏稱:永平以來"遠屯伊吾、樓蘭、車師、戊己,民懷土思,怨結邊城"。又說:"今伊吾之役、樓蘭之屯,久而未還";則明帝永平末似曾屯田樓蘭。班勇所議,或以此爲本。

六

匈奴西進,首先控制了天山東端、阿爾泰山南麓。而無論沿天山山脈西向,還是自準噶爾盆地南下,首當其衝的便是博格多山南北卽後來的車師之地。這一帶地處天山南北交通要衝,當漢朝勢力向西域發展時,其戰略地位對匈奴說來尤爲重要,故匈奴和漢在此同樣展開了劇烈的爭奪戰。

　　前引冒頓單于遺漢書沒有提到"車師"的名稱，也沒有任何證據足以表明公元前 177/ 前 176 年左右車師國已出現在塔里木盆地。而車師（亦作姑師）原很可能是伊犁河、楚河流域的塞種部落 Gasiani 之一枝。由於月氏被匈奴逐出故地，西遷伊犁河、楚河流域，一部份塞種（其中包括 Gasiani 人）被迫南下帕米爾。這些塞種後來又東向蔓延，沿南北道進入塔里木盆地各綠洲，形成許多塞種小國，車師即其中之一，該國可能主要由 Gasiani 人組成，"車師"或"姑師"即 Gasiani 之異譯。"姑師"首見於《史記·大宛列傳》所載張騫首次西使歸國的報告。因此，該國在塔里木盆地出現的時間上限為公元前 177/ 前 176 年，下限為公元前 128/ 前 127 年。[36]

　　據張騫報告，"樓蘭、姑師邑有城郭，臨鹽澤"，可知當時的姑師大約在羅布泊附近，或在泊之西北，所謂樓蘭古城遺址一帶。據《史記·大宛列傳》、《漢書·西域傳》等，武帝元封三年，漢因姑師、樓蘭當道，屢為匈奴耳目，令其兵遮漢使，遣將擊破樓蘭，俘虜其王，同時也擊破姑師，捕得其王。可能姑師人就在這以後不久越過庫魯克塔克，遷至博格多山南北，分而為車師和山北六國（東西且彌國、卑陸前後國和蒲類前後國），前者在宣帝時再分為車師前後國。[37]

　　博格多山南北地區在姑師人遷入以前的情況不明，匈奴勢力進入西域以後，某一段時期（前 130 年以前若干年內）可能假手獵驕靡的烏孫舊部加以控制。[38] 姑師人遷入後，匈奴主要通過控制姑師（車師）控制該地區。

據《漢書・西域傳下》，"武帝天漢二年（前99年），以匈奴降者介和王爲開陵侯，將樓蘭國兵始擊車師，匈奴遣右賢王將數萬騎救之，漢兵不利，引去。"這是漢朝第一次進攻位於博格多山南北的車師，故傳文稱"始擊車師"。其目的主要在於配合漢軍進攻天山東端。蓋同年漢遣貳師將軍出酒泉，擊右賢王於天山。匈奴惟恐車師有失，一俟漢軍退兵，立即回救車師。

又據《漢書・西域傳下》，"征和四年（前89年），[39]遣重合侯馬通將四萬騎擊匈奴，道過車師北，復遣開陵侯將樓蘭、尉犁、危須凡六國兵別擊車師，勿令得遮重合侯。諸國兵共圍車師，車師王降服，臣屬漢"。這一次擊車師的目的和首次一樣，也是配合漢軍在天山東部對匈奴的進攻。結果車師附漢。

如前所述，昭帝末，匈奴復遣騎四千田車師，並與車師聯兵攻烏孫，說明其時車師又屬匈奴。而據《漢書・西域傳下》，"宣帝即位，遣五將將兵擊匈奴，車師田者驚去，車師復通於漢"。由於樓蘭附漢，車師一地對於匈奴更爲重要，故不惜大發兵田車師。結果漢與烏孫聯兵大敗匈奴，車師再次附漢。

對此，匈奴自然不能甘心，自宣帝地節初至元康末，一直與漢翻覆爭奪車師。據《漢書・西域傳下》，匈奴聞車師通於漢，"怒，召其太子軍宿，欲以爲質"。軍宿"不欲質匈奴，亡走焉耆"。車師王更立子烏貴爲太子。"及烏貴立爲王，與匈奴結婚姻，教匈奴遮漢道通烏孫者。"由於烏貴的親匈奴立場，匈奴又得車師。

《漢書・西域傳下》又載，地節二年（前68年），漢遣侍郎鄭吉等田渠犁，並發城郭諸國兵萬餘人及田士擊車師，攻破交河城，因食盡還軍。三年秋，復發兵攻車師王交河城北之石城。車師王"聞漢兵且至，北走匈奴求救，匈奴未爲發兵"，乃還降於漢。"匈奴聞車師降漢，發兵攻車師。"鄭吉等迎擊之，匈奴不敢前，吉等亦歸渠犁。"車師王恐匈奴兵復至而見殺也，乃輕騎奔烏孫。"據《漢書·匈奴傳上》，"單于復以車師王昆弟兜莫爲車師王，收其餘民東徙，不敢居故地"。

地節四年，據《漢書·西域傳下》，鄭吉"始使吏卒三百別田車師"。[40] 元康二年（前64年），匈奴"遣騎來擊田者，吉乃與校尉盡將渠犁田士千五百人往田，匈奴復益遣騎來，漢田卒少不能當，保車師城中"。[41] 匈奴"圍城數日乃解。後常數千騎往來守車師"。同年，漢"遣長羅侯［常惠］將張掖、酒泉騎出車師北千餘里，揚威武車師旁。胡騎引去，吉乃得出，歸渠犁"。[42] 此後，"漢召故車師太子軍宿在焉耆者，立以爲王，盡徙車師國民令居渠犁，遂以車師故地與匈奴"。又據《漢書·宣帝紀》，神爵二年（前60年）"秋，匈奴日逐王先賢撣將人衆萬餘來降。使都護西域騎都尉鄭吉迎日逐，破車師"，匈奴終失車師。

鄭吉破車師後，並護北道，車師分爲前後國當始於此時，然已肇端於匈奴扶立兜莫、漢扶立軍宿。[43]

嗣後，據《漢書·西域傳上》，元帝初元元年（前48年），漢"置戊己校尉，屯田車師前王庭"。平帝元始二年（2年），車師後王姑句爲戊己校尉徐普所繫，亡入匈奴。《漢書·西域傳下》稱其時後王地"與匈奴南將軍地接"，知當時準噶爾盆地仍爲匈奴所佔。王莽始建國二年（10年），車師後王須置離因不堪莽使者誅求，謀降匈奴，都護但欽誅斬之。置離兄"狐蘭支將置離衆二千餘人，驅畜産，舉國亡降匈奴。是時，莽易單于璽，單于恨怒，遂受狐蘭支降，遣兵與共寇擊車師，殺後城長，傷都護司馬，及狐蘭兵復還入匈奴"。天鳳元年（14年），匈奴"復與莽和親"。"其後莽復欺詐單于，和親遂絕。匈奴大擊北邊，而西域亦瓦解"，車師之地（特別是後部）當復受制於匈奴。

東漢立，車師前王和鄯善等十八國於光武帝建武二十一年遣子入侍，願得都護。文獻僅提到"前王"，可能十八國中不包括車師後國。這也許表明當時後國已在匈奴卵翼之下。而由於都護不出，前王也不得不依附匈奴。

據《後漢書·耿秉傳》等，明帝永平十七年"夏，詔秉與固合兵萬四千騎，復出白山擊車師"，車師前、後王皆降。據《後漢書·耿恭傳》，同年冬，東漢"始置西域都護、戊己校尉。乃以恭爲戊己校尉，屯後王部金蒲城，謁者關寵爲戊己校尉，屯前王柳中城，屯各置數百人"。[44]十八年，"北單于遣左鹿蠡王二萬騎擊車師。恭遣司馬將兵三百人救之，道逢匈奴騎多，皆爲所殁。匈奴遂破殺後王安得，而攻金蒲城"。並圍關寵於柳中，"會顯宗崩，救兵不至，車師復畔，與匈奴共攻恭"。章帝建初元年（76年），漢發河西諸郡及鄯善兵合七千餘人，"會柳中擊車師，攻交河城，斬首三千八百級，獲生口三千餘人，駝驢馬牛羊三萬七千頭。北虜驚走，車師復降"。[45]而由於緊接著章帝罷都護，車師又附匈奴。

又據《後漢書·西域傳》，和帝永元二年（90年），"大將軍竇憲破北匈奴，車師震怖，前後王各遣子奉貢入侍，並賜印綬金帛"。三年，班超定西域，"復置戊己校尉，領兵五百人，居車師前部高昌壁，又置戊部候，居車師後部候城"。八年，後王叛，擊前王。九年，漢擊後王，後王奔北匈奴，漢軍追斬之。

嗣後，據《後漢書·西域傳》，安帝於永初元年（107年）罷都護，車師又降匈奴。元初六年（119年），索班屯伊吾，車師前王來降。[46]明年，北匈奴便率後王共攻沒索班，並擊走前王。

據《後漢書·班勇傳》，漢乃"復敦煌郡營兵三百人，置西域副校尉居敦煌。雖復羈縻西域，然亦未能出屯"。北匈奴則"數與車師共入寇鈔，河西大被其害"。至延光三年（124年），班勇發龜茲等國兵"到車師前王庭，擊走匈奴伊蠡王於伊和谷，收得前部五千餘人，於是前部始復開通"。四年，班勇又發河西諸郡及前部諸國兵擊後部王軍就，"大破之。首虜八千餘人，馬畜五萬餘頭。捕得軍就及匈奴持節使者"。順帝永建元年（126年），"永建元年，更立後部故王子加特奴為王。勇又使別校誅斬東且彌王，亦更立其種人為王，於是車師六國悉平"。"更立其種人為王"，說明班勇所斬東且彌王係匈奴所立，其人非車師種。

又據《後漢書·班勇傳》，同年冬，班勇擊走北匈奴呼衍王，捕得單于從兄，"勇使加特奴手斬之，以結車師匈奴之隙。北單于自將萬餘騎入後部，至金且谷，勇使假司馬曹俊馳救之。單于引去"。而據《後漢書·西域傳》，陽嘉三年（134年）加特奴又隨後部司馬掩擊北匈奴於閶吾陸谷。四年春，"北匈奴呼衍王率兵侵後部，帝以車師六國接近北虜，為西域蔽扞，乃令敦煌太守發諸國兵，及玉門關候、伊吾司馬，合六千三百騎救之，掩擊北虜於勒山，漢軍不利。秋，呼衍王復將二千人攻後部，破之"。這是匈奴最後一次破車師，而由於不久呼衍王戰敗被殺，車師又歸漢。《後漢書·西域傳》載，桓帝永興元年（153年），車師後部王阿羅多"亡走北匈奴中"，後又從匈奴中還，復爲後部王。從此，便再也沒有匈奴和車師關係的記載了。

七

匈奴無論自車師南下，還是從樓蘭西北行，都能進入焉耆、危須、尉犁。三國地處西域之中，故《漢書·西域傳上》載："匈奴西邊日逐王置僮僕都尉，使領西域，常居焉耆、危須、尉黎間，賦稅諸國，取富給焉。"所謂"僮僕都尉"，顧名思義，匈奴視西域諸國爲僮僕，設都尉居間徵其賦稅、子女。《漢書·趙充國傳》所載：

間者匈奴困於西方，聞烏桓來保塞，恐兵復從東方起，數使尉黎、危須諸國，設以子女貂裘，欲沮解之。

可以爲證。"困於西方"，《資治通鑒·漢紀二五》胡注："謂本始三年爲烏孫所破。"此外，僮僕都尉可能還起著督責焉耆等國隔絕漢和西方交通的作用，《漢書·李廣利傳》所載武帝詔：

匈奴爲害久矣，今雖徙幕北，與旁國謀共要絕大月氏使，遮殺中郎將江、故雁門守攘。危須以西及大宛皆合約殺期門車令、中郎將朝及身毒國使，隔東西道。

似可爲證。

　　至於僮僕都尉始設的時間，一般認爲在狐鹿姑單于卽位（前96年）數年之後，蓋據《漢書·匈奴傳上》，"狐鹿姑單于立，以左大將爲左賢王，數年病死，其子先賢撣不得代，更以爲日逐王。日逐王者，賤於左賢王。單于自以其子爲左賢王"。然而先賢撣之前，是否另有日逐王不得而知。在日逐王先賢撣設僮僕都尉之前是否設有類似機構，也不得而知。不過，匈奴罷僮僕都尉，卻和先賢撣降漢直接有關。《漢書·西域傳上》稱："日逐王畔單于，將衆來降，護鄯善以西使者鄭吉迎之。……僮僕都尉由此罷，匈奴益弱，不得近西域。"時間當爲宣帝神爵二年（前60年）。

　　應該指出的是，在此之前，僮僕都尉並不是始終順利地執行其賦稅諸國的職能的。遲至征和四年（前89年），漢朝勢力已經滲入焉耆等國。《漢書·西域傳下》載，是年開陵侯擊車師時，曾發尉犁、危須諸國兵。《漢書·常惠傳》亦載，本始三年常惠伐龜茲，發"龜茲東國二萬人"，顯然焉耆等三國均包括在內。此後，車師太子不欲質匈奴，亦奔焉耆。凡此都表明焉耆等三國在僮僕都尉存在期間也不是完全受制於匈奴的。

　　另外，從匈奴僮僕都尉的治所和職能，可以窺見匈奴和漢翻覆爭奪車師原因之一端：自樓蘭附漢後，匈奴祇能通過車師和僮僕都尉保持聯繫，車師附漢，西域賦稅的來源便告斷絕，僅僕都尉亦無法領有西域。

嗣後，據《漢書・西域傳下》，王莽於始建國五年與匈奴絕和親，"匈奴大擊北邊，而西域亦瓦解。焉耆國近匈奴，先叛，殺都護但欽，莽不能討"。至天鳳三年（16年），莽"遣五威將王駿、西域都護李崇將戊己校尉出西域，諸國皆郊迎，送兵穀。焉耆詐降而聚兵自備。駿等將莎車、龜茲兵七千餘人，分爲數部入焉耆，焉耆伏兵要遮駿。及姑墨、尉犂、危須國兵爲反間，還共襲擊駿等，皆殺之"。焉耆、尉犂、危須等殺但欽、王駿等，皆恃匈奴爲後盾。

東漢初，據《後漢書・西域傳》，光武帝建武二十一年，"焉耆等十八國俱遣子入侍，請都護，都護不出，乃附匈奴。明帝永平四年（61年），匈奴曾發焉耆、尉犂等十五國兵攻于闐。又據《後漢書・西域傳》，永平十八年，"焉耆與龜茲共攻沒都護陳睦、副校尉郭恂，殺吏士二千餘人"。[47] 時北匈奴圍關寵於柳中，知焉耆等攻沒都護乃與匈奴之行動相呼應。這表明自建武二十一年以降，焉耆等三國一直附匈奴。其間東漢雖曾一度控制車師，但未及焉耆等三國。至和帝永元六年（94年），"都護班超發諸國兵討焉耆、危須、尉黎、山國，遂斬焉耆、尉黎二王首，傳送京師，縣蠻夷邸。超乃立焉耆左候元孟爲王，尉黎、危須、山國皆更立其王"，焉耆等三國始去匈奴而附漢。《後漢書・班超傳》載超詰焉耆左將北鞬支曰："汝雖匈奴侍子，而今秉國之權。都護自來，王不以時迎，皆汝罪也"。匈奴操縱焉耆等國的情形於此可見一斑。

安帝永初元年，漢又罷都護，匈奴復收屬西域諸國。至順帝永建二年（127年），據《後漢書·順帝紀》，"西域長史班勇、敦煌太守張朗討焉耆、尉犁、危須三國，破之；並遣子貢獻"。[48] 匈奴和焉耆、危須、尉犁三國的關係至此斷絕。

八

在控制焉耆等三國的同時，匈奴也控制了更西面的龜茲等北道諸國。《漢書·傅介子傳》載，元鳳年間昭帝因"龜茲、樓蘭皆嘗殺漢使者"，詔令傅介子使大宛時便道往"責龜茲、樓蘭國"，介子至樓蘭，王謝服，言"匈奴使屬過，當至烏孫，道過龜茲"。"介子至龜茲，復責其王，王亦服罪。介子從大宛還到龜茲，龜茲言：匈奴使從烏孫還，在此。介子因率其吏士共誅斬匈奴使者"。

所謂龜茲"嘗殺漢使者"，當指龜茲殺漢校尉將軍原杅彌太子賴丹一事。據《漢書·西域傳下》，李廣利擊大宛還軍，知杅彌太子賴丹為質於龜茲，乃責龜茲，並將賴丹入至京師。昭帝以賴丹為校尉將軍，田輪臺。龜茲因輪臺地近龜茲，必受其害，因殺賴丹，而上書謝。漢雖遣介子往責，然未能征。龜茲敢作敢為，除了自以為去漢遠，還可能有恃於匈奴。

據《漢書·西域傳下》，宣帝本始二年（前72年），"長羅侯常惠使烏孫還，便宜發諸國兵。合五萬人攻龜茲，責以前殺校尉賴丹"。龜茲降服，從此至西漢末，龜茲不復附匈奴。

東漢初立，光武帝不遣都護，於是西域諸國附匈奴。據《後漢書·西域傳》，當時莎車強盛，其王賢見都護不出，"賢浸以驕橫，重求賦稅，數攻龜茲諸國"。建武二十二年（46年）冬，"賢復攻殺龜茲王，遂兼其國"。後又"自立其子則羅爲龜茲王。賢以則羅年少，乃分龜茲爲烏壘國"，另徙嫣塞王馴韃爲烏壘王。"數歲，龜茲國人共殺則羅、馴韃，而遣使匈奴，更請立王。匈奴立龜茲貴人身毒爲龜茲王，龜茲由是屬匈奴"。匈奴通過控制龜茲，進而控制龜茲以西姑墨、溫宿、尉頭、疏勒等北道諸國，並伸張其勢力於南道。

據《後漢書·西域傳》，龜茲既殺莎車所立王，附匈奴，匈奴乃"與龜茲諸國共攻莎車"，但"不能下"。于闐承莎車之敝，并其國，匈奴又發龜茲等國兵圍于闐，于闐乞降。

嗣後，據《後漢書·班超傳》，"時龜茲王建爲匈奴所立，倚恃虜威，據有北道，攻破疏勒，殺其王，而立龜茲人兜題爲疏勒王"。明帝永平十七年（74年）春，班超至疏勒，劫縛兜題，"因立其故王兄子忠爲王"。[49] 永平十八年，明帝崩，"龜茲、姑墨數發兵攻疏勒"。章帝立，下詔徵超。"疏勒兩城自超去後，復降龜茲，而與尉頭連兵"。班超更還疏勒後，"捕斬反者，擊破尉頭，殺六百餘人，疏勒復安"。建初三年（78年），"超率疏勒、康居、于寘、拘彌兵一萬人攻姑墨石城，破之"。建初五年，章帝以徐幹爲假司馬，率千人助超。

據《後漢書·班超傳》，"先是莎車以爲漢兵不出，遂降於龜茲，而龜茲都尉番辰亦復反叛。會徐幹適至，超遂與幹擊番辰，大破之，斬首千餘級，多獲生口。超既破番辰，欲進攻龜茲"。元和元年（84年），超又"發疏勒、于寘兵擊莎車"。莎車王說反疏勒王忠，超攻之不克。元和三年，忠藉兵康居，且"密與龜茲謀，遣使詐降於超"。超察其姦，"因擊破其衆，殺七百餘人，南道於是遂通"。章和元年（87年），超再擊莎車，"而龜茲王遣左將軍發溫宿、姑墨、尉頭合五萬人救之"。超擊降莎車，"龜茲等因各退散"。和帝永元二年（90年），月氏（即貴霜）東來攻超，糧盡又從龜茲求救，超伏兵殺其使，月氏兵乃退。三年，竇憲大破北匈奴，"龜茲、姑墨、溫宿皆降"。六年秋，超發龜茲等國兵討焉耆。

《後漢書·班超傳》載建初年間班超上疏稱："今拘彌、莎車、疏勒、月氏、烏孫、康居復願歸附，欲共并力破滅龜茲，平通漢道。若得龜茲，則西域未服者百分之一耳。"又稱："且姑墨、溫宿二王，特爲龜茲所置，既非其種，更相厭苦，其勢必有降反。若二國來降，則龜茲自破。"可見龜茲在匈奴支援下控制北道的情形。而龜茲終於降服，則顯然是由於匈奴爲竇憲所破。《資治通鑒·漢紀四〇》胡注："班超所以成西域之功者，以匈奴衰困，力不能及西域也"；甚是。

嗣後，據《後漢書·梁懂傳》，殤帝延平元年（106年），"西域諸國反叛，攻都護任尚於疏勒"。龜茲吏人亦叛其王，"與溫宿、姑墨數萬兵反"。梁懂擊定之。

據《後漢書·班勇傳》，安帝永初元年，漢罷都護。此後西域絕無漢吏十餘年，匈奴復收屬諸國。至延光二年（123年），班勇爲西域長史，出屯柳中，龜茲王"白英乃率姑墨、溫宿自縛詣勇降"，勇因發其兵擊匈奴。延光四年秋，班勇又發疏勒等國兵擊破車師後部，知其時疏勒亦已附漢。據《後漢書·西域傳》，順帝永建二年（127年）疏勒王"臣磐遣使奉獻"。匈奴遂絕交於北道諸國。[50]

九

南道諸國和匈奴發生關係的除東端的鄯善外，主要是莎車和于闐。匈奴勢力很可能是經由北道進入這兩國的。

宣帝時，據《漢書·馮奉世傳》，莎車"與旁國共攻殺漢所置莎車王萬年，並殺漢使者奚充國，時匈奴又發兵攻車師城，不能下而去。莎車遣使揚言北道諸國已屬匈奴矣，於是攻劫南道，與歃盟畔漢，從鄯善以西皆絕不通"。[51] 可知莎車企圖利用匈奴的威勢，兼并南道，然而與匈奴並無事實上的勾結。所謂"北道諸國已屬匈奴"也不過虛張聲勢而已。蓋自公元前71年以降，龜兹已經歸漢。

又據《漢書·馮奉世傳》，元康元年（前65年），馮奉世持節送大宛諸國客，至於伊循城，"以節諭告諸國王，因發其兵，南北道合萬五千人進擊莎車，攻拔其城，莎車王自殺，傳其首詣長安"。此後，莎車一直附漢。據《後漢書·西域傳》，莎車王延"嘗爲侍子，長於京師，慕樂中國"，王莽時，西域屬匈奴，獨延不肯歸附。

東漢初，據《後漢書·西域傳》莎車王康"率傍國拒匈奴，擁衛故都護吏士妻子千餘口，檄書河西，問中國動靜"。建武五年（29年），"河西大將軍竇融乃承制立康爲漢莎車建功懷德王、西域大都尉，五十五國皆屬焉"。嗣後，因漢不遣都護，莎車王賢侵陵諸國，諸國多被迫附匈奴。建武二十二年冬，賢攻殺龜茲王，并其國。數歲，龜茲國人殺莎車所立龜茲王，歸附匈奴。匈奴乃與龜茲共攻莎車。明帝永平四年（61年），[52] 于闐承莎車之敝，攻莎車，誘殺其王，并其國。"匈奴聞［于闐王］廣德滅莎車，遣五將發焉耆、尉黎、龜茲十五國兵三萬餘人圍于闐，廣德乞降，以其太子爲質，約歲給罽絮。冬，匈奴復遣兵將賢質子不居徵立爲莎車王，廣德又攻殺之，更立其弟齊黎爲莎車王"。[53] 這是有關匈奴與于闐關係的最早記載。從中且可知莎車亦曾質於匈奴，其時間當在匈奴與龜茲共攻莎車之際。

明帝永平十六年（73年），據《後漢書·班超傳》，班超至于闐，"是時于闐王廣德新攻破莎車，遂雄張南道，而匈奴遣使監護其國"。廣德聞超在鄯善誅滅匈奴使，"大惶恐，卽攻殺匈奴使者而降超。超重賜其王以下，因鎮撫焉"。匈奴使者監護于闐，或始自廣德遣子質匈奴時，而于闐降超後，再未附匈奴，故匈奴監護于闐爲時不久。又據《後漢書·班超傳》，班超又於元和元年（84年）、章和元年（87年）兩次攻莎車，莎車亦降。匈奴影響從此不復波及南道。莎車、于闐畢竟去匈奴甚遠，匈奴對兩國的控制是短暫的。

一〇

匈奴是北亞的遊牧部族。它控制和統治西域的目的主要是霸佔商道，徵其賦稅、勞役和兵役，具體的方式和手段都是由這個目的決定的，也受遊牧經濟本身的性質、特點所制約。[54]

1. 武力威脅：例如冒頓擊走月氏，兼定樓蘭、烏孫、呼揭和其旁三十六國。樓蘭等三國可能確實是匈奴武力所定，但三十六國不過是懾於匈奴的強大表示臣服而已，未必匈奴逐一出兵。當然，諸國不附匈奴者，匈奴也發兵打擊，武帝元封年間擊樓蘭、宣帝地節年間擊車師，皆屬此類。

2. 扶立傀儡：樓蘭王嘗歸、車師王兜莫、龜茲王身毒、莎車王不居徵等均是其例。

3. 納質：樓蘭嘗歸、焉耆北鞬支、莎車不居徵、于闐王廣德之太子皆曾為質於匈奴，質子往往便是後來的傀儡。

4. 聯姻：最好的例子是烏孫。其他如郅支之於康居王。車師王烏貴亦曾與匈奴結婚姻。

5. 監護：有明確記載者為于闐。其他如鄯善等國駐有匈奴使臣者其實亦受監護無疑。日逐王所置僮僕都尉自然也起監護諸國的作用。

6. 屯田：主要見於車師。

7. 招降納叛：凡反漢者，多予接納，如車師之姑句等。

二

《三國志·魏書·鮮卑傳》裴注引王沈《魏書》載：

> 檀石槐既立，乃爲庭於高柳北三百餘里彈汗山啜仇水上，東西部大人皆歸焉。兵馬甚盛。南鈔漢邊，北拒丁令，東卻夫餘，西擊烏孫，盡據匈奴故地，東西萬二千餘里，南北七千餘里，罔羅山川、水澤、鹽池甚廣。……乃分其地爲中東西三部。……從上谷以西至燉煌、西接烏孫爲西部，二十餘邑，其大人曰置鞬、落羅、日律、推演、宴荔遊等，皆爲大帥，而制屬檀石槐。

這是有關檀石槐鮮卑與西域關係的唯一文字記載。據此，則東漢桓帝時，檀石槐鮮卑已伸張其勢力抵達裕勒都斯河乃至伊犁河流域。

有人認爲烏孫即於此際放棄赤谷城西遷蔥嶺。[55] 然而這是頗令人懷疑的。

1. 王沈《魏書》稱檀石槐三分其地，"從右北平以東至遼，東接夫餘、濊貊爲東部，二十餘邑，其大人曰彌加、闕機、素利、槐頭。從右北平以西至上谷爲中部，十餘邑，其大人曰柯最、闕居、慕容等，爲大帥"。可知其東部和中部（自遼東至上谷）東西距離不過是其西部（自上谷至敦煌）的二分之一，但東、中兩部凡三十餘邑，而西部僅二十餘邑，西部力量之單薄不言而喻，似乎不可能伸張其勢力直達至裕勒都斯河乃至伊犂河流域。[56]

2. 所謂"西接烏孫爲西部",結合"東接夫餘、濊貊爲東部"來看,祇能理解爲檀石槐鮮卑的西部在敦煌一帶和烏孫相接。換言之,當時烏孫勢力已東向伸展至敦煌,而且這一局面是在檀石槐"西擊烏孫",亦卽擊退烏孫東進的勢力後形成的。

《後漢書·李膺傳》載:"永壽二年(156年),鮮卑寇雲中,桓帝聞膺能,乃復徵爲度遼將軍。先是羌虜及疏勒、龜兹數出攻鈔張掖、酒泉、與雲中諸郡,百姓屢被其害。自膺到邊,皆望風懼服,先所掠男女,悉送還塞下,自是之後,聲振遠域。"疏勒在烏孫西南、龜兹在烏孫之南,旣然這兩國在桓帝時東出抄略遠達張掖、酒泉以東,當時烏孫勢力東向伸展至敦煌也是可能的。[57]

袁宏《後漢紀·桓帝紀》載延熹二年(159年)"六月,鮮卑寇遠東。度遼將軍李膺擊破之。"又稱:"先時疏勒、龜兹數抄張掖、酒泉、雲中諸郡,吏民苦之。自膺在邊,皆不復爲害。匈奴、莎車、烏孫、鮮卑諸國,常不賓附者,聞膺威名,莫不威服,先時略取民男女皆送還塞下。"[58] 這裏明確提到將所略男女送還塞下的諸國中包括烏孫,亦見烏孫勢力曾一度達到敦煌。這也表明當時東漢在西域的勢力和影響卽使沒有完全喪失,也必然十分薄弱。

3. 五世紀初,柔然繼鮮卑之後興起於蒙古草原,據《魏書·蠕蠕傳》,其首領社崙在統馭部衆之後,征服了色楞格河附近的"匈奴餘種"拔也稽,日益強盛起來,"其西則焉耆之(地)[北],東則朝鮮之地,北則渡沙漠,窮瀚海,南則臨大磧,其所常所會庭則敦煌、張掖之北。小國皆苦其寇抄,羈縻附之"。所謂"小國"

顯然包括西域諸國。其中烏孫的情況，據《魏書·西域傳》載，"其國數爲蠕蠕所侵，西徙葱嶺山中"。可知當時柔然勢力確曾伸向裕勒都斯河、伊犁河流域，以致烏孫被迫西徙葱嶺。但當時柔然王庭在敦煌、張掖之北，和檀石槐王庭在高柳（今山西陽高縣）北、偏於東南者大異其趣，兩者顯然不能比況。

王沈《魏書》所記檀石槐鮮卑的情況，和冒頓單于第一次擊敗月氏、擊退月氏東進勢力後匈奴的情況倒頗爲類似。蓋據《史記·匈奴列傳》，匈奴"諸左方王將居東方，直上谷以往者，東接穢貊、朝鮮，右方王將居西方，直上郡以西，接月氏、氐、羌；而單于之庭直代、雲中；各有分地，逐水草移徙"。匈奴後來繼續向西擴張，勢力到達伊犁河流域，老上單于殺死已西遷伊犁的月氏王於前，軍臣單于支援烏孫逐走月氏於後，卻沒有任何證據表明檀石槐鮮卑曾進一步向西發展。換言之，不能認爲王沈《魏書》所描述的檀石槐鮮卑已經伸張其勢力於裕勒都斯河、伊犁河流域，自然更不可能逐走烏孫了。

要之，沒有資料足以證明檀石槐鮮卑政權的勢力範圍已逾敦煌而西。至於檀石槐以後的軻比能鮮卑，據《三國志·魏書·鮮卑傳》，其勢力"猶未能及檀石槐也"，故置勿論。

一二

《魏書·序紀》稱：平文皇帝鬱律二年（317年）"西兼烏孫故

地，東吞勿吉以西"。又稱：昭成皇帝什翼犍二年（339年）"東自濊貊，西及破洛那，莫不款附"。似乎早在四世紀二十年代拓跋鮮卑已兼有裕勒都斯河、伊犁河流域，而至四十年代末，聲威已遠播葱嶺以西，[59] 以致破洛那（Ferghāna）懾威歸附。然而這也是大可懷疑的。

1.《資治通鑒·晉紀二六》載苻堅建元十二年（376年）詔曰："索頭世跨朔北，中分區域，東賓濊貊，西引烏孫，控弦百萬，虎視雲中。"其時上距鬱律二年不過六十年，所言較爲可信。"引"者，卻也，使退卻之意。"西引烏孫"不過是擊退烏孫而已。如前所述，不能排除匈奴消亡之後，烏孫勢力東進的可能性。又，苻堅此詔下於滅代之後，"索頭"一節旨在勾勒拓跋鮮卑極盛時的形勢，以陪襯其功績之豐偉。既提及烏孫，又提及濊貊，顯然是將什翼犍及其以前的情況概括而言，並未提及破洛那款附，也表明《魏書·序紀》所言有所誇張。[60]

2.《魏書·西域傳》載太延年間，董琬、高明"北行至烏孫國，其王得朝廷所賜，拜受甚悅，謂琬曰：傳聞破洛那、者舌皆思魏德，欲稱臣致貢，但患其路無由耳。今使君等既到此，可往二國，副其慕仰之誠。琬於是自向破洛那，遣明使者舌。烏孫王爲發導譯達二國，琬等宣詔慰賜之。已而琬、明東還，烏孫、破洛那之屬遣使與琬俱來貢獻者十有六國"。又據《魏書·世祖紀上》，太延三年（437年）十一月甲申，"破洛那、者舌國各遣使朝獻，奉汗血馬"。知破洛那朝魏，始於太延三年，起因於董、高致賜，此前雖有意通使，但"其路無由"。卽使自拓跋珪定都平城（398年）

起算，至太延中，北魏慘澹經營已近四十年，然而若非董、高西使，破洛那尚無由來聘。卽使自猗盧被封爲代公（310年）起算，至什翼犍二年，代國也不過三十年，且直至339年什翼犍在繁峙卽位之後，"始置百官，分掌衆職"（《魏書·序紀》），初具國家規模，破洛那卻早已稱臣款附，豈非難以想像。

3.《魏書·官氏志》："那氏，依舊那氏。"《元和姓纂》卷八（十一暮）云："破洛那：大宛之後，改爲那氏。"結合上引《魏書·序紀》的記載，或以爲破洛那附魏甚早，代北那氏必破洛那氏所改。《魏書·官氏志》稱"依舊"，是改氏在太和以前也。[61]今案：那氏果係破洛那氏所改，則可能在什翼犍二年偶有一枝破洛那人東來依附拓跋氏，不能據以爲當時拓跋氏政權已經揚名立威於葱嶺以西。

以上所論，等於否定了檀石槐鮮卑政權和拓跋鮮卑政權（386年以前）曾同西域發生關係，但這並不意味著在這一段時間內，不可能有鮮卑人或某些鮮卑部落遷往西域。事實上，魏晉以降，鮮卑人便一批批離開蒙古高原，向西遷徙，[62]必然有進入西域者。《晉書·武帝紀》載：咸寧元年（275年）六月，"西域戊己校尉馬循討叛鮮卑，破之"。又載：咸寧二年秋七月，"鮮卑阿羅多等寇邊，西域戊己校尉馬循討之，斬首四千餘級，獲生九千餘人，於是來降"。其中提到的鮮卑應在高昌附近。

1. 當時西域戊己校尉的治所在高昌，故馬循所討鮮卑很可能活動於高昌西北。

2. 率領鮮卑寇邊的阿羅多，與《後漢書·西域傳》所見車師後部王阿羅多同名，或者竟是車師人，因故投奔鮮卑，又率鮮卑犯高昌。[63]

3. 另外，據我考證，四世紀七十年代初越過阿爾泰山西遷索格底亞那的嚈噠人很可能是乙弗鮮卑之一枝；[64] 而幾乎在同時進入歐洲的所謂 Huns 也有很大一部份是鮮卑人。[65] 果然，鮮卑與西域有很複雜的關係，祇是囿於資料，不得其詳而知。

■ 注釋

[1] 見余太山《塞種史研究》，中國社會科學出版社，1992 年，pp. 52-69。

[2]《漢書·匈奴傳上》作："右王將居西方，直上郡以西，接氐、羌"。沒有提到"月氏"。今案：此處應從《史記》。

[3]《資治通鑑·漢紀六》繫冒頓單于遺漢書於文帝前元六年（前 174 年）。

[4] 參看章巽"《水經注》中的扞泥城和伊循城"，《中亞學刊》第 3 輯，中華書局，1990 年，pp. 71-76。

[5] 見注 1 所引余太山書，pp. 131-143。

[6] 護雅夫 "いわゆる'北丁零'、'西丁零'について"，《瀧川博士還曆記念論文集·東洋史篇》，東京：長野中澤印刷，1957 年，pp. 57-71。

[7] 松田壽男《古代天山の歷史地理學的研究》，東京：早稻田大學出版部，1970 年，p. 37。

[8] 同注 1。

[9] 見注 1 所引余太山書，pp. 52-69，131-143。。

[10]《史記·大宛列傳》:"漢遣驃騎破匈奴西(城)[域]數萬人,至祁連山。其明年,渾邪王率其民降漢,而金城、河西西並南山至鹽澤空無匈奴。"知渾邪王領地乃在敦煌、祁連間。

[11]《魏書·尉多侯傳》載多侯"上疏求北取伊吾,斷蠕蠕通西域之路";可以參證。又,取伊吾不能完全切斷匈奴(或蠕蠕)通西域之路,但無疑是斷右臂的必要環節。

[12] 注 7 所引松田壽男書, p. 34。

[13] 杜佑《通典·州郡四》稱:"庭州,在流沙之西北,前漢烏孫之舊壤,後漢車師後王之地,歷代爲胡虜所居。"《舊唐書·地理志》和《太平御覽》卷一六五亦有類似記載。注 7 所引松田壽男書, pp. 29-33,據以爲烏孫故地在今吉木薩爾一帶。今案:車師後王之地不在"祁連、焞煌間",松田氏全置《漢書·張騫傳》有關記載不顧,其說未安。又,《通典》等有關車師後王之地原係烏孫舊壤的記載如果不誤,則毋寧說是獵驕靡"守西城(域)"後所佔,或即《史記·大宛列傳》所謂"攻旁小邑"之類。

[14] 同注 9。

[15] 參見注 7 所引松田壽男書, pp. 29-30。

[16] 徐松《漢書西域傳補注》。

[17] 詳見《漢書·匈奴傳上》。

[18] 康居本土的位置見注 1 所引余太山書, pp. 96-117。

[19] 注 7 所引松田壽男書, p. 39。

[20] 參見注 1 所引余太山書, pp. 210-227。

[21] 同注 9。

[22] 驃騎攻祁連(今天山東端)而渾邪降,知《史記·大宛列傳》所謂"渾邪

地空無人"當包括巴里坤湖周圍地區在內。《史記·大宛列傳》稱"渾邪王率其民降漢,而金城、河西西並南山至鹽澤空無匈奴"似乎不包括天山東端一帶;然而這是爲下文"漢始築令居以西,初置酒泉郡以通西北國"張目,側重點不同,理解不可執著。

[23] 參看《後漢書·班超傳》以及《後漢書·西域傳》。

[24] 參看《後漢書·章帝紀》。

[25] 參看《後漢書·和帝紀》。

[26] 參看《後漢書·和帝紀》。

[27] 參看《後漢書·班勇傳》以及《後漢書·西域傳》。

[28] 據《後漢書·安帝紀》,"車師後王叛,殺部司馬",時在永寧元年三月。同紀又載:"夏四月丙寅,立皇子保爲皇太子,改元永寧,大赦天下。"

[29] 參看《後漢書·班勇傳》。

[30] 參看馬雍"新疆巴里坤、哈密漢唐石刻叢考",《西域史地文物叢考》,文物出版社,1990年,pp. 16-23。

[31] 《漢書·匈奴傳上》:"聞貳師將軍破大宛,斬其王還,單于欲遮之,不敢,其冬病死。"知匈奴所欲遮者,貳師凱旋之軍,時在太初三年冬。

[32] 《漢書·傅介子傳》:"樓蘭王安歸嘗爲匈奴間,候遮漢使者,發兵殺略衛司馬安樂、光祿大夫忠、期門郎遂成等三輩,及安息、大宛使,盜取節印獻物。"此處"安歸"當即《漢書·西域傳》之"嘗歸",用字有異,未知孰是。

[33] "誠迫於匈奴",意謂不得已將歸附匈奴,似不應理解爲爲匈奴所迫。《後漢書·西域傳》序語稱"會匈奴衰弱,莎車王賢誅滅諸國"云云,可證。

[34] 參看《後漢書·耿恭傳》以及《後漢書·西域傳》。

[35] 同注 4 所引章巽文。

[36] 見注 1 所引余太山書，pp. 52-69，210-227。

[37] 同注 20。

[38] 參看注 13。

[39]《漢書·武帝紀》作"三年"；《漢書·李廣利傳》同。今案：當以"三年"爲是。

[40] 以上各事件發生的年代據嶋崎昌"姑師と車師前·後王國"，《隋唐時代の東トウルキスタン研究——高昌國史研究を中心として——》，東京：東京大學出版會，1977 年，pp. 3-58。

[41] 此處所謂"益遣騎來"，當即《漢書·匈奴傳上》所述"匈奴遣左右奧鞬各六千騎，與左大將再擊漢之田車師城者，不能下"。又，年代據《資治通鑒·漢紀一七》。

[42] 注 40 所引嶋崎昌文以爲在元康三年。

[43] 參看注 40 所引嶋崎昌文。

[44]《後漢書·明帝紀》，永平十七年"冬十一月，遣奉車都尉竇固、駙馬都尉耿秉、騎都尉劉張出敦煌昆侖塞，擊破白山虜於蒲類海上，遂入車師。初置西域都護、戊己校尉"。《後漢書·耿恭傳》略同。結合《後漢書·耿秉傳》所載，疑秉、恭、張與固破車師在位十七年夏，而置都護、校尉在同年冬十一月，上引《後漢書·明帝紀》重點乃在都護、校尉之設置。

[45] 參看《後漢書·章帝紀》和《後漢書·西域傳》。

[46] 此處降索班者僅見前王，不見後王。但《後漢書·西域傳》又稱："至永寧元年，後王軍就及母沙麻反畔，殺後部司馬及敦煌行事。"李賢注："司馬卽屬戊校尉所統也。和帝時，置戊己校尉，鎮車師後部。行事謂前行

長史索班。"似乎所殺司馬乃安帝罷都護前所置。但更可能是降索班者不僅前王，亦有後王，漢乃置於司馬於後部，因後王旋即反畔，故傳文單稱前王降班。

[47] 參看《後漢書・明帝紀》，以及《後漢書・耿恭傳》。又，《後漢書・班超傳》載，超既降龜茲，"西域唯焉耆、危須、尉犁以前沒都護，懷二心，其餘悉定"。知沒陳睦，危須、尉黎亦與其事。

[48] 參見《後漢書・班勇傳》。

[49] 《後漢書・西域傳》，永平十六年"冬，漢遣軍司馬班超劫縛兜題"。冬，指遣使之時。

[50] 《後漢書・西域傳》："順帝永建二年，勇復擊降焉耆。於是龜茲、疏勒、于寘、莎車等十七國皆來服從，而烏孫、葱嶺已西遂絕。"其中提到的龜茲等早已"服從"，此處不過總括而言。

[51] 參看《漢書・西域傳上》。

[52] 此年代據《資治通鑑・漢紀三七》。

[53] 據《資治通鑑・漢紀三七》，則標點本"……更立其弟齊黎爲莎車王，章帝元和三年［也］"似可改爲："……更立其弟齊黎爲莎車王。[至] 章帝元和三年，(時) 長史班超發諸國兵擊莎車，大破之。""三年"或爲"四年"之誤。蓋按《後漢書・班超傳》推算，擊破莎車應爲元和四年或章和元年。

[54] 參看余太山《嚈噠史研究》，齊魯書社，1986 年，p. 134。

[55] 說見注 7 所引松田壽男書，pp. 198-199。今案：其說未安，參看注 54 所引余太山書，pp. 196-197。

[56] 參看石黑富男"鮮卑遊牧國家の領域"，《北大史學》4（1957 年），pp. 80-91。

[57] 同注 56 所引石黑富男文。

[58] 注 56 所引石黑富男文又舉《後漢紀·桓帝紀下》延熹九年六月"鮮卑、烏孫寇邊，匈奴中郎將張奐擊降之"一則以證其説。今案：此説未安。蓋據《後漢書·桓帝紀》，是年"六月，南匈奴及烏桓、鮮卑寇緣邊九郡。……[七月]庚午，遣使匈奴中郎將張奐擊南匈奴、烏桓、鮮卑"。冬十二月，"南匈奴、烏桓率衆詣張奐降"。知《後漢紀》"烏孫"係"烏桓"之誤。

[59] 說見白鳥庫吉"東胡民族考"，《白鳥庫吉全集·塞外民族史研究（上）》（第 4 卷），東京：岩波，1970 年，pp. 63-320。

[60] 馬長壽《烏桓與鮮卑》，上海人民出版社，1962 年，p. 261，亦以爲什翼犍時破洛那款附，"恐與實際不合"；可以參看。

[61] 姚薇元《北朝胡姓考》，科學出版社，1958 年，pp. 104-105。

[62] 參看周偉洲"魏晉十六國時期鮮卑族向西北地區的遷徙和分佈"，《民族研究》1983 年第 5 期，pp. 31-38。

[63] 參看孟凡人《北庭史地研究》，新疆人民出版社，1985 年，pp. 47-48。

[64] 參看注 54 所引余太山書，pp. 33-39。

[65] 參看本書下卷第二篇。

二 匈奴—Huns 同族論質疑

中國史籍所見公元前三世紀至公元一世紀活躍於大漠南北的遊牧部族匈奴，和西方史籍所見公元四世紀七十年代以降橫行歐洲近一百年的遊牧部族 Huns 是否同族這個問題，東西史學界已經討論了二百多年。[1]迄今爲止，至少在中國，佔優勢的顯然是同族論者。[2]但是，祇要仔細檢討，就不難發現有關論據均有欠推敲，很難從中得出匈奴、Huns 同族的結論。

一

同族論者的重要論據之一，是"匈奴"與 Huns 發音相同，而且在 Huns 西遷歐洲之前，西方已經使用 Huns 或發音與之相近的名詞指稱中國史籍所見匈奴。

1. Strabo《地理志》[3]（XI, 11, 1）據 Apollodorus（約前 200 年）記載，希臘巴克特里亞諸王將他們的領土擴張到 Seres 和 Phryni。

Seres 既指中國，Phryni 應即匈奴。[4]

今案：此說未安。公元前三世紀末，匈奴的勢力十分弱小，在它的西方是強大的遊牧部族月氏。月氏的勢力範圍東起河套，西抵天山、阿爾泰山。[5] 因此，當時希臘巴克特里亞王國的勢力範圍根本不可能同匈奴接觸。[6] 換言之，若非誤傳，Phryni 決非匈奴。

2. Pliny《自然史》[7]（VI, 20）稱，Tochari 附近居有 Phruni 人。Phruni 指匈奴。[8]

今案：Pliny（23—79 年）對匈奴有所瞭解客觀上是可能的，但所述 Phruni 究竟是不是指匈奴大有疑問。

一則，Pliny 的 Phruni 應即 Apollodorus 的 Phryni，後者既非匈奴，前兩者也不可能是匈奴。

二則，西方古籍所見 Seres，一般認為指中國，主要原因是該國產絲。但是，Pliny《自然史》（VI, 24）稱 Seres 人"金髮、碧眼"，則所載並非產絲之漢人可知。又據《自然史》（VI, 20），Seres 人的居地大致在 Scythae 之東，其南為印度。Seres 和印度之間是 Attacorae、Phruni、Tochari 等，結合前引 Apollodorus 關於巴克特里亞諸王伸張其勢力範圍至 Seres 的記載，可知 Seres 人其實是指當時作為絲綢貿易仲介的部族或部落，其居地大致在今中國西北部。[9] 果然，則 Phruni 或可求諸塔里木盆地。確切地點雖難以指出，但顯然不是匈奴。至於 Tochari 人，在 Pliny 描述的時代，自河西地區經塔里木盆地直至葱嶺以西均有其蹤蹟，[10] Phruni 與之為鄰亦未必是匈奴。

3. 托勒密《地理志》[11]（VI, 13）所載 Gyrnaei 應位於錫爾河北岸至巴爾喀什湖沿岸一帶，亦指匈奴。[12]

今案：雖然從年代上看，托勒密（公元二世紀）記載匈奴是完全可能的，但指 Gyrnaei 爲匈奴也有未安。因爲 Gyrnaei 位於托勒密所謂 Sacara 地區。該地區的範圍是 Sogdiana 以東、帕米爾以西、錫爾河以南、興都庫什山以北；[13] 並非匈奴人的活動範圍。

4. 大英博物館所藏 St. Hieronymus（約 340—420 年）的拉丁語地圖上，Seresoppidum（中國）的附近，標有 Huniscite（Huniscythae，匈奴斯基泰）；相傳該圖作成於公元四世紀末至五世紀初，依據的是公元前 7 年 8 月繪製的羅馬地圖和 Agrippa（約前 62—前 12 年）的 Orbis pictus（世界地圖）。由此可見，公元前的歐洲人已知中國之傍有匈奴，且稱之爲 Huni。[14]

今案：此說亦未安。St. Hieronymus 據以摹寫的底圖今已不存，具體情況不得而知。質言之，其上未必已有 Huniscite，這從 Strabo、Pliny、Ptolemy 均未提及 Huni 可以推知。現存地圖上的 Huniscite 完全可能是 St. Hieronymus 根據他所處時代的知識添加上去的。而由於公元四世紀末至五世紀初，匈奴已不再是蒙古高原上一個獨立的政權，即使所標方位與昔日匈奴統治區相當，也完全可能指繼匈奴之後興起的其他遊牧部族，蓋當時 Huni（Huns）在某種意義上已成爲歐洲人對東方遊牧部族的泛稱。

5. A. Stein 公佈的在敦煌漢代烽燧遺址發現的粟特文信函（第 2 封）稱當時的匈奴爲 xwn（chwn）。[15]

今案：粟特人稱匈奴爲 xwn（chwn）與歐洲人是否稱匈奴爲 Huni（Chuni）並無必然聯繫。[16]

6. "匈"的中古音爲 xiowon，其中間音 -i- 在上古多作 -l-、-r-。漢、藏語的比較研究也說明了這一點。因此，"匈奴"上古音可構擬成 χbrong-no。這和 Φρουνοι（Φρυνοι）正相符合。[17]

今案：將"匈奴"上古音構擬成 χbrong-no 卽使不誤，也很難就此斷定 Φρουνοι 等爲匈奴。[18]

要之，Huns 在歐洲出現之前，西史已有關於中史所見匈奴的報導這一點，迄今尚未發現確鑿無疑的證據。卽使以上所舉 Φρουνοι (Φρυνοι) 等均指中國北方的匈奴，也未必可以據此斷定西遷歐洲的 Huns 便是匈奴，蓋名稱相同未必實質相同。Huns 雖可視作"匈奴"的確切對音，但不能因此認爲 Huns 便是中國史籍所見匈奴。四世紀以降，自蒙古高原西遷的遊牧部族如 Ephthalite、Bulgar、Avar 等等均曾自稱或被稱爲 Huns，[19] 顯然不能將他們都看成是西遷的匈奴人。

二

同族論者自然也知道僅憑名稱不足以斷匈奴與 Huns 同族，他們同時致力於搜求匈奴西遷的軌蹟。經過幾代人的努力，他們宣稱，這種軌蹟，在中國史籍中斑斑可循。[20]

1. 同族論者指出，匈奴人西遷的第一站是烏孫之地卽伊犂河流域，主要依據是《後漢書·袁安傳》："明年（和帝永元三年，91年），北單于爲耿夔所破，遁走烏孫，塞北地空，餘部不知所屬。"

今案：永元三年之役，除《後漢書·袁安傳》外，還見載於《後漢書·和帝紀》：

[永元三年] 二月，大將軍竇憲遣左校尉耿夔出居延塞，圍北單于於金微山，大破之，獲其母閼氏。

《後漢書·耿夔傳》：

三年，憲復出河西，以夔爲大將軍左校尉。將精騎八百，出居延塞，直奔北單于庭，於金微山斬閼氏、名王已下五千餘級，單于與數騎脫亡，盡獲其匈奴珍寶財畜，去塞五千餘里而還。

《後漢書·竇憲傳》：

明年，復遣右校尉耿夔、司馬任尚、趙博等將兵擊北虜於金微山，大破之，克獲甚衆。北單于逃走，不知所在。

以及《後漢書·南匈奴傳》：

三年，北單于復爲右校尉耿夔所破，逃亡不知所在。

這後四則記載一則出自本紀，一則出自匈奴本傳，二則出自當事人耿夔、竇憲的傳記，然而均未提及北單于"遁走烏孫"一事，僅僅說北單于"與數騎脫亡"，而且"逃亡不知所在"。"遁走烏孫"云云僅見於將此役作爲背景敍述的《後漢書・袁安傳》以及《後漢書・南匈奴傳》末尾的論贊：

> 單于震懾屛氣，蒙氈遁走於烏孫之地，而漠北地空。

故不能不令人生疑。質言之，不能排除這樣一種可能性，"遁走烏孫"是後來人根據"擊北虜於金微山"推想所得，"逃亡不知所在"纔是當時的原始記錄。因此，《資治通鑒・漢紀三九》的編者敍述此役時，不取《後漢書・袁安傳》，逕稱：

> 竇憲以北匈奴微弱，欲遂滅之，二月，遣左校尉耿夔、司馬任尚出居延塞，圍北單于於金微山，大破之，獲其母閼氏、名王已下五千餘級，北單于逃走，不知所在。出塞五千餘里而還，自漢出師所未嘗至也。

當然，另一種可能同樣存在：《後漢書・袁安傳》所載是後來獲悉的情報，其餘四則記載則保留了即時的戰況報告。遺憾的是，即便如此，還是不能認爲（北）匈奴於公元91年遷往伊犂河流域。

一則，《後漢書・耿夔傳》明載，北單于僅與數騎逃脫，也沒有資料表明北單于在烏孫之地設置王庭或擁有部衆，故伊犂河流域祇是北單于個人及其少數隨從臨時亡命所在，不能視作北匈奴部衆遷徙之地。

　　二則，永元以降，直至二世紀中葉，北匈奴繼續和東漢反覆爭奪對西域的支配權，並一度控制了西域北道，其根據地顯然不在伊犁，而在今哈密以西北直至準噶爾盆地一帶。[21]《後漢書·西域傳》載：

　　　　[陽嘉]四年（134年）春，北匈奴呼衍王率兵侵後部，帝以車師六國接近北虜，爲西域蔽扞，乃令敦煌太守發諸國兵，及玉門關候、伊吾司馬，合六千三百騎救之，掩擊北虜於勒山，漢軍不利。秋，呼衍王復將二千人攻後部，破之。

所謂"車師六國"，據《後漢書·西域傳》乃指"前後部及東且彌、卑陸、蒲類、移支"。順帝稱之爲"西域蔽扞"，則北匈奴位置可知。《後漢書·西域傳》所載"陽嘉三年夏，車師後部司馬率加特奴等千五百人，掩擊北匈奴於閶吾陸谷，壞其廬落，斬數百級，獲單于母、季母及婦女數百人，牛羊十餘萬頭，車千餘兩，兵器什物甚衆"，也說明了同樣的問題。

　　還應該指出，雖然永元以降和東漢爭奪西域的北匈奴人主要由呼衍王率領，但必須看到當時的北匈奴人仍有自己的單于。也就是說，不能把呼衍王率領的北匈奴人看作北單于西逃後留在伊吾以西北的部衆。《後漢書·南匈奴傳》所載：

　　　　[永元]十六年（104年）北單于遣使詣闕貢獻，願和親，

脩呼韓邪故約，和帝以其舊禮不備，未許之，而厚加賞賜，不荅其使。元興元年（105年）重遣使詣敦煌貢獻，辭以國貧未能備禮，願請大使，當遣子入侍。時鄧太后臨朝，亦不荅其使，但加賜而已。

以及《後漢書·班勇傳》所載：

元初六年（119年），敦煌太守曹宗遣長史索班將千餘人屯伊吾，車師前王及鄯善王皆來降班。後數月，北單于與車師後部遂共攻沒班，進擊走前王，略有北道。……[永建六年]冬，勇發諸國兵擊匈奴呼衍王，呼衍王亡走，其衆二萬餘人皆降。……北單于自將萬餘騎入後部，至金且谷，勇使假司馬曹俊馳救之。單于引去，後追斬其貴人骨都侯，於是呼衍王遂徙居枯梧河上。……

皆可爲證。這位北單于的活動範圍和上述呼衍王的活動範圍是一致的，足見屬於同一政權。

或以爲永元十六年和元興元年來獻的北單于應即永元六年（94年）叛反出塞的南匈奴奧鞬日逐王逢侯；[22] 似未安。蓋《後漢書·南匈奴傳》對逢侯始終直呼其名，且載："[元初]四年（117年），逢侯爲鮮卑所破，部衆分散，皆歸北虜。""北虜"指北匈奴，知傳文並沒有把逢侯的部衆和北匈奴混爲一談，似也不會稱逢侯爲"北單于"。[23] 更何況，不能排除這樣一種可能性，這位佚名的北單于便是 91 年金微山戰敗逃脫的北單于。也許正因爲他一再來獻，漢庭纔得以獲悉他一度"遁走烏孫"，如《後漢書·袁安傳》所言。

既然沒有資料表明 91 年以後北匈奴部衆西遷伊犁，此後北匈奴依舊活躍於伊吾西北乃至準噶爾盆地一帶又有確鑿依據，而且在金微山逃脫的北單于本人又可能東歸，那麽祇能認爲所謂匈奴西遷第一站是伊犁地區難以成立。

2. 同族論者指出，匈奴人西遷的第二站是康居之地卽吉爾吉斯草原。主要依據是《魏書·西域傳》的如下記載：

悅般國，在烏孫西北，去代一萬九百三十里。其先，匈奴北單于之部落也。爲漢車騎將軍竇憲所逐，北單于度金微山，西走康居，其羸弱不能去者住龜茲北。地方數千里，衆可二十餘萬。涼州人猶謂之單于王。

今案：悅般爲北魏人所知，始於董琬、高明西使；此後其人與北魏往來甚密，曾一再朝獻，且試圖和北魏夾擊柔然。[24] 因此，上述記載所傳基本事實應該是可信的：悅般之先是隸屬北匈奴的部落之一，其人在北匈奴部衆進行的某次遷徙過程中，被作爲羸弱留了下來。揆情度理，這些留下的羸弱不會知道北單于"西走康居"，因此悅般人被認爲是公元 91 年於金微山戰敗的北單于留下的羸弱，祇能是北魏人按照悅般人提供的他們在龜茲北出現的時間推算出來的。然而按之前史，91 年於金微山戰敗的北單于僅一度"遁走烏孫"，並未"西走康居"，故所謂"西走康居"云云，很可能不過是北魏人將 91 年在金微山戰敗的北單于和西漢元帝時亡命康居的郅支單于混為一談所致。[25] 果然，上引《魏書·西域傳》的這則記載就不能作為匈奴西遷第二站是康居的依據。

當然，客觀上還有一種可能：留下羸弱於龜茲北的並非 91 年在金微山戰敗的北單于，而是史籍失載的另一位北單于。[26] 但是，由於這位史籍失載的北單于的行蹤悅般人同樣不可能知道，便不能不認為不僅"西走康居"，甚至"度金微山"也是北魏人根據他們對前史十分模糊和混亂的瞭解而推想出來的。總而言之，上引《魏書·西域傳》有關悅般的記載至多表明，曾有一位北單于在某次率部遷徙的過程中留下了一部份羸弱，這些羸弱即悅般人後來出現在龜茲之北，如此而已。

盡信書不如無書。同族論者對《魏書·西域傳》有關悅般記載本身的矛盾不予深究，卻以此為基礎進一步考證北匈奴"西走康居"的時間和地點。據云：北匈奴在安帝延光年間已伸展其勢力到黑海北，而放棄蔥嶺以東地區，向康居遷徙始於桓帝延熹初（158 年左右），最初抵達康居北部即吉爾吉斯草原北部，終於在晉初（280 年）佔領了康居本土即吉爾吉斯草原南部，試圖落實《魏書·西域傳》關於北單于"西走康居"的記載。

（1）《後漢書·西域傳》載，延光二年（123 年）敦煌太守張璫上書陳三策，有云："北虜呼衍王常展轉蒲類、秦海之間，專制西域，共為寇鈔。"李賢注："大秦國在西海西，故曰秦海也。"說者據以為延光年間北匈奴勢力已伸向黑海之北，控制康居即自此時始。

今案：果如李注，"秦海"即"西海"，因大秦國而得名，則應指地中海。[27] 所謂"展轉蒲類、秦海之間"，其實無法指實；也就是說，呼衍王不可能展轉於巴里坤湖直至地中海這麼遼闊的地區。張璠以此爲辭，不過是藉以勾勒當時人所知道的西域的範圍（這個範圍和《後漢書·西域傳》記述所及的範圍基本相符），以見匈奴爲害之烈而已。[28] 與此類似的言辭亦見《漢書·陳湯傳》，似可參看：

> 西域本屬匈奴，今郅支單于威名遠聞，侵陵烏孫、大宛，常爲康居畫計，欲降服之，如得此二國，北擊伊列，西取安息，南排月氏、山離烏弋，數年之間，城郭諸國危矣。

由此可見，不能認爲延光年間北匈奴已伸張其勢力至黑海之北。

（2）永壽（155—158年）以後，中國史籍不見北匈奴活動的痕蹟。說者因此認爲北匈奴放棄葱嶺以東地區應在延熹初，其原因在於檀石槐鮮卑向西發展，領土與烏孫相接，完全佔有匈奴故地。

今案：《後漢書·鮮卑傳》記載：

> 檀石槐乃立庭於彈汗山歠仇水上，去高柳北三百餘里，兵馬甚盛，東西部大人皆歸焉。因南抄緣邊，北拒丁零，東卻夫餘，西擊烏孫，盡據匈奴故地，東西萬四千餘里，南北

七千餘里,網羅山川水澤鹽池。……乃自分其地爲三部:從右北平以東至遼東,接夫餘、穢貊二十餘邑爲東部,從右北平以西至上谷十餘邑爲中部,從上谷以西至敦煌、烏孫二十餘邑爲西部,各置大人主領之,皆屬檀石槐。

所謂"盡據匈奴故地",應指據有公元前三世紀末冒頓單于第一次擊敗月氏以後佔領的領土。而"從上谷以西至敦煌、烏孫二十餘邑爲西部"一句中的"烏孫"前奪一"接"字,前文"接夫餘、穢貊"云云,可以爲證。而《三國志·魏書·鮮卑傳》裴注引王沈《魏書》於此正作"從上谷以西至燉煌、西接烏孫爲西部,二十餘邑"。可見檀石槐鮮卑的西部不過到達敦煌,與當時東向伸張其勢力抵敦煌以西的烏孫相接。[29] 質言之,沒有證據表明北匈奴是由於檀石槐鮮卑向西擴張而放棄蔥嶺以東地區西遷的。永壽以後,北匈奴去向不明,當然有可能是向西遷徙了,但這不過是客觀上存在的可能性之一種,而且並無線索可循。即使北魏人知道悅般人被作爲羸弱留下的時間是永壽以後,前史不載,又何由得知留下羸弱的那位北單于的行蹤。

(3) 說者又引《魏略·西戎傳》所載車師後部"轉西北則烏孫、康居,本國無增損也";以及"[匈奴]北丁令在烏孫西",以爲這表明當時(西遷的北)匈奴和丁令、烏孫、康居三者的相對方位。《魏略·西戎傳》所據資料乃曹魏景元年間(260年左右)的實際知識,故直至三世紀六十年代北匈奴尚未到達康居本土,祇是逗留在北方即吉爾吉斯草原北部,亦即西漢時郅支單于一度駐牧之地（堅昆之地）。

今案：《魏略·西戎傳》有關原文如下：

呼得國在蔥嶺北，烏孫西北，康居東北……堅昆國在康居西北……丁令國在康居北……此上三國，堅昆中央，俱[東]去匈奴單于庭安習水七千里，南去車師六國五千里，西南去康居界三千里，西去康居王治八千里。或以爲此丁令即匈奴北丁令也，而北丁令在烏孫西，似其種別也。又匈奴北有渾窳國，有屈射國，有丁令國，有隔昆國，有新梨國，明北海之南自復有丁令，非此烏孫之西丁令也。

其中提到的匈奴，顯然位於蒙古高原。建庭於安習水（Orkhon 河）一也，在堅昆之東二也，北有丁令三也。可知這裏所說的匈奴和91 年後主要活動於伊吾以西北至準噶爾盆地的北匈奴無關，更不可能是西遷康居北的北匈奴。《魏略·西戎傳》所據資料雖含有三世紀中的知識，但也有不少承襲前史的部份。此處"匈奴北有渾窳國"云云，明明摘自《史記·匈奴列傳》，而所列呼得、堅昆、丁令三者位置不外是參考《漢書·陳湯傳》的結果。這些都很難說是三世紀中的實際情況。也就是說，不能以爲《魏略·西戎傳》所載匈奴爲三世紀時的匈奴即西遷之北匈奴。

又，說者強調的"北丁令在烏孫西"一句中的"北"字，應從《通典·邊防九》改爲"此"字，蓋形似致訛。因此，不必也不該在前面加上限定詞"匈奴"，當然更不可能置此"丁令"於可能西遷的北匈奴之北。至於所謂"西丁令",應即位於蒙古高原的匈奴之北的"北丁令",《魏略·西戎傳》編者誤一種爲二種。[30] 由此可見,《魏略·西戎傳》的記事(無論如何斷章取義),也和可能西遷的北匈奴風馬牛不相及。

說者還舉托勒密《地理志》所見 Grynaei(VI, 13)和 Chuni(III, 5),以證明北匈奴自 123 年以降向黑海以北擴張,和 158 年以後移居吉爾吉斯草原北部的確實性。

今案:如前所述,Grynaei 並不如說者所指位於巴爾喀什湖以西,很難認爲是匈奴。而 Chuni 果如論者所指在伏爾加河與頓河之間,則至多說明 Huns 在托勒密所描述的時代已在歐洲出現,亦絲毫無助於說者論題的成立,蓋 Huns 即匈奴尚待證明。

(4)《晉書·西戎傳》載:"康居國在大宛西北可二千里,與粟弋、伊列鄰接。其王居蘇薤城。風俗及人貌、衣服略同大宛。地和暖,饒桐柳蒲陶,多牛羊,出好馬。泰始中,其王那鼻遣使上封事,并獻善馬。"說者以爲"蘇薤"係 Soghd(Sogdiana)之音譯,傳文既稱康居王居蘇薤城,說明其時康居王治已經南遷。蓋此前康居王都卑闐城(在 Chimkend 和 Turkestan 之間)。這是由於晉初(280 年左右)北匈奴已西遷康居本土的緣故。

今案:康居果遷都 Sogdiana,則不僅與傳文"在大宛西北"的記載相悖,而且和下文"與粟弋、伊列鄰接"牴牾。"粟弋"應即 Sogdiana,說者以爲指克里米亞半島的 Sughdak,實誤。[31] 別的不說,康居領地安能與克里米亞半島鄰接?因而上引《晉書·西戎傳》之文,其實是"康居傳"和"粟弋傳"混合而成:

> 康居國在大宛西北可二千里，與粟弋、伊列鄰接。泰始中，其王那鼻遣使上封事，並獻善馬。
>
> [粟弋國，屬康居]其王居蘇薤城。風俗及人貌、衣服略同大宛。地和暖，饒桐柳蒲陶，多牛羊，出好馬。

至於兩傳相混的原因，固然可能是由於《晉書·西戎傳》編者所據資料有錯訛，但更可能是由於晉時粟弋依舊役屬於康居，故粟弋事情附見康居傳後，或在康居傳中附帶提及，以致後來兩者難以分清。[32] 不管怎樣，從《晉書·西戎傳》上引記載中無論如何看不出北匈奴西遷康居本土的消息來。

3.同族論者指出，匈奴人西遷的第三站是奄蔡即阿蘭之地（黑海北岸），依據是《魏書·西域傳》有關粟特的一則記載：

> 粟特國，在葱嶺之西，古之奄蔡，一名溫那沙。居於大澤，在康居西北，去代一萬六千里。先是，匈奴殺其王而有其國，至王忽倪已三世矣。其國商人先多詣涼土販貨，及克姑臧，悉見虜。高宗初，粟特王遣使請贖之，詔聽焉。自後無使朝獻。

今案：這則不過 90 字的記載，學界有過反覆爭論，我亦曾在研究嚈噠史的過程中對它作了較詳細的探討。[33] 在此祇打算從討論匈奴、Huns 是否同族的角度，扼要回顧和審視一番。

對於這則記載的不同理解，可以概括爲以下三種：

第一種："粟特"一名是克里米亞半島 Sughdak 的音譯。"粟特傳"全部是關於 Sughdak 的記載。所傳"匈奴"事情是指 Huns 對奄蔡卽阿蘭（Alans）的征服。[34]

第二種："粟特"一名是中亞 Soghd（Sogdiana）的音譯。但"粟特傳"中有關"匈奴"事情是指 Huns 對奄蔡卽 Alans 的征服，其餘部份是關於 Sogdiana 的記載。[35]

第三種："粟特"一名是中亞 Soghd（Sogdiana）的音譯。"粟特傳"基本上是關於 Sogdiana 的記載，僅僅是名稱和地理位置上和奄蔡卽阿蘭有所混淆而已。所傳"匈奴"事情是指嚈噠或悅般或 Chionitae 對 Sogdiana 的征服。[36]

十分清楚，前兩種是同族論者的立場，第三種是非同族論者的立場。

我對這則記載研究的結論可歸納如下："粟特"一名是中亞的 Soghd（Sogdiana）的音譯，"粟特傳"也是有關 Sogdiana 的記載；其中"匈奴殺其王而有其國"是指嚈噠對 Sogdiana 的征服。之所以混入有關奄蔡的記事，主要是由於北魏人在傳聞"匈奴"卽嚈噠征服 Sogdiana 的同時，又傳聞 Huns 對奄蔡卽阿蘭（Alans）的征服，兩者在時間上接近，"匈奴"和 Huns 在名稱上又相同的緣故。

這一結論如果不錯，同族論者自然就不能利用這則記載作爲匈奴、Huns 同族的依據了。何況卽使後退一大步，承認傳文所見"粟特"不是 Sogdiana，而是克里米亞半島的 Sughdak，所見"匈奴"不是嚈噠或其他部族而是征服了阿蘭（Alans）的 Huns，也不過是在中國史料中發現了 Huns 征服 Alans 的證據，還是沒有找到 Huns 便是匈奴的證據。由於匈奴與 Huns 兩者的名稱發音相同，北魏人用"匈奴"這一名稱來表示傳聞的 Huns 也不足爲奇，即使能證明當時人心目中（和今天的同族論者一樣）確認這 Huns 便是西遷的北匈奴人也罷。安知其人不是僅憑對音，妄作解人？而且事實上魏晉南北朝以降，"匈奴"一名在許多場合已成爲北方遊牧部族的泛稱。《梁書·芮芮傳》所謂"魏、晉世，匈奴分爲數百千部，各有名號"，可以爲證。《魏書·蠕蠕傳》和《梁書·諸夷傳》稱柔然爲"匈奴之裔"和"匈奴別種"。《魏書·高車傳》稱高車爲"匈奴之甥"，《周書·突厥傳》稱突厥爲"匈奴別種"；亦可爲證。質言之，不可能將北魏人用來指稱征服阿蘭的 Huns 的"匈奴"和兩漢時期的匈奴劃等號。

要之，以上所論，雖然沒有從客觀上否定匈奴、Huns 同族，但已足以證明同族論者引以爲據的中國史料無助於匈奴、Huns 同族論的成立，或者說同族論者從中國史籍中尋找北匈奴西遷歐洲軌蹟的嘗試迄今尚未獲得成功。

三

同族論者不僅認爲他們已從中國史籍中找到了匈奴西遷的軌蹟，爲匈奴、Huns 同族論奠定了文獻的基礎，而且認爲在推定的匈奴西遷沿途，特別是 Huns 在歐洲的主要活動地點發現的漢和匈奴的遺物從考古學的角度進一步強化了這一基礎。[37] 他們提供的有關證據主要有以下幾項：

1. 玉具劍。這在漢代中國十分流行。《漢書·匈奴傳下》載，甘露三年呼韓邪單于來朝，宣帝賜以"玉具劍"。《後漢書·南匈奴傳》亦載，和帝永元四年賜北單于於除鞬"玉劍四具"；順帝漢安二年賜南單于"玉具刀劍"。說明匈奴單于來朝時，漢廷賜予玉具劍是很普通的。正是這種漢制玉具劍及其倣製品發現於克里米亞的 Kerch，高加索的 Kuban 和伏爾加河下游的 Huns、Alans 遺址中。

2. 漢廷遺贈匈奴的禮物，除玉具劍之外，還有弓箭類。《漢書·匈奴傳下》載宣帝賜呼韓邪單于"弓一張、矢四發"。此後直至西漢末，單于來朝均賜予弓箭。《後漢書·南匈奴傳》載，東漢建武二十六年，光武帝賜南單于比"寶劍、弓箭、黑節三"，二十八年又賜北單于蒲奴"弓、鞬、韇丸一，矢四發"。此外，匈奴還通過戰場獲得大量的漢式弓箭。這類弓箭已出土於伏爾加河流域及匈牙利的 Huns、Alans 遺址中。

3. 漢中期以後的日光鏡及其他漢鏡和倣製品在伏爾加河下游及北高加索各地均有出土。

4. 克里米亞的 Kerch 古墓葬的年代爲三至四世紀，從中出土的絹布和樓蘭、諾顏烏拉發現的漢絹相似，知爲漢代產品。

5. 受 Scythae 式銅鍑和漢式影響而產生的匈奴式銅鍑在鄂爾多斯等地大量發現。同一式樣的銅鍑也在阿爾泰山地區、伏爾加河及其枝流 Kama 河流域、南俄的頓河流域和匈牙利等地出土。

今案：同族論者以爲上述在伏爾加河流域、北高加索、克里米亞半島和匈牙利等地出土的玉具劍、漢式弓箭、漢鏡、漢絹以及匈奴式銅鍑等都是西遷匈奴人帶去的，以此爲匈奴、Huns 同族的一項重要證據，不能不認爲是有欠妥當的。

一則，Huns 不是匈奴，祇要它遷自蒙古高原，也完全可能將玉具劍等帶往歐洲。

二則，Huns 卽便是匈奴，上述遺物也未必全是這些匈奴人西徙時帶去的；因爲蒙古高原的遊牧部落曾不斷遷徙，而且往往循沿大致相同的路線。Huns 以及後來的 Avars 等祇是其中犖犖大者。換言之，不能排除 Huns 之外的部落在西徙時將玉具劍等帶往歐洲的可能性。

三則，歐亞草原自古以來便是東西經濟、文化交流的大動脈，卽使不發生民族遷徙，由於貿易等往來的原因，東部的物產在西部出現也毫不足怪。[38]

要之，在 Huns 墓葬中出現的玉具劍等固然有可能是 Huns 西遷時帶去的，但這不能用作匈奴、Huns 同族的證據；而在推定的 Huns 西遷沿途發現的玉具劍等物，則未必是 Huns 帶去，更不能視爲匈奴、Huns 同族的證據。

四

證明匈奴、Huns 同族的必要環節之一是證明兩者人種相同。同族論者在這個問題上意見並不一致。第一種意見認爲兩者都是蒙古利亞種，[39] 第二種意見認爲兩者都是歐羅巴種，但均混入了蒙古利亞種的血液。[40]第三種意見認爲匈奴的統治階層是歐羅巴種，被統治階層是蒙古利亞種，西遷歐洲者（Huns）僅是被統治階層。[41]

今案：匈奴和 Huns 都是龐大的部族或部落聯合體，這類聯合體的人種構成，無疑是十分複雜的，也就是說其組份可能是不同人種的部族或部落。因此，指匈奴或 Huns 爲某一人種，其意義僅僅在於指出其核心部份卽在聯合體中佔主導地位或者說起支配作用的部族或部落爲某一人種。旣然如此，上述第三種意見是不足取的。因爲說者掉換了概念，把論證 Huns 與匈奴同族，變成了論證 Huns 與役屬匈奴的部族或部落同族，而且役屬匈奴的部族或部落的人種未必一致，論者也沒有確指西遷歐洲的是哪些部族或部落。旣指匈奴的核心部份爲歐羅巴種，又指 Huns 爲蒙古利亞種，便祇能認爲說者在人種問題上已站到了同族論者的對立面。

又，我們在這裏討論匈奴和 Huns 的人種，是爲了確立或推翻同族論，而不是從同族論或非同族論的立場出發，去說明匈奴和 Huns 人種的相同或相異。因此，上述第二種意見似可暫置不顧。說者認爲匈奴源於歐羅巴種，由於同蒙古利亞種雜居、通婚而逐漸混入後者的血液，到作爲 Huns 在歐洲出現時，便呈現出蒙古利亞種的特徵。實際上，這是由於說者發現了匈奴和 Huns 兩者的人種差異，從同族論的前提出發對這種現象作出的解釋。拋開兩者同族這一前提，顯然是無法得出這一結論的。且如前述，討論匈奴、Huns 兩者是否同族祇能就其核心部份而言，而核心部份也還有源和流、主和次之分。匈奴卽使如說者所言源於歐羅巴種，後來混入了蒙古利亞種的血液,又從何得知 Huns 不是源於蒙古利亞種,後來混入了歐羅巴種的血液?

至於第一種意見,在我看來是錯誤的。因爲匈奴很可能是歐羅巴種,而 Huns 無疑是蒙古利亞種。以下擬從現有資料入手,分別考察匈奴和 Huns 的人種,論述其結果對於同族論的意義。

1. 匈奴的人種:

首先,文獻有關匈奴人體貌的記載主要有以下幾則:

(1)《漢書·金日磾傳》:"金日磾字翁叔,本匈奴休屠王太子也。……日磾長八尺二寸,容貌甚嚴。"

(2)《晉書·劉元海載記》:劉淵(304—310 年在位),"新興匈奴人,冒頓之後也";[42]"姿儀魁偉,身長八尺四寸,鬚長三尺餘,當心有赤毫毛三根,長三尺六寸"。《晉書·劉曜載記》:淵族子劉曜(318—328 年在位),"身長九尺三寸,垂手過膝,生而眉白,目有赤光,鬚髯不過百餘根,而皆長五尺";曜子胤,"身長八尺三寸,髮與身齊"。《晉書·佛圖澄傳》則稱曜"長大,白皙"。

(3)《晉書·赫連勃勃載記》稱勃勃"匈奴右賢王去卑之後,劉元海之族也。……勃勃身長八尺五寸,腰帶十圍,性辯慧,美風儀"、又,《魏書·陸琇傳》:"陸琇母赫連氏,身長七尺九寸。"

從這些記載中可以窺見匈奴人(貴族)長大、白皙、美鬚髯。這顯然不是蒙古利亞種的體貌特徵。《資治通鑒·晉紀二一》:永和九年(353 年)"西域胡劉康詐稱劉曜子,聚衆於平陽,自稱晉王"。劉康其人,或爲康姓胡人。該胡詐稱曜子,固恃其貌與曜子相類,卻也不妨認爲劉氏形容酷肖西域胡。又,《新唐書·回鶻傳下》："點戛斯，古堅昆國也。地當伊吾之西，焉耆北，白山之旁。……其種雜丁零，乃匈奴西鄙也。匈奴封漢降將李陵爲右賢王（案：當爲右校王），衛律爲丁零王。後郅支單于破堅昆，于時東距單于廷七千里，南車師五千里，郅支留都之。……人皆長大，赤髮，皙面，綠瞳，以黑髮爲不祥。黑瞳者，必曰陵苗裔也。"堅昆役屬匈奴，若匈奴爲黑髮，豈敢以黑髮爲不祥；若匈奴亦爲黑瞳，應稱黑瞳爲匈奴苗裔；"必曰陵苗裔"者，似匈奴並非黑瞳。劉曜"目有赤光"，或因瞳色有異所致，而劉淵有"赤毫毛三根"，恐亦"赤髮"之類。[43]

其次，是若干文物所見匈奴人的藝術形象：

（1）陝西興平西漢驃騎將軍霍去病墓畔有所謂"馬踏匈奴"石雕。所刻匈奴人肖像：臉部比較平坦，顴骨稍稍突出，似乎也談不上深目高鼻，鬚髯卻特別茂密。

（2）1924—1925年，由P. K. Kozlov率領的前蘇聯蒙藏探險隊發掘、調查了今蒙古人民共和國色楞格爾河畔諾顔烏拉古墓羣，一般認爲該墓羣係王莽和東漢時代匈奴王侯的墓葬。其中第25號墓葬出土了幾幅人像刺繡，有一幅畫中人束髮，面容嚴肅，前額開闊，臉型瘦長，顴骨不突出，顎骨後縮，鼻翼寬大，鼻梁筆挺，唇髭濃密，修剪得很短，眼睛繡成黑色，瞳孔卻用藍線繡成。[44]

（3）1940年前蘇聯學者在葉尼塞河上游哈卡斯（Хакас）自治省阿巴幹城（Абаган）南八公里處，發現了一座匈奴時代的漢式宮殿。其中發現的青銅鋪首，鑄成有角門神的怪面具，有長而捲曲的鬢環，下方沒有下唇和下顎，上牙床左右兩牙特別長大，向外伸出,鼻高而鉤,眼睛深陷,向前直視。[45]

(4) 1955—1957年中國科學院考古研究所灃西發掘隊在陝西長安縣灃西鄉客省莊發掘了一座古墓,墓主是匈奴使臣或其隨從人員。墓中出土兩件矩形透雕銅飾:兩側各有一樹,枝茂葉密,樹下各繫一驢,轡鞍具備,中央有兩人,高鼻、長髮,互相摟住對方腰部和一腿,作摔跤狀。[46]

以上四例,除"馬踏匈奴"一例外,究竟是不是匈奴人的形象,學術界尚有爭議。例如:第二例有人認爲是匈奴貴人的形像,[47]有人則認爲是希臘人所描摹的Scythae戰士的形像。[48]又如:第三例有人據以爲指匈奴爲歐羅巴種,[49]有人則認爲這不過說明直至一世紀初,南西伯利亞佔優勢的是歐羅巴種,[50]未必與匈奴有關。今案:後三例雖未必是匈奴人的形像,但從這些藝術品的出土情況來看,這三例正是匈奴人的形像也未可知。如果據此斷匈奴爲歐羅巴種,和以上通過文獻考察得到的關於匈奴人種的看法並無矛盾,且可互相補充。

至於"馬踏匈奴"雕像,有人從中看出了蒙古利亞種的特徵,因而指匈奴爲蒙古利亞種,[51]有人則從中看出了歐羅巴種的特徵,因而指匈奴爲歐羅巴種。[52]今案:此像總的來看確實和Chertomilyk、Nicopol等地出土的銀壺上描繪的Scythae人形像相仿佛,[53]至少不能認爲是蒙古利亞種的典型形像。若干被指爲蒙古利亞種的特徵,很可能反映了這樣一個事實:遲至西漢初,匈奴人和蒙古利亞種的混血現象已非罕見,以致在刻寫一個典型匈奴人形像時,必須將若干蒙古利亞種的特徵考慮進去。否則,便是雕琢此像的工匠祇注意整體效果,並沒有追求細部的逼真。

最後,是匈奴人的遺骨:

(1) 據 P. K. Kozlov 報告,諾顏烏拉古墓內殘存的頭蓋骨和骨骼不是蒙古利亞種,而是歐羅巴種,祇是沒有發表有關人類學調查的詳細資料。[54]

(2) 1926 年,前蘇聯匈奴史專家 A. N. 伯恩斯坦發掘了塔拉斯河上游 Kenkol 河畔的一座墓葬,據云墓主人是匈奴人。前蘇聯人類學家 G. F. Debets 對墓中四具頭骨測定的資料表明,全係歐羅巴種。[55]

今案:判定匈奴的人種,最直接的資料無疑是遺骨,遺憾的是從被認為是匈奴人墓葬中出土的遺骨大多破碎不堪,以致無法進行人類學的測定。而由於匈奴這樣一個龐大的遊牧部族聯合體顯然不是單一人種組成,也難以憑少數幾例遺骨作出有關匈奴人種的判斷。何況已有的遺骨也未必屬於匈奴人。例如:Kenkol 河畔不是匈奴故土,儘管郅支單于曾一度駐牧於這一帶。伯恩斯坦指他所發掘的墓葬為匈奴墓葬尚須更積極的證據。而來自被公認為匈奴墓葬的諾顏烏拉古墓的遺骨,有關的人類學資料既未公佈,也不能就此下什麼結論。因此,就遺骨判斷匈奴這樣一個構成複雜的大部族的人種,尚有待於匈奴考古的發展,有待於人類學資料的逐步積累。換言之,目前對匈奴人種歸屬的研究,祇能停留在利用文獻和藝術品的水平上。

又,1972—1973 年發掘的內蒙古自治區伊克盟杭錦旗桃紅巴拉戰國時期古墓,調查者以為是匈奴墓葬。其中出土的人架頭骨經中國科學院考古研究所人類學組鑒定，結果是：死者男性，35歲左右。從殘顱骨觀察，屬圓頭型，顱縫較簡單，額結節較顯著，顴骨大而前突，鼻根凹很淺，犬齒窩弱，鼻前棘低矮，整個面部較扁平；說明這具顱骨具有明顯的蒙古利亞種的特徵。[56]但是，由於墓葬所在地很難說在戰國時代已經進入匈奴人的勢力範圍，而且即使能證明當時匈奴人已活動於該地區，也還是難以肯定這位墓主是匈奴人。[57]因此，不能認爲這具顱骨具有的蒙古利亞種特徵，足以成爲以上文獻、藝術品所得有關匈奴人種看法即匈奴可能是歐羅巴種之反證。

2. Huns 的人種：

據 Ammianus Marcellinus[58]（約四世紀）（XXXI,2,2）記載：

> [Huns] 生下孩子來以後，就用鋼刀在孩子們的臉上劃上深溝，這樣孩子們長大了要生鬍鬚的時候，瘡疤就可以制止鬍鬚的生長。所以到了老年，還沒有鬍鬚，樣子很難看，猶如宦官。但是他們有堅强的四肢，有粗壯的脖項，形態醜陋，看起來像兩條腿的野獸，又像被人粗加砍製，用來架在橋梁兩頭的木頭偶像。

又據 Jordanes（六世紀）《哥特史》[59]（127—128）記載：

> 他們（Huns）容貌之可怕，也許並未真正經過作戰，就使得對方感受重大的畏懼。他們使得敵人在恐懼中驚逃，因

爲他們的黳黑色的狀貌是可怕的，他們的頭不像頭，祇是一種塊然之物，他們的眼睛狀如針孔，也不像眼睛。他們的強悍，表現於其粗野的狀貌中，而從他們的對待嬰兒，即可知其殘暴。因爲他們當嬰兒初生時，即以劍割其兩頰，所以在嬰兒受乳以前，便要忍受刀傷了。因此之故，他們至老而無鬚，他們的青年人。也因瘡痕被面而喪失優美之感。他們軀體短小，行動敏捷，善用弓矢，頸項也永遠傲然自舉著。

Jordanes《哥特史》（182）還載 Huns 首領 Attila 的狀貌說：

他是一個身軀不高、胸寬頭大的人，兩眼小而幽晦，鼻平，膚色微黑。

此外還有若干類似的描寫。[60] 如果撇開由於憎惡、恐懼等感情因素導致的誇張和和失實，不難發現 Huns 的主要體貌特徵是矮小的身材、黝黑的膚色、扁平的鼻子和細小的眼睛，且無論首領、部衆都差不多。這應該是蒙古利亞種的體貌特徵。

或以爲 Huns 不生鬍鬚是由於他們實行了一種"殘破軀體"（sacrification）的習俗，未必毛髮系統不發達。Jordanes 便稱其人腿部多毛；並指出，這表明 Huns 原來是歐羅巴種。[61] 今案：其說未安。一則，Huns 腿部多毛和以上其他特徵相比無疑是次要的，何況未必蒙古利亞種便沒有腿毛。二則，Ammianus Marcellinus 等有關 Huns "殘破軀體"習俗的記述，十分奇特，不僅不見於匈奴，也不見於中國史籍所載其他蒙古高原的遊牧部族，因而不無理由認爲這些記述不過是勞面習俗的訛傳。果然，則不應妨礙鬍鬚的生長。即使如史家所言，初生便劍割兩頰，也不至於至老無鬚。"至老無鬚"云云，祇是表明當時歐洲人心目中 Huns 的鬍鬚是非常稀少的，而鬍鬚稀少也是蒙古利亞種的特徵。說者認爲 Huns 應該有鬚固然不錯，進一步斷 Huns 不是蒙古利亞種便難以令人同意了。

應該指出的是：這些西遷的蒙古利亞種的 Huns 已開始了混血的過程。據 Jordanes，Huns 首領 Balamber 娶了一位哥特公主（249）。而 Attila 的最後一位妃子有一個日爾曼的名字 Ildica (254)。此外，Huns 和被它征服後與之組成聯盟的 Alans 之間通婚也許是很普通的。很可能由於這個原因，目前發現的被認爲屬於 Huns 的墓葬中出土的材料表明 Huns 並不是純粹的蒙古利亞種，而是更多地屬於蒙古利亞種和歐羅巴種的混血種。這些墓葬主要分佈在奧地利維也納的 Simmering，斯洛伐克的 Strazhe、Bešeňov，匈牙利的 Adony、Györ 以及羅馬尼亞的 Dulceance 等地。從這些墓主的喪葬習俗和隨殉器物來看，Huns 無疑起源於東方。由於在 Huns 之前，未見大量蒙古利亞種人進入以上諸地，再結合當時史家有關初臨歐洲的 Huns 形像的記載，祇能認爲 Huns 在西遷以前尚屬比較純粹的蒙古利亞種，上述混血現象是在西遷過程中或進入歐洲後，與歐羅巴種（Alans 等）逐步融合的結果。[62]

要之，現有資料似乎表明，匈奴和 Huns 的人種並不相同。雖然由於資料過於零碎，以上所說遠非定論，但至少可以認爲，目前就人種而言，不存在有利於同族論成立的根據。何況，證明匈奴、Huns 同種，僅僅是同族論成立的必要條件，並非充要條件，因爲匈奴和 Huns 是否同族這個問題，是作爲歷史學範疇而不是作爲人類學範疇的問題提出來的。

五

同族論者最後一個重要論據是匈奴和 Huns 的語言屬於同一語系或語族。

十九世紀，西方學者認爲匈奴屬於芬語或芬─烏戈爾語（Finno-Ugurian），然而其前提是匈奴即 Huns。他們認爲 Huns 語屬芬語或芬─烏戈爾語，並據以推測匈奴語的繫屬。[63] 進入二十世紀後，此說已無人信從。關於匈奴語繫屬的討論主要圍繞三種意見進行。這三種意見分別認爲匈奴語屬於蒙古語族[64]、突厥語族[65] 和蒙古─通古斯語族。[66] 其研究方法大致相同，將中國史籍中保存下來的用漢字音譯的匈奴語彙（凡二十餘個）蒐集在一起，先按照漢字的古讀還原其發音，再根據有關記載推定其詞義，然後在後世乃至今天的阿爾泰系諸語言中尋找音義接近的語彙，按這些尋找出來的語彙中蒙古語彙、突厥語彙和通古斯語彙所佔比例的多少，推斷匈奴語的繫屬。三說雖相持不下，但可總稱爲匈奴語的阿爾泰語系說。

另一方面，關於 Huns 的語言，長期以來西方學者都認爲是芬—烏戈爾語，此說立足於 Huns 和 Oungri（Ougri）人同族。[67] 但此說終於被突厥語說取代。後說的基礎在於對 Huns 的語彙，以及被認爲是 Huns 後裔的 Tschuvaschen(Čuvashes) 的語言的研究。[68] 因此，同族論者認爲匈奴和 Huns 兩者的語言都屬阿爾泰語系，亦即從語言學角度證實了兩者同族。[69]

今案：此說未安。一方面，將匈奴語歸屬阿爾泰語尚嫌證據不足。不僅現存可以確認爲匈奴語彙者爲數寥寥，很難據以判定匈奴語的繫屬，而且論者所採用的方法也是不可取的。因爲匈奴極盛時曾一統蒙古高原，後來的蒙古、突厥、通古斯諸語族的祖先均曾役屬之，匈奴語彙必定大量輸入上述各語族的語言之中。即使說者對匈奴語彙語音的構擬、語義的訓詁等完全正確，也不能遽斷匈奴語爲蒙古、突厥或通古斯語族中的任何一種，非但不能判斷其語族，甚至不能籠統地將匈奴語歸屬爲阿爾泰語系。因爲不能排除這樣一種可能：匈奴人說的是一種印歐語，其語彙被阿爾泰語系諸語族藉用。有人曾將中國史籍所見匈奴語彙一一作了伊朗語的詮釋。[70] 儘管這種詮釋未必正確，匈奴語未必是一種伊朗語，但這一嘗試至少可以反證說者斷匈奴語爲一種阿爾泰語說採取的方法是不十分可靠的。

另一方面，說者認爲 Huns 語是一種突厥語就比較可取。遺存的 Huns 語彙全係專名，小部份是部落名，大部份是人名。據研究，人名中除若干語源不明者外，一部份是突厥語的，其餘爲日爾曼語的、波斯語的和混合語的。部落名則均是突厥語的。[71] 雖然分析這些 Huns 語彙的方法和上述分析匈奴語彙的方法大同小異，但其可信度卻要高得多。因爲 Huns 周圍是印歐語系諸語族的汪洋大海，假定 Huns 說的是印歐語，突厥語的人名和部落名從何而來？至於那些日爾曼語的、波斯語的和混合語的人名應該是 Huns 同印歐語系各族結盟、通婚產生的結果；否則，便是 Huns 人採用印歐式名字的緣故。此外，有人認爲沿伏爾加河居住的楚瓦什人是 Huns 的後裔，他們的語言可以稱爲原突厥語。[72] 果如所言，也不失爲 Huns 屬阿爾泰語系的一項證據。

既然匈奴語歸屬印歐語系的可能性未能排除，Huns 語歸屬阿爾泰語系的說法不是不能接受，可見目前至少在比較語言學方面同樣不存在有利於同族論成立的證據。

六

綜上所述，匈奴 Huns 雖然同名，但未必同族，Huns 的族源似應另途追溯。如果允許推測，我認爲所謂 Huns 可能主要是西遷的鮮卑人，也包括若干原來隸屬於匈奴的部落。之所以產生這一看法，是因爲考慮到：

1. Huns 正式在歐洲出現的時間是四世紀七十年代。而從魏晉以降，鮮卑人便一批批離開蒙古高原，遷往我國西北地區，東起陝西潼關，西至新疆吐魯番，到處都留下了他們的足蹟。[73] 其中如乙弗鮮卑的一部份更越過阿爾泰山，到達阿姆河流域。[74] 因此，完全有可能另有一些史籍失載的鮮卑人沿著草原之路進入歐洲。

2. 鮮卑人是蒙古利亞種，似無疑義；而如前述，Huns 也是蒙古利亞種。

3. 一般認爲鮮卑語屬突厥語族，而如前述，Huns 也可能屬突厥語族。

4. 西史所見 Huns 的部落名凡 14 個，似乎都能在中國史籍中找到相對應的部落名。大部份是鮮卑部落，小部份是原役屬匈奴的部落。

(1) Akatir，或即"呼揭" [xa-kiat]。

(2) Hunugur (Onogur)，或即"渾庾（窳）" [huən-jio(oa)]。

(3) Kadisenoi，或即"屈射" [khiuət-djak]。

(4) Zalio，或即"薪犁" [sien-lyei]。

以上四種可能是役屬匈奴的部落。《史記・匈奴列傳》稱：冒頓單于"北服渾庾、屈射、丁零、鬲昆、薪犁之國"。又遣右賢王夷滅月氏，"定樓蘭、烏孫、呼揭及其旁二十六國"。呼揭在阿爾泰山南麓，[75] 渾庾、屈射、薪犁在匈奴之北。匈奴崩潰後，各部西遷歐洲完全可能。

(5) Ultinčur，或即"壹斗眷" [iet-to-kiuan]。

(6) Koutrigouroi (Kutrigur)，或即"屈突" [khiuət-tok]。

(7) Outigouroi，或即"紇單" [huət-tan]。

(8) Toungoures，或即"吐谷渾" [tha-kok(jiok)-hunə]。

(9) Sorosgoi (Saragur)，或即"樹洛干" [zjio-lak-kan]。

(10) Angisciri，或即"屋引" [ok-jien]。

(11) Bardores，或即"匹婁" [phiet-lo]；有可能是"莫輿"

[mak-jia]。

（12）Sabiroi，或即"須卜"[sio-pok]，或者逕是"鮮卑"[sian-pie] 之對譯。

以上八種可能均係鮮卑部落，後列漢譯名均見《魏書·官氏志》所載"內入諸姓"。

（13）Bittugur，或即"步度根"[ba-dak-kən]；也可能是"蒲頭"[pha-do] 之對譯。步度根、蒲頭均見《三國志·魏書·鮮卑傳》，前者係東部鮮卑大人，後者係西部鮮卑。此處蓋以部酋名爲部名。

（14）Barselt，或即"万俟"[mək-ziə]；"万俟"不見《魏書·官氏志》，有人考定原係役屬匈奴的鮮卑部落。[76]

又，Saragur 也可能是"若洛廆"[njiak-lək-huəi] 之對譯，據《晉書·吐谷渾傳》，"吐谷渾，慕容廆之庶長兄也，其父涉歸分部落一千七百家以隸之"。慕容廆，《魏書·吐谷渾傳》作"若洛廆"。一說"吐谷渾"係蒙古語 Toghosun 之音譯，義爲土河，指今老哈河；而"若洛廆"係蒙古語 Sarakha 之音譯，義爲黃水，指今西拉木倫河。涉歸乃以居地兩水之名命名兩子。[77] Huns 部落既有"吐谷渾"，復有"若洛廆"，當不足怪。後者在此亦以部酋名爲部名。又，吐谷渾等原爲慕容鮮卑，[78] 而據 Jordanes（180），Attila 之父名 Mundzucus，Mundzu- 或即"慕容"[ma-jiong] 之對譯；然則 Attila 亦得爲慕容鮮卑。

順便提一下，我認爲 Bulgars 亦可溯源於鮮卑。Bulgar 或即"步鹿孤"[ba-lok-kua] 之對譯。

5. Huns 若非匈奴，則何以與匈奴同名？可能性不外二種：一是匈奴稱霸漠北垂三百餘年,聲威經草原之路遠播西方,歐洲人久聞蒙古高原有騎馬遊牧部族曰"匈奴",一旦鐵騎東來,便一概稱之爲 Huns。二是 Huns 諸部在蒙古高原時無論在政治上還是在血緣上都與匈奴存在著或多或少的聯繫,因此他們在故地時也往往被目爲匈奴。例如:《宋書·索虜傳》稱"[匈奴]有數百千種,各立名號,索頭亦其一也"。《南齊書·魏虜傳》亦稱"魏虜,匈奴種也"。當這些鮮卑部落向西遷徙時,也有可能假匈奴之名,亦即自號"匈奴"。嚈噠、悅般西遷時的情況頗與此相類,[79] 可以參照。

■ 注釋

[1] 討論情況參見 К. Иностранцев, *Хун-ну и Гунны*. СНБ, тин, ки. В. П. Мещерского, 1900. 此書有善鄰協會蒙古研究所日譯本:イノストランツエフ《匈奴研究史》,善隣協會蒙古研究所,東京:生活社,1942 年。又,內田吟風"フン匈奴同族論研究小史",《北アジア史研究·匈奴篇》,京都:同朋舍,1975 年,pp. 167-200。內田氏文可謂集同族論之大成,本文有關同族論諸觀點的歸納,有賴於內田氏文者頗多,而對同族論的質難,亦以內田氏爲主要對像。

[2] 中國學者多持同族論。遠者如章炳麟"匈奴始遷歐洲考",《太炎文錄初編·別錄》卷二,《章太炎文集》(四),上海人民出版社,1985 年,p. 381;金元憲"北匈奴西遷考",《國學論衡》第 5 期(1935 年),pp. 37-42;何震亞"匈奴與匈牙利",《中外文化》第 1 卷第 1 期(1937 年),pp. 39-48;近

者如齊思和"匈奴西遷及其在歐洲的活動",《歷史研究》1977 年第 3 期, pp. 126-141;蕭之興"關於匈奴西遷過程的探討",《歷史研究》1978 年第 7 期, pp. 83-87;林幹"北匈奴西遷考略",《内蒙古社會科學》1984 年第 1 期, pp. 58-65;郭平梁"匈奴西遷及一些有關問題",中國社會科學院民族研究所民族歷史研究室編《民族史論叢》第 1 輯,中華書局,1987 年, pp. 103-114。持非同族論者,據我所知,僅邱克、王建中"關於匈奴西遷歐洲的質疑",《西北民族文叢》1984 年第 2 期, pp. 58-67。

[3] H. L. Jones, tr, *The Geography of Strabo, with an English translation.* 8 vols. London, 1916-1936.

[4] Kálmán Némäti, "The Historic-geographical Proofs of the Hiung-nu = Hun Identity." *Asiatic Quarterly*, 3rd. Ser. 29 (1910): pp. 325-369.

[5] 見余太山《塞種史研究》,中國社會科學出版社,1992 年, pp. 52-69。

[6] W. W. Tarn, *The Greek in Bactria and India.* London: Cambridge, 1951, pp. 84-85.

[7] H. Rackham, tr. Pliny, *Natural History, with an English translation.* London, 1949.

[8] J. Charpentier, "Die ethnographische Stellung der Tocharen." *Zeitschrift der Deutschen Morgenländischen Gesellschaft* 71 (1917): pp. 347-388.

[9] 參看注 6 所引 W. W. Tarn 書, pp. 110-111。

[10] 見注 5 所引余太山書, pp. 24-51。

[11] E. L. Stevenson, tr. & ed. *Geography of Claudius Ptolemy.* New York, 1932.

[12] G. Haloun, "Zur Üe-tṣï-Frage." *Zeitschrift der Deutschen Morgenländischen Gesellschaft* 91 (1937): pp. 243-318.

[13] 參看白鳥庫吉"塞民族考",《白鳥庫吉全集・西域史研究（上）》（第6卷），東京：岩波，1970年，pp. 361-480。

[14] 同注4。

[15] 參看 H. W. Bailey, "A Khotanese Text concerning the Türks in Kantson." *Asia Major* 1 (1949): pp. 28-52; W. B. Henning, "The Date of the Sogdian Ancient Letters." *Bulletin of the School of Oriental Studies* 12 (1947-1948): pp. 601-615；林梅村"敦煌出土粟特文古書信的斷代問題",《中國史研究》1986年第1期, pp. 87-99。

[16] 注1所引內田吟風說本 F. Altheim, *Attila und die Hunnen*. Wiesbaden, 1951, pp. 43-46，之說，將粟特文 *xwn* 即匈奴作爲 Huns 即匈奴的證據之一。

[17] 注12所引 G. Haloun 文。

[18] O. J. Maenchen-Helfen, "Pseudo-Huns." *Central Asiatic Journal*, vol. 1 (1955): pp. 101-106.

[19] Gy. Moravcsik, *Byzantinoturicica, die Byzantinischen Quellen der Geschichte der Türkvölker*, II. Berlin, 1958, pp. 231-237.

[20] 最初試圖從中國史籍中找出匈奴西遷軌蹟的是 J. de Guignes, *Histoire générale des Huns, des Turcs, des Mongols et des autres Tartares occidentaux, etc*, I. Paris, 1756, pp. 325-326；此後有 F. Hirth, "Über Wolga-Hunnen und Hiung-nu." *Sitzungsberichte der Preussischen Akademie der Wissenschaften. Phil.-hist. Klasse*. 1899, II, pp. 245-278; "Hunnenforschungen." *Keleti Szemle* 2 (1901): pp. 81-91；江上波夫"匈奴・フン同族論",《ユウラシア古代北方文化》，東京：山川出版社，1954年, pp. 319-402，等等。而以內田吟風"匈奴西移考"，載注1所引書, pp. 115-141，所論最爲全面。

[21] 參見馬雍"新疆巴里坤、哈密漢唐石刻叢考",《西域史地文物叢考》,文物出版社,1990年,pp. 16-23;余大鈞"公元91年後居留新疆北部一帶的北匈奴",《中華文史論叢》1986年第1期,pp. 151-168。

[22] 林幹《匈奴歷史年表》,中華書局,1984年,p. 103。

[23] 注21所引余大鈞文。

[24] 關於悅般,參看余太山《嚈噠史研究》,齊魯書社,1986年,pp. 183-187, 196-199。

[25] 松田壽男《古代天山の歷史地理學的研究》,東京:早稻田大學出版部,1970年,pp. 188-189,以爲《魏書・西域傳》之所以提到根本不見前史的"西走康居",可能是因爲當時有人傳聞原康居之地有Huns活動而聯想所及。今案:這也不失爲一種解釋。但客觀上可能存在於康居之地的Huns未必是西遷的北匈奴。

[26] 注21所引余大鈞文以爲留羸弱於龜茲北的北單于應西遷於檀石槐鮮卑興起之後。

[27] "秦海",一說即博斯騰湖,見馮承鈞"樓蘭鄯善問題",《西域南海史地考證論著彙編》,中華書局香港分局,1976年,pp. 25-35;一說即準噶爾盆地北之布倫托海,見注21所引馬雍文。

[28] 參看注24所引余太山書,pp. 227-228。

[29] 見注5所引余太山書,pp. 298-302。

[30] 以上所論,詳見護雅夫"いわゆる'北丁零'、'西丁零'について",《瀧川博士還曆記念論文集・東洋史篇》,東京:長野中澤印刷,1957年,pp. 57-71。

[31] 詳見注24所引余太山書,pp. 53-57。

[32] 見注 5 所引余太山書,pp. 102-104。

[33] 同注 31。

[34] 注 20 所引 F. Hirth 文、內田吟風文均持此說。

[35] 注 20 所引江上波夫文持此說。

[36] 白鳥庫吉"粟特國考",《白鳥庫吉全集·西域史研究(下)》(第 7 卷),東京:岩波,1971 年,pp. 43-123;榎一雄"魏書粟特國傳と匈奴·フン同族問題",《東洋學報》37~4(1955 年),pp. 1-48;榎一雄"ソグディアナと匈奴 1-3",《史學雜誌》64~6(1955 年),pp. 1-28; 64~7(1955 年),pp. 31-49; 64~8(1955 年),pp. 31-54;均持此說。又,關於"匈奴",榎氏指爲 Chionitae, 白鳥氏指爲嚈噠,後改爲悅般。悅般說見白鳥庫吉"蒙古及び突厥の起源",《白鳥庫吉全集·塞外民族史研究(上)》(第 4 卷),東京:岩波,1970 年,pp. 541-547。

[37] 從這一角度論證匈奴、Huns 同族的有注 20 所引 F. Hirth 文; Z. von Takács, "Chinesische Kunst bei den Hunnen." *Ostasiatische Zeitschrift* 4 (1915/1916): pp. 174-188; Z. de Takács, "Some Irano-Hellenistic and Sino-Hunnish Art Forms." *Ostasiatische Zeitschrift* 15 (1929): pp. 142-148; "Congruencies between the Arts of Eurasiatic Migrations Periods." *Artibues Asiae* 5 (1935): pp. 177-202;以及注 20 所引江上波夫文等。以下五項詳見江上氏文。

[38] 參見榎一雄"匈奴フン同族論の批判——江上波夫著《ユウラシア古代北方文化》",《東洋文化》1(1950 年),pp. 150-157。

[39] 例如馬長壽《北狄與匈奴》,三聯書店,1962 年,pp. 43-46。

[40] 麥高文《中亞古國史》(W. M. McGovern, *The Early Empires of Central Asia. A Study of the Scythians and the Huns and the Part they placed in*

World History. With Special Reference to the Chinese Sources. Chapel Hill: University of North Carolina Press, 1939.）章巽漢譯，中華書局，1958 年，pp. 102-103, 168-169。

[41] 注 1 所引內田吟風文，以及內田氏"匈奴の人種體型について"，均載注 1 所引書，pp. 143-165。

[42] 劉氏一族，一說應爲屠各，見姚薇元《北朝胡姓考》，科學出版社，1958 年，pp. 38-52；唐長孺"魏晉雜胡考"，《魏晉南北朝史論叢》，三聯書店，1995 年，pp. 382-450；注 39 所引馬長壽書，pp. 96-97，等等，一說應爲南單于後裔，見內田吟風"南匈奴に關する研究"，載注 1 所引書，pp. 201-365；周偉洲《漢趙國史》，山西人民出版社，1986 年，pp. 19-25。今案：後說近是。不管怎樣，劉氏係匈奴，殆無疑義。

[43] 以上有關匈奴人形貌的文獻記載均由內田吟風檢出，見注 42 所引文。然內田氏本王國維"西胡續考"，《觀堂集林》（卷一三），中華書局，1959 年，pp. 616-620，指羯胡爲匈奴；似不妥。羯胡多爲西域胡，所見注 42 所引唐長孺文、注 39 所引馬長壽書，pp. 44-45。

[44] 耶茲"俄國科斯洛夫探險隊外蒙考古發現紀略"，向達譯，《東方雜誌》第 24 卷第 15 號（1927 年），pp. 29-40；護雅夫《漢とローマ》，東京：平凡社，1970 年，pp. 259-260。

[45] 周連寬"蘇聯南西伯利亞所發現的中國式宮殿遺址"，《考古學報》1956 年第 4 期，pp. 55-66。

[46] 中國科學院考古研究所編著《灃西發掘報告》，文物出版社，1963 年，pp. 138-140。指爲匈奴墓葬見林幹"試論匈奴的族源族屬及其與蒙古族的關係"，林幹編《匈奴史論文選集》，中華書局，1983 年，pp. 75-87。

[47] 注44所引護雅夫書，pp. 259-262。

[48] 注2所引邱克、王建中文。

[49] 注44所引護雅夫書，pp. 209-210。

[50] 同注49。

[51] 注39所引馬長壽書，pp. 44-45；黃文弼"論匈奴族之起源"，《黃文弼歷史考古論集》，文物出版社，1989年，pp. 85-90。

[52] 注41所引內田吟風文；注2所引邱克、王建中文。

[53] C. Bishop, "Notes on the Tombs of Ho-Chu-ping." *Aribus Asiae* 1 (1925): pp. 31-40.

[54] 注44所引耶茲文。

[55] O. J. Maenchen-Helfen, *The World of the Huns*. London, 1973, pp. 367-368.

[56] 田廣金"桃紅巴拉的匈奴墓"，《考古學報》1976年第1期，pp. 131-143。

[57] 注2所引邱克、王建中文；熊存瑞"先秦匈奴及其有關的幾個問題"，《社會科學戰線》1983年第1期，pp. 110-113。

[58] J. C. Rolfe, tr. *Ammianus Marcellinus, with an English translation*. London, 1939.

[59] C. C. Mierow, tr. *The Gothic History of Jordanes, with an English translation*. Princeton, 1915. 下二則漢譯文採自章巽漢譯 W. M. McGovern 書（見注40），pp. 168-169, 189。

[60] 注55所引 O. J. Maenchen-Helfen 書，pp. 360-364。

[61] 注40所引 W. M. McGovern 書，章巽漢譯本，p. 169。

[62] 參見注55所引 O. J. Maenchen-Helfen 書，pp. 365-367。

[63] 見注1所引イノストランツエフ書，pp. 98-118。

[64] 十九世紀主蒙古說者有：I. J. Schmidt, *Forschungen im Gebiete der älteren religiösen, politischen und literarischen Bildungsgeschichte der Völker Mittel-Asiens vorzüglich der Mongolen und Tibeter.* St. Petersburg, 1824, pp. 39-67 等。二十世紀主此說者有方壯猷"匈奴語言考"，《國學季刊》第 2 卷第 2 號（1930 年），pp. 693-740；黃文弼"古代匈奴民族之研究"，《邊政公論》第 2 卷第 3, 4, 5 期（1943 年），pp. 35-39，等。

[65] 十九世紀主突厥語族說者有：A. Remusat, *Recherches sur les languages Tartares.* Paris, 1820, pp. 242-330; J. Klaproth, "Mémoire sur l'identité des Toukiue et des Hiougou avec les Turcs." *Journal Asiatique* VII (1825): pp. 257-268，等。二十世紀主此說者有：O. Frank, *Beiträge aus chinesischen Quellen zur Kenntnis der Türkvölker und Skythen Zentralasiens.* Berlin, 1904, pp. 4-13; L. Bazin, "Un Texte Proto-Turc du IVE Siecle: Le Distique Hiong-nou du, 'Tsin-chou'." *Oriens* 1 (1948): pp. 208-219；岑仲勉"伊蘭之胡與匈奴之胡"，《真理雜誌》第 1 卷第 3 期（1944 年），pp. 309-314。馮家昇"匈奴民族及其文化"，載注 46 引林幹所編書，pp. 155-170；何星亮"匈奴語試釋"，《中央民族學院學報》1982 年第 1 期，pp. 3-11 等。

[66] 白鳥庫吉"蒙古民族の起源"，《白鳥庫吉全集・塞外民族史研究（上）》（第 4 卷），pp. 23-61；"東胡民族考"，上書，pp. 63-320；以及"西域史上の新研究・大月氏考"，《白鳥庫吉全集・西域史研究（上）》（第 6 卷），東京：岩波，1970 年，pp. 97-227。

[67] 注 65 所引 J. Klaproth 文。

[68] A. Vambery, *Ursprung der Magyaren*, Leipzig, 1882, pp. 40-50.

[69] 注 1 所引內田吟風文。

[70] H. W. Bailey, *Indo-Scythian Studies, being Khotanese Texts*, vol. 7. Combridge, 1985, pp. 25-41.

[71] 注 55 所引 O. J. Maenchen-Helfen 書，pp. 376-443。

[72] W. Barthold, "Der heutige Stand und nächsten Aufgaben der geschichtlichen Erforschung der Türkvölker." *Zeitschrift der Deutschen Morgenländischen Gesellschaft, Neue Folge*, 8 (1929), pp. 121-142.

[73] 周偉洲"魏晉十六國時期鮮卑族向西北地區的遷徙及其分佈",《民族研究》1983 年第 5 期, pp. 31-38。

[74] 參看注 24 所引余太山書, pp. 33-39。

[75] 注 30 所引護雅夫文。

[76] 注 42 所引姚薇元書，pp. 246-248。

[77] 白鳥庫吉"東胡民族考"（出處見注 66）。

[78] 周偉洲《吐谷渾史》，寧夏人民出版社，1985 年，pp. 1-2。

[79] 參看注 24 所引余太山書, pp. 163-192。

三　柔然與西域關係述考

柔然，又作蠕蠕、芮芮、茹茹等，是繼匈奴、鮮卑之後，在塞北興起的又一個強大的遊牧政權。自公元402年其首領社崙自建可汗尊號起，直至555年被突厥破滅，柔然支配塞北達一個半世紀。在此期間，除不斷南侵中原外，柔然還向西域擴張；其目的主要在於爭奪商道霸權、壟斷中繼貿易，以滿足其遊牧經濟本身發展的需要。由於現有資料十分貧乏，柔然與西域關係的始末是不清楚的，學者們雖然對此進行了許多探索，也取得了不少成績，但在若干方面意見迄今沒有取得一致。茲擬在已往研究的基礎上，對此作一番儘可能全面的考察，順便就一些有爭議的問題提出自己的看法，以就正於學術界。

據《魏書·蠕蠕傳》，柔然首領社崙在統馭部衆之後，相繼征服了色楞格河流域的高車部和頞根河附近的"匈奴餘衆"拔也稽，日益強盛起來，"其西則焉耆之地，東則朝鮮之地，北則渡沙漠，窮瀚海，南則臨大磧，其常所會庭則敦煌、張掖之北。小國皆苦其寇抄，羈縻附之。於是自號丘豆伐可汗"。這是關於柔然汗國與西域關係的最重要的記載。

"其西則焉耆之地",應從《通典·邊防一二》"蠕蠕條"作"其西則焉耆之北"。[1] 因爲焉耆不過役屬於柔然,其地未必爲社崙所佔。《魏書·西域傳》載太平真君九年(448年)北魏伐焉耆,因其國"斗絕一隅,不亂日久",故所獲珍寶甚衆;可證。柔然西境既至焉耆之北,說明當時準噶爾盆地已落入其勢力範圍之內。又,"其常所會庭"云云,說明柔然主力在今鄂爾渾河流域至巴里坤盆地一帶。《晉書·李玄盛傳》載:"玄盛乃修敦煌舊塞東西二圍,以防北虜之患,築敦煌舊塞西南二圍,以威南虜。"南虜指吐谷渾,北虜乃指柔然。《十六國春秋輯補·西涼錄》(卷九〇)繫此事於建初九年(413年),上距社崙去世僅三年,可知社崙時代汗庭設在敦煌。張掖以北的柔然早已南下威脅河西西部。要之,柔然立國之初,遲至社崙末年(410年),已經建立了從北面和東面向西域擴張的基地,表明了掠奪和壟斷絲路的意向。

以下擬分五個方面敍述柔然從上述基地出發經略西方的過程。

一

柔然與伊吾、高昌。[2]

柔然既在社崙時代已有可能南下威脅敦煌,在敦煌北面的伊吾自然更應該在它的控制之下。《魏書·唐和傳》載:

李氏爲沮渠蒙遜所滅，和與兄契攜外甥李寶避難伊吾，招集民衆二千餘家，臣於蠕蠕。蠕蠕以契爲伊吾王。

北涼滅西涼，據《魏書·太宗紀》，時在泰常六年（421年）。唐氏奔伊吾，約在423年。[3] "臣於蠕蠕"是勢在必然。柔然"以契爲伊吾王"，不過樹一傀儡，藉唐氏之手，控制這一交通樞紐。《魏書·唐和傳》又載：

經二十年，和與契遣使來降，爲蠕蠕所逼，遂擁部落至于高昌。蠕蠕遣部帥阿若率騎討和。至白力城，和率騎五百先攻高昌，契與阿若戰歿。和收餘衆，奔前部王國。

唐氏在柔然卵翼下當了20年的傀儡，也許不堪屈辱，在北魏勢力西進之際，遣使投降，遂爲柔然所不容。

唐氏之後，伊吾仍在柔然的控制之下。《魏書·高宗紀》載，太安二年（456年），"平西將軍、漁陽公尉眷北擊伊吾，克其城，大獲而還"。尉眷之克伊吾，既能解除柔然對敦煌的威脅，又能從一個方面切斷柔然與西域的聯繫。衹是這次大捷，似乎並未達到上述目的，因爲尉眷不久便退軍了。柔然重新控制了伊吾。據《魏書·高祖紀》，延興二年（472年）、四年，柔然連犯敦煌，其時鎮將爲眷子多侯；《魏書·尉多侯傳》載，多侯擊退了這兩次進犯，"因上疏求北取伊吾，斷蠕蠕通西域之路。高祖善其計，以東作方興，難之"。[4]

柔然對伊吾的控制，一直繼續到五世紀八十年代末。《魏書·高祖紀》載，太和十二年（488年）十有二月，"蠕蠕伊吾戍主高羔子率眾三千以城內附"。高羔子當爲柔然在伊吾扶植的最後一個傀儡。

柔然在控制伊吾的同時，還控制了伊吾西面的高昌。據《魏書》等記載，北涼滅西涼後，不到二十年（439年）便亡於北魏。沮渠氏的殘餘勢力也逃亡西域，於太平真君三年（442年）佔據鄯善。而據《宋書·大且渠蒙遜傳》，當唐和兄弟自伊吾西奔高昌時：

> 高昌城主闞爽告急。八月，無諱留從子豐周守鄯善，自將家戶赴之。未至，而柔然遣軍救高昌，殺唐契，部曲奔無諱。九月，無諱遣將衛㐲夜襲高昌，爽奔芮芮。無諱復居高昌。[5]

關於闞爽，《魏書·高昌傳》載："世祖時（424—452年），有闞爽者，自爲高昌太守。"同傳又載："張軌、呂光。沮渠蒙遜據河西，皆置太守以統之。"可見闞爽自爲高昌太守，當在北涼後期（433或434年）。闞爽也是柔然扶立的傀儡。唐氏西攻，柔然立即馳援，敗於無諱後，又往奔柔然，均可爲證。柔然對高昌的控制很可能自闞爽始。

據《魏書·高昌傳》："無諱死，弟安周代立。和平元年（460年）爲蠕蠕所并。蠕蠕以闞伯周爲高昌王，其稱王自此始也。"伯周應是闞爽族人。柔然滅安周，說明它再次通過闞氏控制了高昌。新疆吐魯番（高昌）曾出土署爲"永康五年歲在庚戌七月"的《蓮華經》殘卷。據考證，永康元年當爲柔然予成可汗卽汗位後二年（466年）所建年號，永康五年卽470年。故該《蓮華經》殘卷當爲柔然控制高昌期間高昌人所書寫。[6]

值得注意的是，伯周以前柔然和高昌沮渠氏的關係。《魏書·車伊洛傳》載：

> 伊洛征焉耆，留其子歇守城，而安周乘虛引蠕蠕，三道圍歇，幷並遣使謂歇曰：爾父已投大魏，爾速歸首，當賜爾爵號。歇固守，連戰。久之，外無救援，爲安周所陷，走奔伊洛。伊洛收集遺散一千餘家，歸焉耆鎮。

據《魏書·西域傳》，伊洛奔焉耆，時在太平真君十一年（450年）。從安周"引蠕蠕"來看，高昌在沮渠氏佔據時期和柔然的關係也頗爲密切，很可能沮渠安周也在某種程度上受制於柔然。至於柔然後來以闞氏取代沮渠氏，則可以認爲是爲了更得手應心地控制高昌。

要之，柔然立國伊始，就從敦煌、張掖以北的王庭不斷向河西地區施加壓力。它假手唐契、唐和乃至高羔子等傀儡，控制伊吾直至八十年代末；而直至四十年代初，更從伊吾向高昌發展，先後通過闞爽、沮渠無諱兄弟、闞伯周控制該地；把絲路東端的這兩個重要據點掌握在自己手中。

二

柔然與烏孫、悅般。

如前所述，柔然在社崙可汗時代已控制了準噶爾盆地，因而它既可以西向納倫河、伊犁河流域，也可南向塔里木盆地發展。

當時在準噶爾盆地以西活動的主要是烏孫和悅般。柔然西向擴張，便同這兩者發生衝突。

據《魏書·西域傳》："烏孫國，居赤谷城，在龜茲西北，去代一萬八百里。其國數爲蠕蠕所侵，西徙葱嶺山中，無城郭，隨畜牧、逐水草。太延三年遣使者董琬等使其國，後每使朝貢。"可知原居赤谷城（在納倫河流域）的烏孫，由於屢遭柔然的侵擾，已放棄故地西徙；太延三年（437年）董琬等訪問的正是"葱嶺山中"的烏孫國。其西徙時間最早可能在社崙可汗在位期間。

或對上述結論表示懷疑，蓋據《魏書·序紀》，拓跋氏於平文皇帝鬱律二年（317年）已經"西兼烏孫故地，東吞勿吉以西"；而至昭成皇帝什翼犍二年（339年），"東自濊貊，西及破洛那，莫不款附"，烏孫早已放棄赤谷城殆無疑義，儘管拓跋氏的祖先向西發展未必真的到達破洛那，上引史料毋寧說是鮮卑繼匈奴之後在漠北興起時東西向擴張所達到的範圍。質言之，《魏書·西域傳》將烏孫西徙歸因於受柔然侵擾是不正確的。[7]

今案：此說未安。一則，"序紀"難免誇張其辭。二則，即使鮮卑或拓跋氏的勢力曾向西一直伸展到納倫河流域甚至費爾幹納地區，烏孫等皆懾威款附，也不一定西徙。至於"烏孫故地"這樣的提法，應是魏收時代的人所採用的，也未必如說者所言，爲鮮卑興起時的口碑和傳說。至於鮮卑和烏孫的關係，《資治通鑒・晉紀二六》所載苻堅建元十二年（376年）詔所載：

> 索頭世跨朔北，中分區域，東賓濊貊，西引烏孫，控弦百萬，虎視雲中。

也許更近實際。質言之，指烏孫放棄故地的原因是鮮卑或拓跋氏向西擴張並無確證，而上引有關烏孫西徙葱嶺是由於"數爲蠕蠕所侵"的記載，言之鑿鑿，不能輕易否定。

烏孫西徙之後，出現的政治真空，後來爲悅般所填補。關於悅般，《魏書・西域傳》載：

> 其先，匈奴北單于之部落也。爲漢車騎將軍竇憲所逐，北單于度金微山，西走康居，其羸弱不能去者住龜茲北。

由此可知，悅般人原居龜茲之北。《魏書・西域傳》又稱：

> 在烏孫西北，去代一萬九百三十里。……地方數千里，衆可二十餘萬。……其國南界有火山，山傍石皆燋鎔，流地數十里乃凝堅，人取爲藥，卽石流黃也。

則應指當時悅般國的形勢。所謂"去代一萬九百三十里"，恰好等於代去長安的距離（1900里），加上《漢書·西域傳》所載長安去姑墨（8150里）、姑墨去溫宿（270里）、溫宿去赤谷城（610里）的距離。這說明悅般在烏孫西徙後，已自龜茲北北上，佔領了烏孫故地。蓋董琬等自姑墨經溫宿往赴赤谷城，本意在訪問烏孫，卻發現該地已爲悅般所佔。《魏書·西域傳》編者則根據董琬等的行途經由，以及《漢書·西域傳》的有關里程算出了悅般去代里數。而《魏書·西域傳》僅載烏孫西徙前的去代里數（10800里），此里數且由直接採自《漢書·西域傳》烏孫去長安里數（8900里），加上代去長安的距離（1900里）而得。這既是由於烏孫已西徙後無城郭可言，亦是由於《魏書·西域傳》編者有意承襲《漢書·西域傳》的緣故。《魏書·西域傳》所載悅般去代里數既表明悅般在烏孫西徙蔥嶺後已佔有烏孫故地，則不能不認爲傳文"在烏孫西北"，可能是"在烏孫東北"之誤，所指應係悅般自龜茲北北上、烏孫西徙蔥嶺後兩者的相對方位。[8] 至於"其國南界有火山"云云，則表明佔有烏孫故地後的悅般仍保有龜茲以北的原居地。[9] 另外，從傳文所載悅般"地方數千里"來看，當時悅般的領域應該是東起裕勒都斯河谷、西至納倫河谷，南自龜茲以北、北抵伊犁河流域。

悅般自龜茲北北上的具體時間雖不可考，但最早也可能在社崙可汗在位時期。《魏書·西域傳》載：

> [悅般]與蠕蠕結好，其王嘗將數千人入蠕蠕國，欲與大檀相見。入其界百餘里，見其部人不浣衣，不絆髮，不洗手，婦人舌舐器物，王謂其從臣曰：汝曹誑我入此狗國中！乃馳

還。大檀遣騎追之不及，自是相仇讎，數相征討。

大檀卽汗位於414年。然據《魏書·蠕蠕傳》，"大檀者，社崙季父僕渾之子，先統別部，鎮於西界"，可知上引一段故事也未必發生在大檀卽汗位之後。也就是說悅般王會見的有可能是鎮守西界的大檀。

不管怎樣，悅般一旦佔有烏孫故地，勢必代替烏孫承受來自柔然的壓力。據《魏書·西域傳》：

> 真君九年，遣使朝獻。……又言其國有大術者，蠕蠕來抄掠，術人能作霖雨狂風大雪及行潦，蠕蠕凍死漂亡者十二三。是歲再遣使朝貢，求與官軍東西齊契討蠕蠕。世祖嘉其意，命中外諸軍戒嚴，以淮南王他爲前鋒，襲蠕蠕。……自後每使貢獻。

可知悅般曾企圖聯合北魏夾擊柔然，而由於悅般的存在，柔然向納倫河、伊犂河流域的發展遇阻。

然而應該指出的是，《魏書·西域傳》所載悅般在太平真君九年（448年）的兩次朝魏，似乎是悅般和北魏的最後接觸。所謂"自後每使貢獻"不見《魏書》"本紀"，未能落實。而像悅般這樣一個大遊牧部族忽然消失，也許是終於不堪柔然的侵擾而西遷了。《魏書·蠕蠕傳》載，北魏在太平真君十年（449年）和太安四年（458年）均曾大敗柔然，很可能因此增強了柔然對西方的壓力，迫使悅般西遷。果然,其西遷時間約在450—460年間。[10]

要之,柔然在社崙可汗時,已有可能自準噶爾盆地西向侵犯烏孫,迫使烏孫西徙,隨即又同佔領烏孫舊地的悅般"相仇讎",最終迫使悅般也走上西徙之路。

三

《宋書·芮芮傳》載:"芮芮,一號大檀,又號檀檀,亦匈奴別種,自西路通京師三萬餘里,僭稱大號,部衆殷強,歲時遣使詣京師,與中國亢禮;西域諸國焉耆、鄯善、龜茲、姑墨、東道諸國並役屬之。"這是現存有關柔然與西域南北道諸國關係的一則比較明確的記載。然而無法從中得知焉耆等國役屬柔然從何時開始、到何時結束,更無從知道具體過程。爲此,已有學者作了一番研究。[11] 茲擬針對有關結論談談自己的看法。

第一,說者認爲,焉耆等四國役屬於柔然始於大檀可汗在位時(414—429年),主要依據是《宋書·芮芮傳》誤傳"大檀"(可汗名)爲芮芮之別名。這說明《宋書·芮芮傳》所載柔然情況的主要部份是屬於大檀時期的,或者是因爲柔然的擴張在大檀時期最爲顯著。

今案:"大檀"可讀如"檀檀",又與"芮芮"音近,可能是《宋書·芮芮傳》致誤的原因。又如前述,大檀在卽汗位前已統馭別部鎭於西界,故劉宋"自西路"所獲有關柔然的情報卽使自大檀始，也未必在社崙去世之後。更何況前引《魏書·蠕蠕傳》在談到社崙自建汗號之際柔然疆域的四至時已指出，"小國皆苦其寇抄，羈縻附之"。所謂小國，應該就是焉耆等國。因爲"其西則焉耆之北"一句，乃指社崙可汗時柔然的實際疆域，並不包括它的寇抄、劫掠和役使的範圍。柔然完全可能從焉耆之北南下，控制上述諸國。因此，南北道諸國役屬柔然最早可能始於社崙可汗時期。

第二，說者認爲，據《宋書·大且渠蒙遜傳》，沮渠無諱於元嘉十九年（442年）佔據高昌後，立即遣使劉宋，由文帝封爲"河西王"。無諱死，其弟安周繼立之際（444年），亦通使劉宋，接受"河西王"的封號；大明三年（459年）還遣使朝獻。高昌東鄰柔然，河西又爲北魏鎮守，故沮渠氏使劉宋祇能取道鄯善。因此，在高昌沮渠氏政權存在期間（442—460年），鄯善已役屬柔然。

今案：說者指出的這種可能性是存在的，祇是結論未免太絕對了。柔然固然可以通過沮渠氏將自己的勢力滲入鄯善，蓋種種蹟像表明沮渠氏在河西時已同柔然勾結，[12]涼州破後，無諱兄弟亡命高昌，勢必進一步投靠柔然。更何況焉耆有道直通鄯善，柔然勢力可從焉耆進入鄯善，沮渠氏自鄯善侵高昌便曾經由"焉耆東北"。但沮渠氏遣使劉宋取道鄯善，與鄯善當時是否役屬柔然畢竟並無必然聯繫，不能有因爲沮渠氏遣使劉宋的記載就肯定當時鄯善已經役屬柔然。

第三，說者認爲，由於太平真君九年（448年）北魏萬度歸對焉耆和龜茲的討伐，柔然對這兩國的控制一直中斷至460年，即柔然立闞伯周爲高昌王、重開西域經營之際。

今案：現存資料不足以證明這一點。據《魏書·西域傳》：

> 世祖詔萬度歸率騎一千以擊之，龜茲遣烏羯目提等領兵三千距戰，度歸擊走之，斬二百餘級，大獲駝馬而還。

顯然萬度歸衹是打了一次勝仗，並沒有攻入王城，更沒有在該地駐軍。《魏書·世祖紀》載，太平真君十年（449年）龜茲國"遣使朝獻"，可知其國依舊存在。又據《魏書·西域傳》，萬度歸西征焉耆，"拔焉耆三城"；事後，世祖"命度歸鎮撫其人"，其王則西奔龜茲。萬度歸接著西征龜茲，據《魏書·唐和傳》，曾"令和鎮焉耆"。而據《魏書·西域傳》，車師王車夷落因爲沮渠安周所攻，"捨國東奔"，"到焉耆東界"，世祖下詔"開焉耆倉給之"。可知直至此時，焉耆尚在北魏的控制之下，但此後的情況就不十分清楚了。我們衹是據《魏書·唐和傳》知道，"正平元年（451年），和詣闕，世祖優寵之，待以上客"。此後，北魏似乎沒有再委派焉耆鎮將，很可能在唐和赴京師以後，焉耆依舊自立。另一方面，柔然雖然由於萬度歸的西征一度中斷對焉耆等國的控制，但並沒有喪失在準噶爾盆地的基地，一旦北魏勢力撤離，馬上可以捲土重來。質言之，柔然在萬度歸西征之後、滅高昌沮渠氏之前，至少在452—460年之間，重新控制焉耆、龜茲乃至姑墨的可能性不能完全排除。

第四，說者暗示，由於太平真君六年（445年）北魏萬度歸對鄯善的征伐，柔然對鄯善的控制事實上宣告結束，此後鄯善可能已成爲吐谷渾的領土。

今案：460年柔然立闞氏爲高昌王，旨在加強對西域的控制。此後柔然勢力除進入焉耆及其以西外，仍然有可能再次進入鄯善。萬度歸西征之後，據《魏書·世祖紀下》，雖然太平真君八年（447年），鄯善國曾遣子朝獻，似乎其國尚在，但翌年便以"交趾公韓拔爲假節、征西將軍、領護西戎校尉、鄯善王、鎮鄯善"。可見北魏已下決心鎮戍鄯善了。韓拔鎮鄯善至何時，史無明文。僅據《魏書·高祖紀上》所載，延興二年（472年）"正月乙卯，統萬鎮胡民相率北叛，詔寧南將軍、交趾公韓拔等追滅之"，可知其時韓拔已不在鄯善。《魏書·高祖紀上》又載，延興元年（471年）十月庚寅，"以征東大將軍、南安王楨爲假節、都督涼州及西戎諸軍事、領護西域校尉、儀同三司，鎮涼州"。這南安王楨很可能是繼韓拔之後領護西域校尉的。果然如此，則韓拔鎮鄯善至遲不超過471年。韓拔以後，北魏是否繼續鎮戍鄯善不得而知。[13] 換言之，不能完全排除鄯善在韓拔以後再次落入柔然勢力範圍的可能性。

《高僧傳》卷一三的一則記載似可作爲上述推測的佐證：

> 釋法獻，姓徐，西海延水人。……以宋元徽三年（475年）發踵金陵，西遊巴蜀，路出河南，道經芮芮，既到于闐，欲度蔥嶺，值棧道斷絕，遂於于闐而反。[14]

所謂"河南"應即吐谷渾。法獻自蜀地取道吐谷渾赴于闐，勢必經過鄯善地區，傳文不言鄯善而言芮芮，正說明當時鄯善處在柔然的控制之下。

也許是爲了證明460年以後，鄯善已不再處於柔然勢力範圍之內，說者試圖證實柔然遣使劉宋並不取道鄯善。據云，上引《高僧傳》所載法獻"道經芮芮"並不是指路過介乎吐谷渾與于闐之間的鄯善地區。法獻是西海延水人，因而他一定自吐谷渾向北，沿額濟納河到達居延，再在柔然的保護下越過東部天山地區，以便訪問其出生地。[15] 其行程應和《高僧傳》卷三所載永初元年（420年）曇無竭西行所取路程相同，亦即取道吐谷渾、西海、高昌、龜茲、疏勒。這些記載都說明柔然也是沿額濟納河南下，到達河西，再通過吐谷渾介紹致使劉宋的。

今案：此說未安。一則，法獻的目的地既是于闐及其以西，完全沒有必要繞道居延；訪問出生地云云，皆出諸論者想像，並無任何依據。二則，曇無竭的行程也未必如說者所指。據《高僧傳》卷三載，曇無竭一行"初至河南國，仍出海西郡，進入流沙，到高昌郡"。[16] 其中，"河南國"應即法顯所經"乾歸國"（西秦）。"海西郡"，誠如說者所指，爲"西海郡"之誤，當乙正；然而這"西海郡"並非置於居延者，應爲王莽置於青海西者。"這裏提及這郡名，如果不是當時郡縣興廢無常，史籍失載，便是由於採用古地名"。[17] 因爲曇無竭的目的地是高昌，無論如何沒有北上繞道居延的必要。三則，即使曇無竭和法獻西行並未取道鄯善，也不能因此得出柔然遣使劉宋並不經由鄯善的結論來，兩者並無必然聯繫。如果460年以後柔然使劉宋不取道鄯善是因爲鄯善已成爲吐谷渾的領土，那麼鄯善取曇無竭、法獻的道路南使，豈不也要經過吐谷渾的領土？柔然使臣能通過吐谷渾本土，爲何不能通過化爲吐谷渾領土的鄯善地區？四則，說者曾指出高昌沮渠氏使劉宋必定取道鄯善，乃是爲了避免穿越北魏的領土。按照同一邏輯，柔然南使取道與說者所指法獻行程相似豈非更不可能？因爲此道勢必穿越北魏領土。柔然和劉宋乃至蕭齊均係北魏敵國，北魏安能坐視二敵攜手。[18]

至於吐谷渾和鄯善的關係，雖如說者所指，可上溯至沮渠氏兄弟據高昌前後，此後也有蹟像表明兩者保持著聯繫。但是，鄯善役屬於吐谷渾，似應在爲丁零卽高車殘破之後。據《魏書·吐谷渾傳》，高祖"拜伏連籌使持節、都督西垂諸軍事、征西將軍、領護西戎中郎將、西海郡開國公、吐谷渾王"。查《魏書·高祖紀下》，事在太和十七年（493年）。至此，鄯善方落入吐谷渾的勢力範圍。《魏書·高車傳》所載永平元年（508年）世宗詔：

  蠕蠕、嚈噠、吐谷渾所以交通者，皆路由高昌，掎角相接。

可證此時吐谷渾勢力已北抵高昌。但是，應該指出，卽使到了這個時候，鄯善似乎還沒有化爲吐谷渾領土。《洛陽伽藍記》卷五載神龜元年（518年）西使的宋雲一行：

  從土谷渾西行三千五百里，至鄯善城。其城自立王；爲土谷渾所居。今城是土谷渾第二息寧西將軍總部落三千以禦西胡。[19]

鄯善"自立王"當在北魏撤離之後,"爲土谷渾所居",或始自 493 年。值得注意的是,其城雖爲吐谷渾所居,卻至少名義上尚在"自立王"治下。伏連籌令其次子"總部落三千,以禦西胡",正是"護西戎中郎將"的職責。由此可見,《隋書·吐谷渾傳》所謂吐谷渾"地兼鄯善、且末",恐怕最早也要到伏連籌之子夸呂即位(535 年左右)以後了。[20] 蓋據《魏書·吐谷渾傳》:

> 伏連籌死,子夸呂立,始自號爲可汗。……其地東西三千里,南北千餘里。

夸呂旣自號可汗,不再受制於北朝,自然可以正式兼并鄯善、且末了。鄯善被兼并的具體時間,似可斷在西魏大統八年(542 年),《北史·魏本紀五》載是年四月,"鄯善王兄鄯朱那率衆內附"。[21]

四

本節述考柔然與于闐的關係。據《魏書·西域傳》:

> 顯祖末,蠕蠕寇于闐,于闐患之,遣使素目伽上表曰:西方諸國,今皆已屬蠕蠕,奴世奉大國,至今無異。今蠕蠕

軍馬到城下，奴聚兵自固，故遣使奉獻，延望救援。顯祖詔公卿議之，公卿奏曰：于闐去京師幾萬里，蠕蠕之性，惟習野掠，不能攻城，若為所拒，當已旋矣。雖欲遣使，勢無所及。顯祖以公卿議示其使者，亦以為然。於是詔之曰：朕承天理物，欲令萬方各安其所，應敕諸軍以拯汝難。但去汝遐阻，雖復遣援，不救當時之急，已停師不行，汝宜知之。朕今練甲養卒，一二歲間當躬率猛將，為汝除患，汝其謹警候以待大舉。

查《魏書·顯祖紀》，于闐朝魏有天安元年（466年）、皇興元年（467年）和二年各一次，凡三次。說者據此斷入寇于闐事件發生於466—468年間，大致是不錯的。但說者認為這次入寇于闐的其實並非柔然，而是嚈噠。[22] 今案：其說未安。

據《魏書·尉多侯傳》載，多侯於"顯祖時，為假節、征西將軍、領護羌戎校尉、敦煌鎮將。至鎮，上表求率輕騎五千，西入于闐，兼平諸國，因敵取資，平定為效；弗許"。說者分析說，多侯表求西入于闐，顯然不可能以"世奉大國"的于闐為平定對像；也不可能以救援遭到入侵的于闐為目的；如果入侵于闐的是吐谷渾，多侯祗須將吐谷渾和南道的接觸點鄯善掌握到手中，事態就會大有好轉；如果入侵者為柔然，則應如他後來所策劃的那樣，"北取伊吾，斷蠕蠕通西域之路"。均無必要自敦煌經由鄯善、且末，穿越圖倫磧，艱難地進軍于闐。因此，不得不設想入寇于闐的是柔然、吐谷渾以外的第三者即新興的嚈噠。它的勢力自西向東發展，這時已達到于闐。于闐王表文中的"西方諸國"，應指葱嶺以西諸國。該表可能是用于闐語寫的，而以"蠻夷"之類的詞表示嚈噠，北魏在翻譯時誤解爲柔然。

今案：雖然到顯祖末，嚈噠勢力確已席捲葱嶺以西，不是沒有進寇于闐的可能。但是于闐位近葱嶺，對嚈噠一定頗爲瞭解，不會籠統地將嚈噠稱爲"蠻族"之類。且據《魏書·高祖紀》，嚈噠在太安二年（456年）已遣使北魏，北魏對嚈噠也不是一無所知，不至於將它和柔然混爲一談。何況對於如何救援于闐，當時北魏朝廷是經過仔細討論的，還徵求了于闐使者的意見；即使一開始有所誤解，也必定會得到糾正。表文所謂"西方諸國"，應是站在北魏立場上說的，乃指葱嶺以東諸國。于闐上表求援，自然處處動以利害，強調葱嶺之西，又如何能引起北魏的重視？更重要的是，柔然在460年加強了對高昌及其以西的控制，進而於466—468年入寇于闐是完全可能的。祇要這種可能性沒有完全排除，就不應該輕易否定上引《魏書·西域傳》的記載。至於多侯上表，是他作爲敦煌鎮將自陳方略，意在立功異域，目標是救援于闐，兼平沿途役屬柔然諸國，不可能如說者所說，以葱嶺之西的嚈噠爲對像。472年，多侯又主張"北取伊吾"，不過是"西入于闐"的主張被否決後，提出的退一步的建議，也是爲了消除來自敦煌北面的威脅。誠如說者所言，當時柔然入寇于闐可取北道，亦可取南道，祇要準噶爾盆地尚在柔然掌握中，即使多侯攻取了伊吾，也未必能解除柔然對于闐的威脅。

要之，早在社崙可汗時代，焉耆、鄯善、姑墨等南北道諸國已役屬柔然。雖然由於萬度歸的西征，這種役屬曾一度中斷，但至少在460年以後，由於柔然加強了對高昌的控制，焉耆、龜茲、鄯善、于闐等再次落入柔然的勢力範圍。

五

本節述考柔然與柔然與嚈噠、大月氏。

嚈噠，亦稱滑國。《梁書·西北諸戎傳》載："元魏之居桑乾也，滑猶爲小國，屬芮芮。"如果這則記載不誤，則可知嚈噠也曾役屬柔然。問題在於役屬的時間。據《魏書·西域傳》：

嚈噠國……其原出於塞北，自金山而南，[至文成帝時已八九十年矣]。[23]

嚈噠首次遣使北魏在文成帝太安二年（456年），因此其南遷年代應由456年上溯"八九十年"，約爲366—376年。其時柔然尚未興起，故嚈噠在塞北時不可能役屬柔然。又，嚈噠自塞北南遷，首先到達索格底亞那，437年左右又南渡阿姆河，入侵吐火羅斯坦，逐走蟠踞該處的寄多羅貴霜人，卽《魏書·西域傳》所載"大月氏國"。此後，迅速强大起來，成爲中亞第一强國。[24]因此，從嚈噠本身的歷史來看，它役屬柔然衹可能在南遷索格底亞那之後、入侵吐火羅斯坦以前。而《梁書·西北諸戎傳》所謂"元魏之居桑乾"應即拓跋氏都平城之時（398—494），故嚈噠役屬柔然的時間，似可定在 402—437 年間。這一段時間，正是柔然向西方發展的時期，王治位於葱嶺以西的嚈噠受它役使，不是沒有可能的。

至於柔然和大月氏的關係，祇能從《魏書·西域傳》的一則記載中得知：

> 大月氏國，都盧監氏城，在弗敵沙西，去代一萬四千五百里。北與蠕蠕接，數爲所侵，遂西徙都薄羅城，去弗敵沙二千一百里。

柔然在控制阿姆河北的嚈噠的同時，又數侵河南的大月氏國。"北與蠕蠕接"一句也說明柔然的勢力曾一度沿南北道伸向阿姆河流域。[25]

要之，柔然在嚈噠勃興以前，確切些說在烏孫西徙葱嶺之後、悅般自龜茲北北上之前，曾向索格底亞那和吐火羅斯坦擴張。

六

本節述考柔然與柔然與高車的關係。

高車曾役屬柔然，也許因爲不堪誅求，其中副伏羅部於五世紀八十年代叛離柔然西遷。與本題有關的主要是這部份西遷的高車人。

高車西遷的時間和經過，據《魏書·高車傳》記載：

先是，副伏羅部爲蠕蠕所役屬，豆崙之世，蠕蠕亂離，國部分散，副伏羅阿伏至羅與從弟窮奇俱統領高車之衆十餘萬落。太和十一年，豆崙犯塞，阿伏至羅等固諫不從，怒，率所部之衆西叛，至前部西北，自立爲王，國人號之曰"侯婁匐勒"，猶魏言大天子也。窮奇號"候倍"，猶魏言儲主也。二人和穆，分部而立，阿伏至羅居北，窮奇在南。豆崙追討之，頗爲阿伏至羅所敗，乃引衆東徙。

而《魏書・蠕蠕傳》則載：

[太和]十六年八月，高祖遣陽平王頤、左僕射陸叡並爲都督，領軍斛律桓等十二將七萬騎討豆崙。部内高車阿伏至羅率十餘萬落西走，自立爲主。豆崙與叔父那蓋爲二道追之，豆崙出浚稽山北而西，那蓋出自金山。豆崙頻爲阿伏至羅所敗，那蓋累有勝捷。國人咸以那蓋爲天所助，欲推那蓋爲主。那蓋不從，衆強之，那蓋曰：我爲臣不可，焉能爲主！衆乃殺豆崙母子，以屍示那蓋，那蓋乃襲位。

所傳高車西遷時間似乎不同，一作太和十一年(487年)，一作十六年。或就此作了詳細考證，結論是：492年非是。[26]

今案：細讀上引兩段文字，不難發現所載其實並不矛盾，《魏書・蠕蠕傳》繫於太和十六年下的是兩件事，一是高祖遣陽平王頤和陸叡討柔然，一是豆崙之死。高車西走，自立爲王，乃至豆崙、那蓋分道追剿等,都不過是插敍,以明豆崙死因。高車西遷年代,已明載於本傳,故略而不書。

此外,《南齊書·芮芮傳》記載:

> 自芮芮居匈奴故廷十年,丁零胡又南攻芮芮,得其故地,芮芮稍南徙。魏虜主元宏以其侵逼,遣僞平元王駕陸渾、龍驤將軍楊延數十萬騎伐芮芮,大寒雪,人馬死者衆。

或以爲:此處所謂"丁零胡"應卽高車副伏羅部,"駕陸渾"卽陸叡;"居匈奴故廷十年"一句顯然有誤,應指《魏書·高祖紀下》所載太和十一年八月壬申"蠕蠕犯塞,遣平原王陸叡討之"一事。由此可見,《魏書·高車傳》所載太和十一年"豆崙犯塞"起因於受高車攻擊,而副伏羅部之叛柔然,與其說阿伏至羅"固諫不從"而西走,毋寧說主動攻擊柔然。[27]

又,《魏書·高閭傳》有載:

> 高祖又引見羣臣,議伐蠕蠕。帝曰:蠕蠕前後再擾朔邊,近有投化人云,敕勒渠帥興兵叛之,蠕蠕主身率徒衆,追至西漠。今爲應乘弊致討,爲應休兵息民? ……又曰:今欲遣蠕蠕使還,應有書問不? 羣臣以爲宜有,乃詔閭爲書。於時蠕蠕國有喪,而書不敍凶事。……

說者認爲,其中"敕勒渠帥"應卽阿伏至羅;"國有喪"應指太和九年（485年）予成之死。《資治通鑑·齊紀二》繫上條於永明四年（486年）三月丙申。再結合《魏書·高祖紀下》所載太和十年（486年）正月壬午"蠕蠕犯塞"以及三月丙申"蠕蠕國遣使朝貢"，可知北魏在太和十年三月之前已獲悉高車副伏羅部之叛。而從是年正月已有蠕蠕犯塞的記錄來看，又可知高車之獨立建國應在太和九年底至十年初；蓋如前述，柔然南侵是高車副伏羅部之叛引起的。質言之，《魏書·高車傳》關於高車獨立年代之記載至少是不夠精確的。[28]

今案：上引《南齊書·芮芮傳》"楊延"下應奪一"之"字；"延之"，楊播字。《魏書·楊播傳》：

> 未幾，除龍驤將軍……與陽平王頤等出漠北擊蠕蠕，大獲而還。

而傳文"自芮芮居匈奴故廷十年"，應至"廷"字爲句，"十年"指齊武帝永明十年（492年）。[29] 又據《魏書·高祖紀》關於太和十六年八月乙未"詔陽平王頤、左僕射陸叡督十二將七萬騎，北討蠕蠕"的記載，知太和十六年北魏之討柔然，楊播乃陽平王頤、左僕射陸叡所督十二將之一，而《南齊書·芮芮傳》所傳並非指太和十一年之事。何況即使所傳確係太和十一年之事，也不能由此推論太和十年正月柔然犯塞亦起因於高車之攻擊。

再者，高車之叛柔然，史不絕書，故無從確指太和十年三月前所獲悉叛離柔然之"敕勒渠帥"正是副伏羅部的阿伏至羅，"西漠"也不等於"前部西北"。很可能有一部份高車人先副伏羅部叛離柔然，豆崙追討於大漠西部。此後，即太和十一年八月，豆崙又犯塞，阿伏至羅固諫不從，纔率副伏羅部西走，自立爲王。因此，高車獨立建國的年代，還應從《魏書·高車傳》。

高車西遷後，在"前部西北"一帶自立爲王。新建的高車國還包括阿爾泰山西南麓。這從柔然分兵追剿時，"那蓋出自金山"，以及《魏書·袁翻傳》所述西海郡"去高車所住金山一千餘里"，可以推知。[30]因此，"高車國"佔有了天山和阿爾泰山之間的地區。這正是柔然經略西域的重要基地。

爲同柔然對抗，高車建國後，立即遣使朝魏。《魏書·高車傳》載：

[太和]十四年（490年），阿伏至羅遣商胡越者至京師，以二箭奉貢，云：蠕蠕爲天子之賊，臣諫之不從，遂叛來至此而自豎立，當爲天子討除蠕蠕。

既通好北魏，接著就南下消滅了柔然所扶立的高昌傀儡政權，另立親高車者爲王。《魏書·高昌傳》載：

太和初，伯周死，子義成立，歲餘，爲其兄首歸所殺，自立爲高昌王。五年，高車王可至羅殺首歸兄弟，以敦煌人張孟明爲王。

其中"可至羅"顯係"阿伏至羅"之奪訛,而"五年"當爲"十五年"之誤。一則,《魏書》所見高車諸部從來活動於漠北,487年當爲高車首次西遷。二則,高車於前部西北立國後,纔能控制高昌,並進而南下鄯善。三則,高車稱王在487年,若阿伏至羅於太和五年(481年)滅高昌闞氏,則《魏書・高昌傳》不應稱之爲高車王。說者以爲高車滅亡闞氏應在太和五年,蓋高車於487年西走並非偶然,已有堅强的基礎工作在前云云,[31] 似有未安。

高車控制高昌之日,正是嚈噠積極向東方發展之時。因此,高車不僅要承受東面來自柔然的壓力,還要在西面同嚈噠對抗。據《魏書・高車傳》:

> 窮奇後爲嚈噠所殺,虜其子彌俄突等,其衆分散,或來奔附,或投蠕蠕。……阿伏至羅又殘暴,大失衆心,衆共殺之,立其宗人跋利延爲主。歲餘,嚈噠伐高車,將納彌俄突,國人殺跋利延,迎彌俄突而立之。

這是嚈噠首次操縱高車王位之廢立,其目的可能在於利用高車維持商道之暢通,亦阻止柔然勢力西進。

彌俄突既立,也遣使朝魏。《魏書・高車傳》載:

> 世宗詔之曰:卿遠據沙外,頻申誠款,覽挹忠志,特所欽嘉。蠕蠕、嚈噠。吐谷渾所以交通者,皆路由高昌,掎角相接。今高昌內附,遣使迎引,[蠕蠕既與吐谷渾往來路絕,

姦勢亦沮，於卿彼藩，便有所益，行途經由，宜相供俟，] 不得妄令羣小敢有陵犯，擁塞王人，罪在不赦。[32]

按之《魏書·高昌傳》，高車所立高昌王張孟明，"後爲國人所殺，立馬儒爲王"。馬儒於太和二十一年（497 年）朝魏，"求舉國內徙"，"而高昌舊人情戀本土，不願東遷，相與殺儒而立麴嘉爲王"。嘉旣立，於永平元年遣使北魏，"仍求內徙，乞軍迎援"，世宗"遣龍驤將軍孟威發涼州兵三千人迎之"。可知世宗下詔當在永平元年（508 年），而嚈噠立彌俄突亦在同年或稍前。

就在遣使北魏的同一年，據《魏書·高車傳》，彌俄突"與蠕蠕主伏圖戰於蒲類海北，爲伏圖所敗，西走三百餘里，伏圖次於伊吾北山"。但由於適逢迎引高昌內徙的孟威率軍抵達伊吾，"蠕蠕見威軍，怖而遁走，彌俄突聞其離駭，追擊大破之，殺伏圖於蒲類海北，割其髮，送於孟威"，且遣使奉獻；時在永平二年（509 年）。[33]

另據《魏書·高昌傳》，麴嘉旣立，"又臣于蠕蠕那蓋。……及蠕蠕主伏圖爲高車所殺，嘉又臣高車"。可知 501—509 年間，高昌又曾役屬柔然。上引世宗所謂蠕蠕、嚈噠、吐谷渾之交通"皆路由高昌"，也是指這一段時間的情況。但自從伏圖被殺、麴嘉臣於高車以後。柔然已無法"路由高昌"，這是柔然自 487 年高車叛離、翌年失去伊吾以來，在西域的又一次重大挫折。

至於高昌以西的焉耆，早在伏圖死前就落入嚈噠的勢力範圍。《魏書·高昌傳》載：

焉耆又爲嚈噠所破滅，國人分散，衆不自立，請王於嘉。嘉遣第二子爲焉耆王以主之。

嚈噠破焉耆的確切年代已不可考。但據《魏書·世宗紀》，景明三年（502年）來朝諸國中有"烏稽國"，"烏稽"當即焉耆；結合前述嚈噠殺高車王儲窮奇、納彌俄突等記錄，則其事當發生在六世紀最初五、六年內。焉耆既破，其西北諸國無疑皆役屬嚈噠。

在這種形勢下，柔然仍不甘失敗，力圖恢復對準噶爾盆地的控制。據《魏書·蠕蠕傳》，伏圖子醜奴於熙平元年（516年）"西征高車，大破之，禽其王彌俄突，殺之，盡幷叛者，國遂强盛"。但據《魏書·高車傳》，"經數年，嚈噠聽彌俄突弟伊匐還國"，又一次操縱高車王位之廢立。伊匐復國之後，據《魏書·蠕蠕傳》，於正光元年（520年）侵柔然，大敗醜奴；二年，又大敗柔然主婆羅門。接著，據《魏書·肅宗紀》，伊匐於正光三年受封爲"鎮西將軍、西海郡開國公、高車王"，並一再朝魏。這不僅表明高車在同柔然的對抗中一貫尋求北魏的支援，也表明北魏有意假手高車削弱柔然的力量。

此後，據《魏書·高車傳》，"伊匐後與蠕蠕戰，敗歸，其弟越居殺伊匐自立。天平中（534—537年），越居復爲蠕蠕所破，伊匐子比適殺越居而自立。興和中（按之《魏書·孝靜紀》事在興和三年即541年），比適又爲蠕蠕所破，越居子去賓自蠕蠕來奔"。高車國雖破，但柔然再也沒有可能重開西域經營。一則，嚈噠勢力尚盛。二則，高車餘部還在準噶爾一帶活動，《周書·突厥傳》載，大統十二年（546年），"鐵勒將伐茹茹，土門率所部邀擊，破之，盡降其衆五萬餘落"，可證。三則，柔然本身在同高車的翻覆鬥爭中已搞得精疲力竭，正如《魏書·蠕蠕傳》載正光二年（521年）柔然可汗阿那瓌啓所謂："國土大亂，姓姓別住，迭相抄掠"。國勢每況愈下，終於不堪突厥一擊。

要之，五世紀八十年代末高車叛離柔然、獨立建國，柔然的西方經略已瀕臨破滅。事實上，至六世紀初，柔然與西域的關係便基本結束了。

■ 注釋

[1] 說本内田吟風"柔然族史序說"，羽田博士還曆記念會編《羽田博士頌壽記念東洋史論叢》，京都：東洋史研究會，1950年，pp. 131-171。松田壽男《古代天山の歷史地理學的研究》，東京：早稻田大學出版部，1970年，p. 144，則以爲係杜佑臆改；今案：松田氏說未安。

[2] 本節所述主要參照馮承鈞"高昌事輯"，《西域南海史地考證論著彙輯》，中華書局香港分局，1976年，pp. 48-83；以及注1所引松田氏書，pp. 143-150。

[3] 見注1所引松田氏書，pp. 138-142。

[4] 見注1所引松田氏書，pp. 145-146，以爲多侯上疏在延興二年。今案：多侯上疏也可能在延興四年。《魏書·高祖紀上》稱，延興四年"蠕蠕寇敦煌，鎮將尉多侯大破之"；而《魏書·尉多侯傳》稱上疏前，蠕蠕來犯，多侯"率

眾出戰，大破之，追北數十里，斬首千餘級"。延興二年之戰，《魏書·高祖紀上》僅稱："蠕蠕寇敦煌，鎮將尉多侯擊走之。"

[5]《魏書·沮渠蒙遜傳》所載略同，唯"豐周"作"安周"。據注 1 所引松田氏書，p. 139，考證，作"豐周"者是。

[6] 參見周偉洲《敕勒與柔然》，上海人民出版社，1983 年，p. 159。

[7] 注 1 所引松田氏書，pp. 195-204。

[8] 同注 7。

[9] 松田氏（出處見上注）以為"在烏孫西北"並非悅般國的方位，而是指西走匈奴的主流，似有未安。又，内田吟風"匈奴西移考"，《北アジア史研究·匈奴篇》，京都：同朋舍，1975 年，pp. 115-141，似乎認為：悅般最初在龜茲西北，後來移至烏孫西北立國。因此，史籍祇見鮮卑、柔然侵寇烏孫，而不見侵寇悅般的記載。質言之，悅般在烏孫西徙之前已移至烏孫西北。如果這樣理解不誤，則此說同樣有欠考慮。因為最早傳聞悅般的應是董琬一行（在此之前悅般是否同樣受到鮮卑等侵寇不得而知），故傳文所載方位祇能是董琬等西使時悅般和烏孫的相對方位，而其時烏孫已西徙葱嶺；且從傳文所載悅般去代距離來看，悅般正在烏孫故地，或者說得確切一點，烏孫故地已包括在悅般領土之内。

[10] 悅般在太平真君九年（448 年）尚遣使北魏，建議夾擊柔然。然而當北魏於翌年大舉討伐柔然時，卻不見悅般動靜。從這個角度似乎也可說明其時悅般主力已開始西徙。西徙的悅般便是西史的阿瓦爾，見本書下卷第四篇。

[11] 注 1 所引松田氏書，pp. 143-163。

[12]《魏書·西域傳》載："初，世祖每遣使西域，常詔河西王沮渠牧犍令護

送。……後使者自西域還，至武威，牧犍左右謂使者曰：我君承蠕蠕吳提妄說，云：去歲魏天子自來伐我，士馬疫死，大敗而還，我禽其長弟樂平王丕。我君大喜，宣言國中。……牧犍事主稍以慢惰。"又，《魏書·穆壽傳》載："興駕征涼州……世祖謂壽曰：蠕蠕吳提與牧犍連和，今聞朕征涼州，必來犯塞。"

[13]《魏書·高湖傳》載，胡侄孫幹"歷南青州征虜府司馬、威遠將軍、鄯善鎮遠府長史"。據此，馮承鈞"高車之西徙與車師鄯善國人之分散"，注 2 所引書，pp. 36-47, esp. 47,考證高幹官鄯善時在太和十七年（493 年）之前，並指出：韓拔之後，鄯善似不爲重鎮，僅以鎮遠將軍（四品）一人鎮之。又，《南齊書·芮芮傳》載："益州刺史劉悛遣使江景玄使丁零，宣國威德，道經鄯善、于闐。鄯善爲丁零所破，人民散盡。"由於劉悛任益州刺史自永明九至十一年（491—493 年），故江景玄使丁零當在此期間。馮氏據《魏書·樓伏連傳》關於伏連侄孫毅"後轉都督涼、河二州、鄯善鎮諸軍事、涼州刺史。車駕南伐（493 年），毅表諫"，以及上引"高湖傳"的記載，認爲"直至丁零殘破鄯善時，其地尚有元魏鎮戍"。今案：《元和郡縣圖志》卷三九"鄯州條"載："後魏以西平郡爲鄯善鎮，孝昌二年（526 年）改鎮立鄯州。"則高、樓所官可能並非韓拔所鎮，而是設在西平郡的鄯善鎮。說見唐長孺"南北朝期間西域與南朝的陸道交通"，《魏晉南北朝史論拾遺》，中華書局，1983 年，pp. 168-195。又案：丁零即高車，殘破鄯善當在太和十一年（487 年）控制高昌之後。

[14]《大正新脩大藏經》T50, No. 2059, p. 411。（湯用彤校注本，中華書局，1992 年，p. 488。）

[15] 注 1 所引松田氏書，p. 156, 以爲，卽使其時鄯善已屬柔然，法獻亦不該

稱之爲"芮芮"。今案：其說並非沒有道理。但法獻畢竟不是史家，所言未必嚴謹。大概他途經鄯善時，發現該地已爲柔然佔領，便逕稱之爲"芮芮"。又，居延、天山東部等處當時也非柔然本土，如按松田氏的邏輯，豈非同樣不該稱之爲"芮芮"？

[16]《大正新脩大藏經》T50, No. 2059, p. 338。（湯用彤校注本，中華書局，1992 年，p. 93。）

[17] 夏鼐"青海西寧出土的波斯薩珊朝銀幣"，《考古學報》1958 年第 1 期，pp. 105-110。

[18]《宋書·芮芮傳》載，建元二年（480 年）、三年，"芮芮主頻遣使貢獻貂皮雜物與上書，欲伐魏虜"。

[19] "爲土谷渾所居"，"居"字或作"吞"。又，"今城"以下各本有"内主"二字，唯如隱堂本、吳若準集證本無。既然如隱堂本最古最善，"今城"二字有可能是後人妄增。參見范祥雍《洛陽伽藍記校注》，上海古籍出版社，1978 年，pp. 252-265。

[20] 注 2 所引馮承鈞文以爲吐谷渾於伏連壽時已經"地兼鄯善、且末"；似未安。又案："地兼"句亦見今本《魏書·吐谷渾傳》，然非魏收原文，乃《北史》抄自《隋書》者。又，夸呂卽位之年見周偉洲《吐谷渾史》，寧夏人民出版社，1985 年，pp. 45-46。

[21] 注 2 所引馮承鈞文以爲此時内附者是"徙居伊吾、納職等處之鄯善國人"。今案：證據似嫌薄弱。

[22] 注 1 所引松田氏書，pp. 158-162。

[23] 括弧内一句據《通典·邊防九》"嚈噠條"補，參見余太山《嚈噠史研究》，齊魯書社，1986 年，pp. 152-159。

[24] 參見注 23 所引余太山書，pp. 44-75。

[25] 參見注 23 所引余太山書，pp. 66-75。

[26] 注 13 所引馮承鈞文說略同。

[27] 注 1 所引松田氏書，pp. 205-212。

[28] 同注 27。

[29] "十年"即永明十年，採馬長壽說，見注 6 所引周偉洲書，p. 46。

[30] 注 1 所引松田氏書，pp. 211-212。

[31] 同注 27。

[32] 括弧內字句據《通典·邊防一三》"高車條"補正，說見白須淨真"高車王·彌俄突に下した北魏·宣武帝の詔——その脫字補充に至る牛步の考と師の示教——"，《季刊東西交涉》3～4（1984 年），冬の號，pp. 47-49。

[33] 伏圖死年採馮承鈞說，見注 13 所引文。

四 柔然—阿瓦爾同族論質疑

——兼說阿瓦爾卽悅般

一

柔然，亦作蠕蠕、蝚蠕、芮芮、茹茹等，其事蹟主要見於中國史籍。據載，柔然最初役屬於拓跋鮮卑，大約到公元五世紀初，在其首領社崙率領之下，征服了色楞格河流域的高車部，於頞根河（Orkhon）附近擊敗了匈奴餘種拔也稽，日益強大起來，開疆拓土，如《魏書·蠕蠕傳》言："其西則焉耆之地，東則朝鮮之地，北則渡沙漠，窮瀚海，南則臨大磧，其常所會庭則敦煌、張掖之北。"柔然仗其實力，不斷南侵，成爲拓跋魏的嚴重威脅。與此同時，柔然還西向中亞伸張勢力，屢犯塔里木盆地，有時還越過葱嶺。西域諸國如焉耆、鄯善、龜兹、姑墨等均曾役屬之，于闐、烏孫、悅般、大月氏等也經常受到它的寇抄。直至五世紀八十年代，一度役屬柔然的高車副伏羅部擺脫柔然的控制，在高昌及其以西確立了自己的勢力範圍，柔然纔走向衰落。六世紀中葉，遊牧於阿爾泰山西南麓、原來臣服於柔然的遊牧部族突厥崛起，其首領土門於 552 年擊破柔然主力，柔然可汗阿那瓌自殺，土門乃自號伊利可汗。而在其子木杆可汗卽位的第二年（555 年），突厥就滅亡了柔然汗國。部份柔然部衆逃奔西魏，被西魏悉數斬殺。柔然對蒙古草原長達一個半世紀的統治宣告結束。

阿瓦爾（Abaroi、Avari、Avares）的事蹟主要見於拜占庭史料。據載，六世紀中葉，Türk（突厥）擊破了騎馬遊牧部族阿瓦爾，其餘衆部份逃亡 Taugast，部份逃亡 Murci。接著，突厥又擊破騎馬遊牧部族 Ogor，其餘衆西逃，避難來到拜占庭境內，由於他們假冒阿瓦爾名義，故西史亦稱爲阿瓦爾或僞阿瓦爾。正是這些西遷的阿瓦爾人，於 558 年向查士丁尼一世（Justinian I, 527—565 年）請求，被允許居住在今天匈牙利的西部。嗣後，勢力逐步增强，征服了格庇迪人（Gepid）和倫巴德人（Lombard），566 年並擊敗了法蘭克王西吉貝特（Sigibert），一度統治了以多瑙河爲中心，東至黑海、北至波羅的海、西至易北河的廣大地區。直至 790—796 年被庇品（Pipin）和卡爾（Karl）大帝征服爲止，一直是拜占庭和西日爾曼人最大的威脅。

柔然和阿瓦爾乃至僞阿瓦爾是否同族，二百多年來一直是東西史學家最感興趣的問題之一，佔壓倒優勢的則是同族論。柔然—阿瓦爾同族論的主要論據如下：[1]

1. 據拜占庭史家 Theophylact Simocatta《歷史》等記述可以推知：阿瓦爾在被 Türks 擊破之前，是全部 Scythai 卽東方騎馬遊牧部族中的最强者。而中國史籍的記載表明，柔然在被突厥擊破之前，是中國北方騎馬遊牧部族中的最强者。[2]

2. Theophylact Simocatta 載阿瓦爾被 Türks 擊破之後，一部份逃入 Taugast 城居民之中，一部份逃入與 Taugast 城鄰近的 Mucri 族之中。（VII, 7, 12）Taugast 應即中國（西魏）[3]，Mucri 族應即勿吉。Avar 餘眾逃亡 Taugast 城，與中國正史關於柔然被突厥擊破後，餘眾逃奔西魏的記載完全脗合。勿吉位於高句麗之北，是當時同突厥對抗的一大勢力。阿瓦爾即柔然餘眾被突厥擊破後亡命其中也是完全可能的。[4]

3. 據 Theophanes 年代記，6055 年（563 年）7 月有 Hermichions 族居於阿瓦爾人之中，其王 Askel 曾於 563 年遣使拜占庭。此 Hermichions 應即 Theophanes de Byzance 所記居於 Tanais 河（應即頓河）東之 Kermichions。Kermichion 一名由 Kermi 和 Xijaona 兩部份合成。在中古波斯語中，Kerm 意爲"蟲"；Xijaona 應即 Ammianus Marcellinus 所載 Chionitae。Xijaona 爲"蠕"字之對音，冠以"蟲"字，正與中國史籍關於蠕蠕狀類於蟲之記述相一致，可見 Hermichions 或 Kermichion 應即蠕蠕。至於 563 年致使拜占庭之 Hermichions，並非阿瓦爾人，祇是冒用"阿瓦爾"名義之僞阿瓦爾。正因爲阿瓦爾即蠕蠕，所以他們也有了這個波斯人用來稱呼蠕蠕的名稱。[5]

又，Abares 這一族名的詞根是蒙古語的 abarga，意爲"蛇"或"蛇動"。[6] 而北魏時期的中國人給柔然起了一個別名——蠕蠕。《魏書·蠕蠕傳》所謂"世祖以其無知，狀類於蟲，故改其號爲蠕蠕"。

又，柔然可汗之姓"郁久閭"和其始祖之名"木骨閭"以突厥語、蒙古語的 qur, qurt 爲詞根，意爲"蠕動"、"盤成一團的蛇"，亦可指"狼"。由此可以推知柔然的種族圖騰和許多阿爾泰語族同樣是狼，而間接以狼之隱語 qur（蟲）來表現。魏太武帝稱之爲蠕蠕，也與其圖騰獸狼有關。[7]

要之，在東亞的柔然和進入歐洲的阿瓦爾的名稱都與蟲、蛇有關，決非偶然。

4. 拜占庭史料所載阿瓦爾的風俗習慣、生活方式和社會組織和柔然極爲相似，則可以作爲兩者同族的佐證。[8]

（1）據中國史籍，柔然勃興以後，就使用"可汗"作爲其君主的尊號。而阿瓦爾人的首領也使用這一尊號（Qaγan）。擊敗法蘭克王西吉貝特的阿瓦爾君主 Baina 便稱爲 Gagan-us。又，柔然可汗之妻稱爲"可賀敦"。《魏書·蠕蠕傳》載女巫地萬曾爲柔然醜奴可汗的"可賀敦"可證。而阿瓦爾可汗之妻亦使用同樣的稱號，庇品關於擊敗阿瓦爾的詩篇中有 Catuna mulier 這樣的話，可以爲證。

（2）擊敗法蘭克人、奪取格庇迪人領地的阿瓦爾君主名 Baianos，顯然就是蒙古草原居民古來就使用的人名"伯顏"、"伯夭"或"百眼"。而這位阿瓦爾君主派往拜占庭的使團長名 Targitios（-ios 是後綴），此名原形應爲 Targyt 或 Targüt，不外是匈奴首領使用過的、但在當時價值業已跌落的稱號"單于"（tan-yu、tar-güt）。這位使團長可以認爲是被柔然并吞的匈奴系統的酋長之一。此外，795 年服屬法蘭克人、皈依基督教的一位阿瓦爾首領之名 Tudun，應即見諸烏桓、突厥的官名"蹋頓"或"吐屯"。796

年阿瓦爾新可汗 Kaia（Kaiam）帶著他的 Terkhan，到卡爾大帝麾前投降。這 Terkhan 無疑就是柔然和拓跋鮮卑的高官名 Tarkan（塔寒、達官或達幹）。

（3）阿瓦爾有冬夏兩個大本營，這和《魏書·蠕蠕傳》所載柔然"冬則徙度漠南，夏則還居漠北"的風俗完全相同。

（4）阿瓦爾和柔然都是辮髮之族。《南齊書·芮芮傳》載柔然人"編髮"，《梁書》、《南史》亦傳其"辮髮"風俗。《魏書》則稱之爲"旄頭之衆"、"辮髮之虜"。阿瓦爾人的辮髮亦屢見於拜占庭史料。

（5）阿瓦爾使團謁見拜占庭皇帝所行的禮節爲三次屈膝、三次以頭叩地，也無非是後世滿洲所流行的"三跪九叩首"禮。

（6）566 年與法蘭克王西吉貝特作戰的阿瓦爾軍隊擅長魔法，在陣前召來種種妖怪，因而大敗法蘭克人。《南史·夷貊傳》則載柔然人"能以術祭天而致風雪，前對皎日，後則泥潦橫流，故其戰敗莫能追及"。兩者非常一致。

（7）阿瓦爾人是薩滿教徒，Theophylact Simocatta 載其巫師名 Böqalabras，此名應即古阿爾泰語 böqü-qulavuz，意爲"巫者之長"。柔然人亦信此教，最典型的例子是醜奴可汗信奉女巫地萬。

（8）阿瓦爾人的宿營地周圍有高二十英尺、寬二十英尺，插有雙重鹿角的堤壩，法蘭克人稱這種宿營地爲 ring，多設置於阿瓦爾諸部落的境界。其構造式樣和匈奴在國境線上設置的"甌脫"（遺址已在貝加爾湖畔發現）驚人地相似。

（9）匈牙利出土的阿瓦爾人骨中，蒙古族的成份明顯地佔著優勢。人類學、語言學研究的結果也表明，阿瓦爾人的語言屬阿爾泰語系。

以下各節是我對柔然—阿瓦爾同族論的質疑。

二

關於柔然和西方的關係。

早在上世紀末，有學者指出：柔然的西境並未真正達到西方，即使在其英主社崙可汗時，也不過達到焉耆。別說裏海以西，連伊塞克湖也未曾達到。除了同嚈噠和伊犁西北諸族有過接觸外，柔然和西方完全沒有聯繫。因此，不能僅僅根據它覆亡的情況，將它和在匈牙利出現的阿瓦爾等同起來。[9]

對此，同族論者反駁說，柔然的勢力範圍在西方決不止於焉耆。434 年左右柔然已西向進入吐火羅斯坦（Ṭukhāresān），攻擊寄多羅貴霜（Kidāra Kushān，即《魏書·西域傳》的"大月氏"）。阿瓦爾人實際上就是則西進柔然之一枝，由於高車、嚈噠的興起，與本國的聯絡斷絕，在中亞留了下來，後來又由於在蒙古高原的可汗庭被突厥粉碎，本身又被室點密所率突厥西征軍追逐，不得不逃入歐洲。[10]

然而，寫成於 470 年左右的 Priscus 的歷史著作記載：

其時（約 461—465 年），Saraguri, Urogi 和 Onoguri 三族

遣使東羅馬。三者受 Sabiri 之攻擊而離棄其故土，Sabiri 則爲 Avars 所驅趕，Avars 又受居於海濱部族之迫逐。（40.1: Exc. de Leg. Gent.14）[11]

又據記述 550 年左右形勢的 Zachari 教會史，彼時阿瓦爾已是高加索以北諸族之一。（XII, 7）[12] 阿瓦爾果係突厥興起後西逃的柔然餘衆，則不應在柔然汗國覆亡之前就在西方出現。[13]

對此，同族論者反駁說，旣然 434 年左右柔然已南渡阿姆河、侵入吐火羅斯坦，阿瓦爾人在 Priscus 的著作和 Zachari 教會史中出現不是不可思議的。Priscus 所述阿瓦爾被逐事，應即 458 年和 470 年北魏大擧討伐後，柔然放棄蒙古草原之事。

今案：阿瓦爾人不可能是汗國覆亡後的柔然餘衆。不僅 Priscus 的記載表明，462—465 年（遲至 470 年）阿瓦爾人已經西徙，且突厥興起於柔然西部，柔然餘衆在其國破滅後，祇能東逃或南遁，西走的可能性很小。更何況，早在突厥興起之前，由於高車、嚈噠的崛起，柔然與西方的關係已被隔絕。據《魏書・高車傳》，高車王儲窮奇之子彌俄突在嚈噠支援下登位後，於 508 年遣使朝魏。世宗下詔說：

世宗詔之曰：卿遠據沙外，頻申誠款，覽挹忠志，特所欽嘉。蠕蠕、嚈噠。吐谷渾所以交通者，皆路由高昌，掎角相接。今高昌內附，遣使迎引，[蠕蠕旣與吐谷渾往來路絕，姦勢亦沮，於卿彼藩，便有所益，行途經由，宜相供俟，] 不得妄令羣小敢有陵犯，擁塞王人，罪在不赦。[14]

柔然之勢，受阻高昌，遑論其西。

換言之，阿瓦爾果係柔然，其人應在高車獨立、嚈噠東進之前，或者說得確切一點，在 461 年之前西遷。遺憾的是，從各方面考察，這種可能性也非常小。

一則，雖然柔然西境並不止乎焉耆，其勢力也確曾伸向索格底亞那（Sogdiana）和吐火羅斯坦，但並沒有在這些地區扎根，不過是寇抄、劫掠而已，《魏書·西域傳》的一則記載可以爲證：

> 顯祖末，蠕蠕寇于闐，于闐患之，遣使素目伽上表曰：西方諸國，今皆已屬蠕蠕，奴世奉大國，至今無異。今蠕蠕軍馬到城下，奴聚兵自固，故遣使奉獻，延望救援。顯祖詔公卿議之，公卿奏曰：于闐去京師幾萬里，蠕蠕之性，惟習野掠，不能攻城，若爲所拒，當已旋矣。雖欲遣使，勢無所及。顯祖以公卿議示其使者，亦以爲然。……

"示其使者，亦以爲然"，說明"惟習野掠"云云不是這些公卿的相當然。近在南道的于闐尚且如此，遠至索格底亞那、吐火羅斯坦也就可想而知了。"若爲所拒，當已旋矣"，足見王庭遠在敦煌、張掖之北的柔然不可能派出大軍進犯索格底亞那和吐火羅斯坦。到五世紀三十年代末，索格底亞那的嚈噠人已經渡阿姆河南下，征服了蟠踞吐火羅斯坦的寄多羅貴霜，並西向進犯薩珊波斯，成爲中亞強國。[15]此後，蠕蠕別說經過索格底亞那西進，就連"野掠"也未必能夠了。

二則，據上引 Priscus 的記載，阿瓦爾的西遷，引起了 Sabir 族的西遷，Sabir 族的西遷，又引起了 Saraguri 等三族的西遷。其結果是 Saraguri 等三族移至伏爾加河流域和黑海以北，Sabir 族移至高加索以北，[16]阿瓦爾的勢力則更向西伸展，至遲在 550 年左右，也成爲高加索以北諸族之一。這一遷徙過程本身說明，阿瓦爾人並不是穿過索格底亞那，而是經過伊犁河流域、錫爾河北岸西遷的。而當時遊牧於伊犁地區者爲悅般。據《魏書·西域傳》，悅般"在烏孫西北"，"地方數千里，衆可二十餘萬"，是一個相當強大的遊牧部族。它與柔然"相寇讎"，多次擊退"來抄掠"的柔然人。太平真君九年（448 年）還遣使朝魏，"求與官軍東西齊契討蠕蠕"。由於與柔然敵對的悅般的存在，柔然似乎也很難經由伊犁地區西進。

三則，沒有根據認爲 458 年和 470 年北魏的兩次討伐，可能迫使柔然放棄蒙古草原西遷。蓋據《魏書·蠕蠕傳》：

> 太安四年（458 年），車駕北征，騎十萬，車十五萬兩，旌旗千里，遂渡大漠。吐賀真遠遁，其莫弗烏朱駕頹率衆數千落來降，乃刊石記功而還。

柔然雖然受到沉重打擊，但僅兩年之後又南下并吞高昌沮渠安周，"立闞伯周爲高昌王"；以後仍在蒙古高原活動。皇興四年（470 年）

北魏征討的結果也大致相倣。據《魏書·蠕蠕傳》：

> 予成犯塞，車駕北討。……虜衆奔潰，逐北三十餘里，斬首五萬級，降者萬餘人，戎馬器械不可勝計。

可是，自皇興四年至延興五年(475年)之間，予成仍不斷犯塞。何況，如前所述，當時嚈噠已佔領索格底亞那和吐火羅斯坦，並於太安二年（456年）首次遣使北魏，表示了東向擴張的意向。悅般又在伊犂一帶活動，柔然人卽使打算放棄蒙古高原，也不可能越過嚈噠、悅般西遷。上述兩次柔然潰敗的結果，充其量是衝擊悅般，迫使悅般西遷。

三

關於柔然的覆亡。

同族論者在論證柔然與阿瓦爾同族的過程中，都遇到一個十分明顯的困難，這便是中國史籍所載突厥征服柔然的年代，和西史所載突厥征服阿瓦爾的年代並不相符。

一方面，據《隋書·突厥傳》，"木杆勇而多智，遂擊茹茹，滅之；西破挹怛，東走契丹。北方戎狄悉歸之，抗衡中夏"。由此可知突厥滅柔然、嚈噠，均在木杆可汗（553—572年）在位時，滅柔然則在破嚈噠之前。

突厥滅柔然，據《北史·蠕蠕傳》：

是時，蠕蠕既累爲突厥所破，以西魏恭帝二年（555年），遂率部千餘家奔關中。突厥既恃兵强，又藉西魏和好，恐其遺類依憑大國；使驛相繼，請盡殺以甘心。周文議許之，遂收縛蠕蠕主以下三千餘人，付突厥使，於青門外斬之。中男以下免，並配王公家。

嚈噠之亡，見於《周書·異域傳》：

魏廢帝二年（552年）、明帝二年（558年），竝遣使來獻。後爲突厥所破，部落分散，職貢遂絕。

可知柔然亡於555年，嚈噠亡於558年左右。

另一方面，據 Theophylact Simocatta[17] 記載：

是年（598年）夏，東方著名之突厥可汗，遣使 Mauricius 皇帝，呈一函炫耀其戰績。函首致辭稱"可汗、七姓大君長、世界七域之共主致書羅馬皇帝"云。正是這位可汗戰勝了 Abdeli 族（應即嚈噠）之主，君臨其國。受此勝利之鼓舞，遂與 Stembis 可汗結盟，征服了 Avar 族。……阿瓦爾既服，餘衆逃亡 Taugast 人之中。……其餘不甘心失敗者則往投 Mucri。Mucri 人緊鄰 Taugast，訓練有素，不畏艱險，能征慣戰。……嗣後，此可汗又征服了所有 Ogur 部落。Ogur 人衆而强，習攻戰，居於東方 Til 河上，突厥習呼爲該河爲黑河（Melas）。其古酋長有名 Var 與 Chunni 者，若干部落因以爲名焉。（VII, 7, 7-14）

又載：

　　Justinian 帝在位時期（Justinian Ⅰ，527—565），部份 Var 和 Chunni 人逃離其祖先之部落，定居歐洲。他們自稱 Avar 人，其首領則僭稱"可汗"。……Barselt、Onogurs、Sabir 以及其他 Hun 人部落發現有若干 Var 和 Chunni 人逃入他們的領地，以爲這些移民可能是 Avar 人，恐懼至極，遂以貴重的禮品向這些亡命者致敬，希冀換取安全的保障。Var 和 Chunni 人發覺其亡命生涯出現轉機，便利用這些來使的錯誤，自稱 Avar 人。蓋斯基泰諸族中，Avar 人最爲出眾。（VII, 8, 1-4）

598 年致書拜占庭之突厥可汗係達頭可汗（576—603 年）。上引可汗遺羅馬皇帝書，除開頭一句外，均非直接引文，或係 Theophylact Simocatta 之追述。蓋突厥征服嚈噠在木杆可汗時。所謂 Stembis 顯然是達頭之父室點密，時爲突厥西面可汗，嚈噠、阿瓦爾實際上的征服者，而許多戰役很可能是達頭參加甚或由他指揮的。因此，Theophylact Simocatta 所載可視作六世紀中葉突厥西征實錄，從中可知突厥首先征服的是嚈噠，其次纔是阿瓦爾和包括僞阿瓦爾在內的 Ogor 人。

此外，據 Euagrios 教會史（VI, 15）所載可以推知，558 年前不久，帕米爾以西已處於突厥支配之下，[18] 可知此時嚈噠已爲突厥所破。Menander [19] 亦載當時 Avar 已西遷抵達 Alans 境，並且通過後者遣使拜占庭。(5.1: Exc. de Leg. Gent. 1) 後者且明確記載 Silzibul 征討阿瓦爾人在破嚈噠之後：

[562 年]，突厥主 Silzibul 獲悉阿瓦爾人逃亡以及其人侵害突厥人利益之事，傲然宣稱（這樣的舉動在蠻族司空見慣）：他們不是鳥，不能飛過天空，逃脫突厥人的劍；他們不是魚，不能深入海底；他們祇能在地上走動而已。收拾了嚈噠人，我就去討伐阿瓦爾人，他們一定難逃我強有力的攻擊。這樣自吹自擂一番之後，Silzibul 就踏上了討伐嚈噠的征途。(4.2: Exc. de Sent. 3)

嗣後，又據 Menander，突厥於 568 年首次遣使拜占庭，告知嚈噠已被征服，納貢稱臣。查士丁尼二世問突厥使臣："不服突厥控制之阿瓦爾人爲數幾何？尚有留於可汗治下者乎？"使臣答："有甘受吾人統治者，逃脫者約有二萬之衆。"(10.1: Exc. de Leg. Gent. 7)

歷來認爲上引彌南所載阿瓦爾人就是 Theophylact Simocatta 所說僞阿瓦爾人，這大致是不錯的。蓋據 Theophylact Simocatta，逃亡歐洲的僅僅是僞阿瓦爾，並無阿瓦爾逃亡歐洲之記載。很可能阿瓦爾在被突厥擊破後，除逃往 Taugast 城和 Murci 者外，均在甘受突厥統治之列。而 558 年偽阿瓦爾西逃，562 年突厥可汗發誓追剿。而當 568 年突厥首次遣使拜占庭時，其皇帝明知故問；突厥旨在通好，不便窮究；均在情理之中。

偽阿瓦爾人既於 558 年西逃，它們被突厥所破當在此年或稍前。而據 Theophylact Simocatta，突厥破阿瓦爾又在破偽阿瓦爾之前，故破阿瓦爾亦在此年或稍前。蓋突厥於 558 年前不久破嚈噠後，復以破竹之勢，破阿瓦爾人和包括偽阿瓦爾人在內的 Ogor 人。

對照中西史料，不難發現。雙方所載嚈噠之亡年頗為一致。然而中國史籍載柔然亡於嚈噠之前，西史載阿瓦爾亡於嚈噠之後，具體年份也不相合。

為了克服這一困難，同族論者或以為 Theophylact Simocatta 所說 Abdel 並非嚈噠，而應為鐵勒。突厥滅蠕蠕前先破者為鐵勒。蓋 Zachari 教會史凡舉居帳幕、食魚獸肉之部族 13 種：Unnogur、Ogor、Sabir、Bulgarian、Khorthrigor、Avar、Khasar、Dirmar、Sarurgur、Bagarsik、Khulas、Abdel 和 Ephthalite。（XII, 7）Abdel 既與 Ephthal 並列其間，亦可見兩者並非一種。[20] 或以為與其指 Abdel 為鐵勒，不如指為阿跌。[21]

今案：既然 Theophylact Simocatta 原注 Abdel 即嚈噠，必有所據，從對音來看，亦無不合。蓋當時嚈噠之異譯有二，一為 Abdel，一為 Ephthal，也許因此常常被人誤以為兩種（Zachari 教會史即其一例），Theophylact Simocatta 纔特地加上注釋的。再者，突厥可汗致書拜占庭，主要誇耀突厥在西方的赫赫戰果，若 Abdel 為鐵勒或阿跌，則於嚈噠之亡，未及隻字，豈非怪事？

於是同族論者又以爲，柔然並非亡於555年。換言之，突厥滅柔然確實在破嚈噠之後，和西史並不矛盾。據云：

一方面，支配蒙古草原長達數世紀之久的柔然不可能因千餘家南逃、被斬殺而滅亡，事實上還有許多餘類殘存於蒙古地區。這些餘類完全被突厥撲滅是很後來的事。因爲當時柔然處於分裂狀態，逃亡西魏的鄧叔子不過是其中一部之主。鄧叔子雖亡，但歷來主要同北齊交涉的柔然主菴羅辰一派的勢力尚未喪失。從《北齊書》等所載天保五至六年間（554—555年）菴羅辰的動靜可以充分看到這一點。

另一方面，據Menander載，568年在逃的阿瓦爾餘衆尚有二萬，可見鄧叔子一派的柔然人雖被擊滅，但在中亞的柔然人卽阿瓦爾直至568年尚未完全臣服於突厥。

不僅如此，說者還提出應該重新認識Theophylact Simocatta所載突厥可汗遺莫里斯皇帝書：達頭可汗於598年致書拜占庭皇帝，所述對嚈噠和阿瓦爾的征服，實際上並不是指六世紀中葉突厥對嚈噠和阿瓦爾（柔然）的征服，而是指突厥對578年以來對挹怛的叛亂和585年以來阿拔（卽阿瓦爾、柔然）叛亂之平定。

蓋據《隋書·突厥傳》載開皇三年（583年）文帝詔有云："達頭前攻酒泉，其後于闐、波斯、挹怛三國一時卽叛。"按之《周書·宣帝紀》關於宣政元年（578年）"十一月，突厥寇邊，圍酒泉，殺略吏民"的記載，可知達頭在卽位兩年之後便侵掠中原。而據《隋書·長孫晟傳》，開皇二年（582年），達頭與沙鉢略聯兵入侵蘭州，同年十二月，沙鉢略正欲南下，達頭卻匆匆西歸，顯然是由於挹怛等三國叛亂的緣故。《隋書·高祖紀》載達頭於開皇四年與隋單獨媾和，也可以看出達頭鎮壓這次叛亂並不輕鬆。於是早就被突厥征服的柔然餘衆即阿瓦爾亦乘機叛亂。

又據《隋書·李徹傳》，"沙鉢略爲阿拔所侵，上疏請援，以徹爲行軍總管，率精騎一萬赴之，阿拔聞而遁去"。"阿拔"無疑就是阿瓦爾，亦即柔然餘衆，這些餘衆此時業已放棄昔日國號，恢復了原來的族名。達頭平定上述挹怛等三國及阿拔之亂爲時似乎不短，故開皇十六年又同從來不睦的東突厥大可汗都藍（施多那，Sie-tua-biek）和解。598年，達頭致書拜占庭時叛亂當已平定，故向莫里斯皇帝誇耀其經過。所說 Stembis 卽施多那都藍可汗。因此，Theophylact Simocatta 關於突厥征服嚈噠在征服阿瓦爾之前的記載不僅不能成爲否定同族論的證據，而且恰恰有力地證明了同族論。

今案：說者在這個問題上前後兩說，區別很大。前一說力圖證明中史所見柔然餘衆直至 570—580 年始爲突厥所幷，西史所見阿瓦爾餘衆直至 568 年以後尚未臣服，使之符合 Theophylact Simocatta 關於突厥征服嚈噠先於征服阿瓦爾的記載。後一說力圖證明 Theophylact Simocatta 的記載不過是六世紀八九十年代突厥先後對挹怛、阿拔餘衆叛亂的平定，亦見中西史料關於柔然、阿瓦爾記載之一致。但是，兩說的基本觀點相同，卽指 Theophylact Simocatta 所載突厥對阿瓦爾的征服爲柔然汗國崩潰之後，突厥對柔然餘衆的征服。

這一基本觀點首先是站不住的。因爲它不僅和 Theophylact Simocatta 的記載不符，而且和包括說者本人在內的同族論者提出的關於同族論的重要證據相悖。

　　Theophylact Simocatta 在記載突厥征服阿瓦爾的同時，還指出阿瓦爾在被突厥征服之前是全部斯基泰民族中最強者，在被突厥征服之後，餘衆逃入 Taugas 和 Murci。因此，Theophylact Simocatta 所載突厥對阿瓦爾的征服祇能理解爲對阿瓦爾全族的征服，而不能理解爲對阿瓦爾餘衆的征服。而且，同族論者正是根據 Theophylact Simocatta 這一記述提出了同族論確立的兩條重要證據：其一，柔然在被突厥征服以前也是北狄的第一強者；其二，柔然在被突厥征服之後也有部份餘衆逃往中國。十分明顯，這兩條證據的前提都是承認突厥可汗遺羅馬皇帝書所載突厥對阿瓦爾的征服是六世紀中葉突厥對柔然汗國的征服。如果否定這一前提，就等於否定這兩條重要證據。一則，無論是直至 570—580 年纔被突厥幷吞的柔然餘衆，還是 568 年以後尚未臣服的阿瓦爾餘衆，或者 585 年起來作亂的阿拔，在它們被突厥幷吞、追剿和平定之前，都稱不上全部騎馬遊牧部族中的最強者。二則，同族論者所援引的柔然爲突厥所破後餘衆逃入中國的唯一記載，正是《北史》所載鄧叔子亡命西魏一事。

　　其次，說者的具體論證過程也是經不起推敲的。

　　一則，按之中國史籍，柔然之衰，始於高車之叛。至突厥興起前夕，其勢已成強弩之末，故不堪突厥一擊，國遂破滅。據《北史·蠕蠕傳》，柔然汗國最後覆亡的過程如下：

　　　　天保三年（552 年），阿那瓌爲突厥所破，自殺。其太子菴羅辰及瓌從弟登注俟利、登注子庫提並擁衆奔齊，其餘衆立登注次子鐵伐爲主。

四年，齊文宣送庫提還北。鐵伐尋爲契丹所殺，其國人仍立登注爲主，又爲大人阿富提等所殺，其國人復立庫提爲主。是歲，復爲突厥所攻，舉國奔齊。文宣乃北討突厥，迎納蠕蠕，廢其主庫提，立阿那瓌子菴羅辰爲主，致之馬邑川，給其廩餼、繒帛。親追突厥於北方，突厥請降，許之而還。於是蠕蠕貢獻不絕，

五年三月，菴羅辰叛，文宣親討，大破之。菴羅辰父子北遁。四月，寇肆州。帝自晉陽討之，至恒州黃瓜堆，虜散走。時大軍已還，帝麾下千餘騎，遇蠕蠕別部數萬，四面圍逼。帝神色自若，指畫形勢，虜衆披靡，遂縱兵潰圍而出。虜退走，追擊之，伏尸二十五里，虜菴羅辰妻子及生口三萬餘人。五月，帝又北討蠕蠕，大破之。六月，蠕蠕帥部衆東徙，將南侵，帝帥輕騎於金川下邀擊，蠕蠕聞而遠遁。

六年六月，文宣又親討蠕蠕。七月，帝頓白道，留輜重，親率輕騎五千追蠕蠕，躬犯矢石，頻大破之，遂至沃野，大獲而還。

《北齊書·文宣紀》等所載略同。雖然菴羅辰的下落，史失記載，但所部柔然至此已大抵散滅，殆無疑義。

在菴羅辰奔齊的同時，另一部份餘衆立阿那瓌叔父鄧叔子爲主。據《北史·突厥傳》：

土門死，子科羅立。科羅號乙息記可汗，又破叔子於沃野北賴山。且死，捨其子攝圖，立其弟俟斤，是爲木杆可汗。……乃率兵擊鄧叔子，破之，叔子以其餘燼奔西魏。……俟斤部衆既盛，乃遣使請誅鄧叔子等，周文帝許之，收叔子已下三千人，付其使者，殺之於青門外。

《周書·突厥傳》、《隋書·突厥傳》所載略同。由此可見，舊史定555年爲柔然之亡年，決非如說者所言，僅僅由於鄧叔子數千人於是年被斬殺。在此之前，由於阿那瓌自殺，柔然諸部分立，已不成國。菴羅辰所部餘衆，經北齊反覆征剿，幾乎與鄧叔子所部同時散滅。值得注意的是，天保六年文宣帝追擊菴羅辰所至沃野，正是鄧叔子對抗突厥的最後一個據點，這說明在北齊和突厥東西夾擊之下，柔然餘衆已無地自容。於是，鄧叔子之死，就成了柔然汗國覆亡的標誌。[22]

要之，突厥本爲柔然鍛奴，柔然不亡，斷不能西擊嚈噠。故突厥破柔然必在破嚈噠之前。Theophylact Simocatta 所載 Abdel 既爲嚈噠，則阿瓦爾必非柔然。

二則，《續高僧傳》卷二載：烏場國僧人那連提黎耶舍發足遊方，廣周諸國，"循路東指到芮芮國。值突厥亂，西路不通，反鄉意絕，乃隨流轉……天保七年（556年），屆於京鄴，文宣皇帝極見殊禮，偏異恒倫，耶舍時年四十"。[23]《一切經音義》卷九一於此出注曰："芮芮國：蓺銳反，亦名蠕國，北狄突屈中小國名。"[24] 將那連提黎耶舍經過的"芮芮國"稱爲"突屈中小國"，這表明鄧叔子逃亡中國後，在蒙古草原苟延殘喘的菴羅辰或其他系統的柔然人，不得不屈服，成爲突厥部落之一，也就是所謂"突屈中小國"。說者表示此注很難令人同意，毋寧說是慧琳時代的情況。柔然最後被突厥幷吞的時間，應在570—580年間。並引《通志·氏族略五》（卷二九）爲證："[突厥] 阿史那最爲首領，後周末遂滅蠕蠕。"

今案：慧琳爲《續高僧傳》作注，不可無視時代。而《通志》"後周末"云云，僅此一見，別無佐證，當爲後世之人追述前事，所言籠統，不足爲憑。何況卽使有鄧叔子系統以外的柔然殘部一直存在至北周末，始爲突厥所幷，成爲"突屈中小國"，也無助於克服同族論者的困難。因爲殘部之叛，綿延幾十年，柔然如此，嚈噠亦然，不能作爲判斷亡年的標準。

三則，說者在指出柔然亡於570—580年的同時，又強調在568年尚有二萬阿瓦爾人在逃，其目的也在於證明柔然亡於嚈噠之後。但這二萬阿瓦爾人是僞阿瓦爾，與阿瓦爾不應混爲一談。而且卽使同族論者能指實這二萬阿瓦爾人是阿瓦爾人或真僞阿瓦爾同族，也不能以此證明阿瓦爾亡於嚈噠之後，因爲僅從 Menander 的記錄中就可以清楚地看到，這二萬人是在全族被突厥擊破後逃亡的餘衆，至多祇能證明突厥追剿阿瓦爾餘衆在追剿嚈噠（餘衆）之後。

第四，擊退585年阿拔部落的並不是達頭，甚至不是突厥，而是隋將李徹。這也說明當時被擊潰的阿拔餘衆不可能逃入中國。

再者，以 Stembis 比施多那都藍，不僅對音牽強，而且據《隋書·長孫平傳》：

突厥達頭可汗與都藍可汗相攻，各遣使請援。上使平持節宣諭，令其和解，賜縑三百匹、良馬一匹而遣之，平至突厥所，爲陳利害，遂各解兵。

可見說者所指596年達頭與都藍媾和乃隋使調解的結果，與阿拔之叛其實無關。

更何況，柔然餘衆放棄國號，改稱阿拔，史無明文，說者也未有證明（說者反倒在一處說過，"芮芮"一號直至慧琳時代尚且存在）。中史的阿拔雖可以認爲卽西史的阿瓦爾，柔然與阿拔（阿瓦爾）卻不能劃上等號。因此，說者對突厥可汗遺羅馬皇帝書的新解釋卽使完全正確，也至多說明此書所載爲六世紀八九十年代突厥平定挹怛和阿拔（阿瓦爾）餘衆之亂的經過，而與柔然完全無關。在此，說者將有待證明的論題用作證明這一論題的論據，不免循環論證之嫌。

四

關於柔然和阿瓦爾的名稱。

同族論者的重要論據之一，便是柔然在中國史籍中又作"蠕蠕"，其名與蟲有關。蓋西遷歐洲之僞阿瓦爾被 Theophanes de Byzance 稱爲 Kermichions，[25] 被 Theophanes 稱爲 Hermichions，[26] 此名在波斯語中意爲"蟲匈人"。其人假冒阿瓦爾，遂得此名。可阿瓦爾與柔然兩者都是以蟲、蛇爲圖騰的種族。今案：這也是有欠考慮的。

《魏書·蠕蠕傳》載：

> 蠕蠕，東胡之苗裔也，姓郁久閭氏。始神元之末，掠騎有得一奴，髮始齊眉，忘本姓名，其主字之曰木骨閭。"木骨閭"者，首禿也。木骨閭與郁久閭聲相近，故後子孫因以爲氏。木骨閭既壯，免奴爲騎卒。穆帝時，坐後期當斬。亡匿廣漠谿谷間，收拾逋逃得百餘人，依紇突隣部。木骨閭死，子車鹿會雄健，始有部衆，自號柔然，而役屬於國。後世祖以其無知，狀類於蟲，故改其號爲蠕蠕。

這是關於柔然名稱來歷的唯一記載。從中可以得出以下幾點認識：

第一，所謂柔然族最初是由拓跋鮮卑的"逋逃"（多爲拓跋鮮卑的異族奴隸）組成，並不是由以血緣爲紐帶的原始氏族或部落自然發展形成的，亦即《南齊書·芮芮傳》所謂"塞外雜胡"。[27] 因此，柔然不可能有自己獨特的圖騰。

第二，柔然始祖木骨閭早已"忘其姓名"，從其"首禿"來看，或爲東部鮮卑人，所謂"東胡之苗裔"。又，木骨閭"髮始齊眉"，已淪爲奴，不論他原來的種族爲何，不久當被鮮卑化。其部衆多爲拓跋鮮卑奴隸，習俗很可能也以拓跋鮮卑的習俗爲主。故《南齊書·芮芮傳》稱其人"編髮左衽"，《梁書·芮芮傳》也有關於其"辮髮"的記載。因此，柔然卽使有圖騰，也應該以拓跋鮮卑或其他東胡部落的圖騰爲圖騰。然而,並沒有資料足以說明拓跋鮮卑或其他東胡部落的圖騰是蟲或蛇。

　　第三,柔然一名,乃木骨閭之子車鹿會自號,並非原始氏族或部落的名稱,故其原義雖然不明,卻可以肯定與圖騰無關。[28] 北魏始祖爲了貶低柔然,改其國號爲"蠕蠕",不過是取了一個與"柔然"同音的貶義詞。所謂"無知,狀類於蟲",顯然是誣衊不實之詞。換言之,並不是因爲柔然人狀類蟲、蛇或以蟲、蛇爲圖騰,魏始祖纔稱之爲"蠕蠕"的。

　　第四,柔然始祖"木骨閭"之名不僅並非自取,而且原義爲"首禿",與 qur 或 qurt 完全無關;"郁久閭"亦然。故亦不能作爲柔然人以蛇或狼爲圖騰的證據。

　　至於阿瓦爾這一族名,原義爲何,今日亦無從確指,卽或與蟲、蛇有關,也至多說明阿瓦爾可能是一個以蟲、蛇爲圖騰的部族,無助於柔然、阿瓦爾同族論成立。

五

　　關於柔然和阿瓦爾的習俗。

　　同族論者列舉了阿瓦爾和柔然在風俗習慣、生活方式和社會組織方面的若干相似之處。然而,連同族論者自己也承認這些相似之處祇能說明阿瓦爾起源於東亞,卻不能證明阿瓦爾與柔然同族,因而祇是說:儘管這些相似之處不能作爲兩者同族的絕對證據，卻是不容忽視的重要佐證。

今案：這些相似之處不僅不能用作絕對證據，甚至不能用作佐證。蓋如前述，阿瓦爾有真僞之分，Theophylact Simocatta 對此有明確記載。我們對於阿瓦爾的習俗，除了騎馬遊牧之外，幾乎一無所知；同族論者所舉與柔然相類似的阿瓦爾的習俗，幾乎全部出諸拜占庭史家關於僞阿瓦爾的記載，同族論者要將僞阿瓦爾的習俗作爲柔然與阿瓦爾同族的證據，就應該舉出僞阿瓦爾與柔然同族的其他更積極的證據。但是，上文所列出的同族論者所指阿瓦爾與柔然同族的絕對證據，幾乎全部出自 Theophylact Simocatta 關於阿瓦爾的記載；質言之，同族論者並沒有從 Theophylact Simocatta 和其他拜占庭史家關於僞阿瓦爾的記載中找到與柔然同族的積極證據。

正因爲如此，同族論者剩下的唯一途徑便是證明真僞阿瓦爾同族。可惜他們遠未能做到這一點。他們所強調的僅僅是：拜占庭史料所見阿瓦爾的習俗，多與 Theophylact Simocatta 命名爲僞阿瓦爾的部族有關，但這些習俗也可以看作阿瓦爾的習俗。因爲這僞阿瓦爾是一個被周鄰諸族當作阿瓦爾的部族，他們也自稱阿瓦爾；而且構成這一部族的種族是 Οὐάρ 和 Χουννί 卽 Avar 和 Hun；因此，所謂僞阿瓦爾可以理解爲柔然（阿瓦爾）之一枝，在向西方移動之際，合幷其他種族而形成的部族聯合體。

今案：Theophylact Simocatta 旣分阿瓦爾爲真僞兩種，可見當時已注意到它們在習俗乃至人種上的差異。高加索諸族曾爲阿瓦爾所逐，心有餘悸，不辨真僞，僞阿瓦爾乘機狐假虎威，也都符合情理。由於我們對阿瓦爾的習俗幾乎一無所知,即使如說者所言僞中有真,也無法從拜占庭史家有關僞阿瓦爾習俗的記載中析出阿瓦爾的習俗,因而也就不能利用這些記載作爲柔然與阿瓦爾同族的佐證。

應該指出,同族論者或認爲與柔然同族的祇是阿瓦爾,並不包括僞阿瓦爾,[29] 但也有人不僅企圖證明阿瓦爾與柔然同族,甚至事實上主要在證明僞阿瓦爾也與柔然同族。而後者的途徑似乎是先證明阿瓦爾與柔然同族,再證明僞阿瓦爾與阿瓦爾同族,最後得出得出歐洲的阿瓦爾與亞洲的柔然同族這一結論。阿瓦爾與柔然同族論既不能成立,僞阿瓦爾與柔然同族自然也不能成立。

要之,柔然、阿瓦爾同族論尚有許多疑問,難以成立。

六

本節扼要談談我贊成阿瓦爾卽悅般說的理由。[30]

1. Avar,在突厥《闕特勤碑》中又作 Apar;[31] "悅般" [jiuat-peən] 無疑可以視作 Avar 或 Apar 之異譯。

2. 據《魏書·西域傳》載:

悅般國,在烏孫西北,去代一萬九百三十里。其先,匈奴北單于之部落也。爲漢車騎將軍竇憲所逐,北單于度金微山,西走康居,其羸弱不能去者住龜茲北。地方數千里,衆可二十餘萬。涼州人猶謂之單于王。……其國南界有火山，山傍石皆燋鎔，流地數十里乃凝堅，人取爲藥，卽石流黃也。

據考證，悅般原居龜茲以北，由於烏孫西徙，北上佔領了烏孫舊地，成爲天山北側的大國，其領土東起裕勒都斯河谷，西至納倫河谷，主力則在納倫河谷，佔據著聯繫天山南北的要地。[32]

今案：上述結論基本可信，祇是應該指出，納倫河以北的伊犁河流域，當時很可能也在悅般的勢力範圍之內。[33] 因此，祇要結合上引 Priscus 的記載，就不難發現，悅般人所處的這一地理位置，正是西遷前的阿瓦爾人最可能處的位置。

3. 又據《魏書·西域傳》：

[悅般] 與蠕蠕結好，其王嘗將數千人入蠕蠕國，欲與大檀相見。入其界百餘里，見其部人不浣衣，不絆髮，不洗手，婦人舌舐器物，王謂其從臣曰：汝曹誑我入此狗國中！乃馳還。大檀遣騎追之不及，自是相仇讎，數相征討。真君九年，遣使朝獻。……是歲再遣使朝貢，求與官軍東西齊契討蠕蠕。世祖嘉其意，命中外諸軍戒嚴，以淮南王他爲前鋒，襲蠕蠕。……自後每使貢獻。

以及《魏書·蠕蠕傳》關於"大檀者，社崙季父僕渾之子，先統別部，鎮於西界，能得衆心，國人推戴之，號牟汗紇升蓋可汗"等記載，可知悅般與柔然西境毗鄰，開始與柔然接觸可能在大檀卽汗位（414

年）以前。此後悅般一直與柔然爲仇讎，相征討。另一方面，悅般和北魏則保持著良好的關係，一再朝獻，並企圖與北魏東西夾擊柔然。但是，太平真君九年（448年）以後，悅般的消息忽然中斷。所謂"自後每使貢獻"，按之《魏書》"本紀"，未能落實。[34]這樣一個大部族忽然消失，若非西徙，否則不可思議。

應該指出：悅般在448年以後西遷似乎不可能去索格底亞那，因爲該地已爲嚈噠人控制。西遷者祇能沿著所謂"草原之路"西去。這顯然同根據上引Priscus的記載推得的阿瓦爾人可能的西遷時間和途徑完全符合。又，從Priscus關於阿瓦爾人被它族驅離居地的記載來看，其西遷原因或者是受柔然的擠迫。

4. Theophylact Simocatta 稱阿瓦爾人在被突厥擊破以前是全部斯基泰人中最出類拔萃者。柔然、阿瓦爾同族論者認爲這全部斯基泰民族應指當時東方一切騎馬遊牧部族。

今案：此說未安。當時拜占庭人不可能對東方一切騎馬遊牧部族勢力的興衰消長瞭然胸中，從而進行全面而客觀的比較。當時，一切騎馬遊牧部族中的最強者，在中國人看來，應爲柔然；在波斯人看來，應爲嚈噠；在拜占庭人看來，應爲阿瓦爾。所謂全部斯基泰人，很可能僅指黑海和裏海草原的騎馬遊牧部族。如所週知，這一帶在西史中一直是"斯基泰人"的聚散之地。悅般有衆20萬，西遷後雄視Sabir諸族、聲威遠播西方，與拜占庭關係最爲直接，被視爲最強者，是完全可能的。

5. Theophylact Simocatta 稱阿瓦爾人在北突厥擊破之後，餘衆部份逃入Taugast，部份逃入Murci。Taugast乃指中國。如前所述，悅般同北魏關係甚好，餘衆在國破後往奔不是不可能的。

至於 Murci，說者指爲勿吉，有所未安。蓋勿吉遠在高句麗北，阿瓦爾餘衆東逃未必能夠到達。Murci 應該是僕骨。據《隋書·鐵勒傳》，僕骨係鐵勒之一部，居"獨洛河北"。而據《新唐書·回鶻傳下·僕骨傳》，"在多覽葛之東"，"俗梗驁"，勝兵萬餘，勢力也自不小；"僕骨"[bok-kuət] 且得視爲 Murci 之異譯；阿瓦爾餘衆東逃，也許正是進入僕骨之地。《隋書·長孫晟傳》載：

[仁壽] 三年（603 年），有鐵勒思結、伏利具、渾、斛薩、阿拔、僕骨等十餘部盡背達頭，請來降附，達頭衆大潰，西奔吐谷渾。

阿拔卽阿瓦爾，早已由同族論者指出。今案：應該指出的是，阿拔又可視作悅般的異稱。阿拔（卽東逃的阿瓦爾餘衆）與僕骨等獨洛河北鐵勒諸部共叛達頭，可見彼此居地接近。

問題在於 550 年已成爲高加索諸族之一的阿瓦爾卽悅般，在被突厥擊破之後，怎麼可能東逃中國和僕骨。我是這樣考慮的：悅般雖然由於柔然的威脅，早在 460—465 年間就開始西遷，但事實上很可能並非全族離棄在伊犁河流域乃至裕勒都斯河谷的根據地。Priscus 關於阿瓦爾人亦被它族驅離其居地的記載或係傳聞，理解不可執著。也可能西遷者僅其主力，尚有相當數量的悅般人或其羸弱留在原地，正如北單于西遷時將悅般人留在龜茲北一樣。因此，當西部的主力被突厥擊破後，東部的悅般人便逃亡中國和僕骨。這樣推測的主要理由在於，悅般主力西移後，柔然人未必接踵而至佔領納倫河、伊犂河流域，正如烏孫不堪柔然侵擾、西遷蔥嶺後，其故地也沒有被柔然佔領。否則原在龜玆北的悅般人就不可能北上，形成"地方數千里"的大國了。[35]

6. 據 Theophylact Simocatta，西逃歐洲的偽阿瓦爾原係 Ogor 的兩個部落，一爲 Οὐάρ，一爲 Χουννί。其實，Οὐάρ 和 Χουννί 可能並不是得自其古酋長姓氏的部落名，而是西逃的 Ogor 人所冒用的稱號。據 Menander，當 576 年拜占庭使臣抵突厥時，突厥深責拜占庭與其逃奴 Οὐαρχωνῖται 聯盟。(19.1: Exc. de Leg. Rom. 14) 可見兩者本是一種。質言之，祇有一個冒稱，而不是一部份冒稱 Avars，一部份冒稱 Huns。西史有時稱這些西逃的餘衆爲 Avars，有時者稱之爲 Huns，[36] 都不過是省稱，全稱應爲 Οὐαρχωνῖται，可譯爲"阿瓦爾匈人"。

另一方面，據《魏書·西域傳》，悅般"風俗言語與高車同，而其人清潔於胡。俗剪髮齊眉，以醍醐塗之，昱昱然光澤，日三澡漱，然後飲食"。或根據這段文字以及上引同傳有關悅般王會見大檀的記載，考定悅般和匈奴並非同種。[37] 但是，這和同傳所載悅般原爲"匈奴北單于之部落"云云並不矛盾。因爲隸屬匈奴的部落與匈奴未必血統相同。《梁書·芮芮傳》稱："魏、晉世，匈奴分爲數百千部，各有名號，芮芮其一部也。"同樣，也可以說，悅般亦其一部也。悅般不僅爲匈奴之一部，而且曾自稱"匈奴"，故涼州人稱之爲"單于王"。因此，悅般又可稱爲"悅般匈奴"。這"悅般匈奴"譯成希臘語，便成了 Οὐαρχωνῖται。

要之，四至六世紀內陸歐亞草原有許多遊牧部族自稱"匈奴"，[38] 而本身又往往"各有名號"，西史有時均籠統地稱之爲 Huns，有時則分別以其特有的名號稱呼之，或將該名號冠於 Huns 之前，以區別於其他 Huns。一個典型的例子便是嚈噠，有時被稱爲 Ephthalitae，有時者被稱爲 Ephthalitae Huns。[39] 這似乎可以與阿瓦爾（悅般）的情況參證。

阿瓦爾即悅般已如上述。下面是兩點補充說明：

1. 關於 Kermichions 和 Hermichions。或指爲蠕蠕，[40] 顯然不能成立。阿瓦爾這一族名的原義，即使是"蛇"（abarga），也不能逕指 Kermichions 和 Hermichions 與阿瓦爾同族。當時既有許多遊牧部族自號"匈奴"，也有許多遊牧部族以蛇、蟲爲圖騰。

2. 關於僞阿瓦爾，或以爲即《隋書·鐵勒傳》的"嗢昏"；[41] 僞阿瓦爾所自出 Ogor 族，一說即《隋書·鐵勒傳》的"恩屈"；[42] 該族之原居地 Til 河，或以爲即獨洛河（Tughla）。[43] 其依據主要是對音，不過各備一說而已。從拜占庭史料所載僞阿瓦爾人的種種習俗來看，他們當起源與東亞，或爲東胡系統的部族。由於資料不足，目前還不能指出他們確切的族屬和具體的遷徙過程。

■ 注釋

[1] 最早提出同族論的是 J. de Guignes, *Histoire générale des Huns, des Turcs, des Mongols et des autres Tartares occidentaux, etc*, I, Paris 1756。此後繼承、發

揚其說者代有其人，質疑者卻屈指可數。最近則有內田吟風"柔然（蠕蠕）アヴァール同族論考"，《史泉》23·24（1962年），pp. 23-34，以及內田吟風"柔然アヴァール同族論に關する諸問題"，《東洋史研究》21（1962年），pp. 76-89，在前人研究的基礎上作出了更周密的考證，堪稱集同族論之大成。本文以上對柔然、阿瓦爾同族論的概括，主要依據內田氏文。

[2] 注 1 所引 J. Deguignes 書, pp. 344-366; H. H. Howorth, "The Avar", *The Journal of the Royal Asiatic Society* 1889, pp. 721-810.

[3] 關於 Taugast 語源的考證不少，說法各異，但多半認爲這一名稱乃指中國。例如：E. Chavannes, *Documents sur les Tou-Kiue (Turcs) Occidentaux*. Paris, 1903. p. 230。

[4] 注 1 所引 J. Deguignes 書（出處同），以及注 3 所引 E. Chavannes 書，pp. 230-233。

[5] 注 3 所引 E. Chavannes 書，pp. 230-233。

[6] H. H. Schaeder 說，見 Liu Mau-tsai, *Die chinesischen Nachrichten zur Geschichte der Ost-Türken (Tu-küe)*. Wiesbaden 1958, p. 527。

[7] H. W. Haussig, "Theophylakts Exkurs über die skythischen Völker." *Byzantion* 23 (1953): pp. 275-462.

[8] 這裏采用注 1 所引內田吟風文之概括。

[9] E. H. Parker, *A Thousand Years of the Tartars*. London, 1895, p. 161.

[10] 見注 1 所引內田氏文，以下引同族論者諸說，不另注者均見此文。關於蠕蠕入侵吐火羅斯坦，見內田吟風"蠕蠕の寄多羅月氏領バルク地方侵入について"，《東洋史研究》18～2（1959年），pp. 23-34。

[11] R. C. Blockley, *The Fragmentary Classicising Historians of the Later Roman*

Empire (Eunapius, Olyympiodorus, Priscus and Malchus), ARCA Classical and Medieval Texts, Papers and Monographs 10, Francis Cairns, 1981-1983.

[12] F. J. Hamilton and E. W. Brooks, tr., *The Syriac chronicle known as that of Zachariah of Mitylene*. London: Methuen & Co.,1899..

[13] H. W. Haussig, "Die Quellen über die zentralasiatische Herkunft der europäischen Awaren." *Central Asiatic Journal* II (1956): pp. 21-433.

[14] 括弧内字句據《通典・邊防一三》"高車條"補正,說見白須淨真"高車王・彌俄突に下した北魏・宣武帝の詔——その脱字補充に至る牛步の考と師の示教——",《季刊東西交涉》3～4(1984年),冬の號,pp. 47-49。

[15] 参見余太山《嚈噠史研究》,齊魯書社,1986年,pp. 44-75。

[16] J. Marquart, *Ērānšahr nach der Geographie des Ps. Moses Xorenaci*. Berlin, 1901, p. 54; C. A. Macartney, "On the Greek Sources for the History of the Turks." *Bulletin of the School of Oriental and Afirican Studies* 11 (1944): pp. 266-275.

[17] Michael and Mary Whitby, *The History of Theophylact of Simocatta: An English Translation with Introduction and Notes*. Oxford University Press 1986.

[18] E. Walford, tr. *Evagrius Scholasticus, Ecclesiastical History (AD 431-594)*. London, 1846, pp. 302-303. Cf. H. W. Haussig. "Die Quellen über die zentralasiatische Herkunft der europäischen Awaren." *Central Asiatic Journal* II (1956): pp. 21-43.

[19] R. C. Blockley, *The History of Menander the Guardsman, Introductory Essay, Text, Translation, and Historiographical Notes*. Published by Francis Cairns

Ltd., Printed in Great Britain by Redwood Burn Lid. Trowbridge, Wiltshire, 1985.

[20] 注 3 所引 E. Chavannes 書，p. 250。

[21] 馮承鈞說，見馮譯沙畹《西突厥史料》第四篇第五章譯注一，中華書局，1958 年，p. 224。

[22] 參見松田壽男《古代天山の歷史地理學的研究》，東京：早稻田大學出版部，1970 年，pp. 223-226。

[23] 《大正新脩大藏經》T50, No. 2060, p. 432。

[24] 《大正新脩大藏經》T54, No. 2128, p. 883。

[25] Carolvs de Boor, *Theophanis Chronographia*, I. Bonnae, 1841, p. 239.

[26] C. Müller, *Fragmenta Historicorum Græcorum* IV, *Disposuit, Notis et Prolegomenis Illustravit*. Paris, 1851, p. 270.

[27] 參見曹永年"柔然源於雜胡考"，《歷史研究》1981 年第 2 期，pp. 106-112。

[28] 柔然一名之原義，異說頗多，例如蒙古語的 tsetsen（賢明）或 jušun（法則、禮儀），阿爾泰語的 jojin（異國人）或 javčan（一種蒿科植物），然無一與蟲、蛇有關者。參見內田吟風"柔然族史序說"，羽田博士還曆記念會編《羽田博士頌壽記念東洋史論叢》，京都：東洋史研究會，1950 年，pp. 131-171。

[29] 同注 5。

[30] 參見 E. H. Parker, "China, the Avars, and the Franks", *Asiatic Quarterly Review and Oriental and Colonial Record*. Series 3, 13 (1902): pp. 346-360, esp. 351-352; 以及白鳥庫吉"蒙古及び突厥の起源"，《白鳥庫吉全集·塞外民族史研究（上）》（第 4 卷），東京：岩波，1970 年，pp. 541-547。

[31] 見岑仲勉《突厥集史》，中華書局，1958 年，p. 880。

[32] 見注 22 所引松田氏書，pp. 187-205。

[33] 參見注 15 所引余太山書，pp. 193-216。

[34] 同注 32。

[35] 同注 33。

[36] O. M. Dolden, tr. *The History of the Franks by Gregory of Tours* (IV, 23, 29). Oxford, 1927, pp. 134, 138-139.

[37] 白鳥庫吉 "亞細亞北族の辮髮に就いて"，《白鳥庫吉全集・塞外民族史研究（下）》（卷五），東京：岩波，1970 年，pp. 231-301；以及注 23 所引松田氏書，pp. 187-191。

[38] G. Moravcsik, *Byzantinoturcica, die Byzantinischen Quellen der Geschichte der Türkvölker*, II. Berlin, 1958, pp. 231-237.

[39] H. B. Dewing, tr. *Procopius, History of the Wars, with an English Translation*, vol. 1 (I, iii, 1). New York, 1914, p. 13.

[40] 同注 5。

[41] 岑仲勉說，見注 31 所引書，p. 676。

[42] 內田吟風 "西突厥初世史の研究"，《北アジア史研究・鮮卑柔然突厥篇》，京都：同朋舍，1985 年，pp. 429-493。

[43] J. Marquart 說，見注 16 所引書，p. 52。

五　關於突厥可汗致拜占庭皇帝書

據拜占庭史家 Theophylact Simocatta 所撰 Oikumenike historia（撰寫於 Heraclius 時期，即 610—641 年）一書[1]記載，突厥可汗曾致書拜占庭皇帝 Mauricius（539—602 年），陳說突厥西征諸事。由於事關六世紀後半葉內陸歐亞發生的一系列重大歷史事件，Theophylact Simocatta 這篇記載廣受學界關注。以下就若干問題略述己見：

一

Theophylact Simocatta 所載突厥可汗致拜占庭皇帝 Mauricius 書的性質。

一說突厥可汗致拜占庭皇帝 Mauricius 書是一封 ἐπινίκιον（捷報）。[2] 蓋據 Theophylact Simocatta 所傳：

是年（598年）夏，東方的突厥可汗遣使Mauricius皇帝，呈一函炫耀其戰績。函首致辭稱"可汗、七姓大君長、世界七域之共主致書羅馬皇帝"云。正是這位可汗戰勝了Abdeli族（應卽嚈噠）之主，君臨其國。受此勝利之鼓舞，遂與Stembis可汗結盟，征服了Avar族。(VII, 7, 7-9)

這分明是突厥可汗在向Mauricius皇帝通報其戰績。這種文體屢見於古代近東，通常由一位王者向有關地區的統治者通報其戰績。著名的例子有大流士一世的貝希斯登銘文和沙普爾一世的Ka'be-yi Zardušt銘文，前者是向整個帝國通報，後者則是向鄰國通報。

　　今案：Theophylact Simocatta所載突厥可汗致拜占庭皇帝Mauricius書很容易使人聯想起《史記·匈奴列傳》所載匈奴冒頓單于遺漢文帝書：

　　　　天所立匈奴大單于敬問皇帝無恙。前時皇帝言和親事，稱書意，合歡。漢邊吏侵侮右賢王，右賢王不請，聽後義盧侯難氏等計，與漢吏相距，絕二主之約，離兄弟之親。皇帝讓書再至，發使以書報，不來，漢使不至，漢以其故不和，鄰國不附。今以小吏之敗約故，罰右賢王，使之西求月氏擊之。以天之福，吏卒良，馬彊力，以夷滅月氏，盡斬殺降下之。定樓蘭、烏孫、呼揭及其旁三十六國，皆以爲匈奴。諸引弓之民，并爲一家，北州已定。願寢兵休士卒養馬，除前事，復故約，以安邊民，以應始古，使少者得成其長，老者安其處，世世平樂。未得皇帝之志也，故使郎中係雩淺奉書請，獻橐他一匹，騎馬二匹，駕二駟。皇帝卽不欲匈奴近塞，則且詔吏民遠舍。使者至，卽遣之。

突厥可汗致書拜占庭皇帝是通報突厥對嚈噠和 Avar 的勝利，匈奴冒頓單于致書漢文帝則是通報匈奴對月氏和西域諸國的勝利。這是兩者最主要的類似之處。兩者書首的致辭"天所立匈奴大單于敬問皇帝無恙"與"可汗、七姓大君長、世界七域之共主致書羅馬皇帝"亦可謂相映成趣。

匈奴和突厥均係北亞遊牧部族，兩者又都是在稱霸蒙古高原後西向擴張。冒頓單于以戰勝月氏爲契機，致書漢文帝，顯然是挾戰勝之威，有所企求，並非僅僅炫耀勝利。儘管從 Theophylact Simocatta 所轉述的內容來看，突厥可汗似乎祇是在炫耀勝利，但背後也未必沒有其他目的。

這就是說，相對於大流士一世的貝希斯登銘文和沙普爾一世的 Ka'be-yi Zardušt 銘文，突厥可汗致拜占庭皇帝 Mauricius 書與匈奴冒頓單于遺漢文帝書應該更具可比性。

匈奴冒頓單于遺漢文帝書旣通報了破滅月氏，又通報了降服西域三十六國。這是一連串戰役的勝利，顯然不能視作一封捷報。同樣，突厥可汗致拜占庭皇帝 Mauricius 書旣通報了對嚈噠的勝利，又通報了對 Avar 等的勝利，不是某一次戰役的勝利。旣然前者不能視作一封捷報，後者似乎也難定性爲捷報。

要之，Theophylact Simocatta 所載突厥可汗致拜占庭皇帝

Mauricius 書與匈奴冒頓單于遺漢文帝書無論形式、內容、性質均有類似之處，可以對照閱讀。

二

對 Theophylact Simocatta 所載突厥可汗致拜占庭皇帝 Mauricius 書主要史實的理解。

說者之所以指 Theophylact Simocatta 所載突厥可汗致拜占庭皇帝 Mauricius 書是一封捷報，無非是要強調其即時性，認爲這對於理解所傳事實有重要意義。

一般認爲，致書 Maurice 皇帝的突厥可汗爲達頭可汗（576—603 年），與之結盟的 Stembis 可汗，應卽達頭可汗之父室點密（Isiämi）。由於譯文有誤，抑或其他原因，以致此前可汗之武功一併歸於達頭。[3]

而如果將可汗致拜占庭皇帝書看作一封捷報，則自然不能將 Stembis 與室點密作同一認定，達頭可汗在一封捷報中提及其父或其他前輩之功績就顯得很不自然。於是，所謂 Stembis 可汗就被比定爲俟毗可汗：Στεμβίς = Čebi 或 J̌ebi，卽 Sê-pi（俟毗）。[4]

今案：除起首一句外，Theophylact Simocatta 並未照錄可汗致 Mauricius 書的原文，其全貌亦不得而知。如果承認此書性質與冒頓致漢文帝書有類似之處，則應該承認書中所述諸事未必全部具有即時性。

這就是說，將 Stembis 與室點密作同一認定的可能性不能完全排除。儘管漢文史籍記載征服嚈噠的是室點密可汗，但身先士卒的可能是其子達頭。達頭在敍說自己的戰績時涉及其父是完全可以理解的，祇是 Theophylact Simocatta 的轉述未能正確說明其間的關係而已。果然，達頭致 Mauricius 書傳達的是六世紀後半葉突厥西征實錄，不僅僅是達頭個人的戰蹟。

另外，儘管據 Menander[5]（10.1: Exc. de Leg. Gent. 7），558 年前已有阿瓦爾人逃離突厥之統治，似乎其人役屬突厥早於嚈噠。但並不排除達頭、室點密乘戰勝嚈噠之餘威，再次打擊阿瓦爾人的可能性。

當然，我們也不能完全排除 Stembis 即俟毗的可能性，Theophylact Simocatta 所傳可汗征服嚈噠一役正是達頭與俟毗聯手的結果也未可知。達頭致 Mauricius 書不是一封單純的捷報，並不排斥其中含有即時的信息。

Theophylact Simocatta 並沒有明確記載可汗擊破嚈噠、阿瓦爾等的時間。因而，有關內容可以作如下不同的解讀：雖然 558 年突厥已從整體上擊垮嚈噠，但其餘眾反叛，可汗致 Mauricius 皇帝書所述正是達頭（協同俟毗）對嚈噠餘眾的進剿。同樣，Theophylact Simocatta 所傳可汗征服 Avar 事，也可能是指達頭對阿瓦爾叛眾的追剿。

要之，囿於 Theophylact Simocatta 含糊的措辭，目前尚無法確指突厥可汗致拜占庭皇帝 Mauricius 書所載突厥對嚈噠和 Avar 戰事的內涵。

三

突厥可汗致拜占庭皇帝書與柔然—阿瓦爾同族論。

突厥可汗致拜占庭皇帝書之所以引起史學界的濃厚興趣,主要原因在於 Theophylact Simocatta 在記載突厥可汗征服阿瓦爾後,還接著記載:

> 阿瓦爾既服,餘衆逃亡 Taugast 人之中。……其餘不甘心失敗者往投 Mucri。Mucri 人緊鄰 Taugast,訓練有素,不畏艱險,能征慣戰。(VII, 7, 7–14)

Taugast 一名的語源雖然衆說紛紜,但多數學者認爲在這裏是指中國,[6] 這則記載因此被認爲構成了柔然—阿瓦爾同族論的重要基礎。[7] 質言之,Theophylact Simocatta 阿瓦爾人戰敗後餘衆逃入中國的記載和漢文史籍關於柔然戰敗後餘衆逃入西魏的記載若合符契。

但是,這樣理解 Theophylact Simocatta 的記載有不少障礙:首先,Theophylact Simocatta 記載擊敗阿瓦爾的是達頭,而漢文史料記載擊破柔然的是木杆,並沒有證據表明,達頭亦曾參與木杆擊敗柔然之事。其次,據 Theophylact Simocatta,突厥征服阿瓦爾在征服嚈噠之後;而據中國史料,突厥擊破柔然在擊破嚈噠之前。爲此,學界進行了翻覆討論。[8]

其實,阿瓦爾餘衆在被突厥擊敗後逃亡中國也不能視作積極的證據，柔然被擊敗後可逃亡中國，其他部族（譬如阿瓦爾）被突厥擊破後同樣可以逃亡中國。[9] 自然不能因柔然被突厥擊破後逃亡中國而認定凡被突厥擊破而逃亡中國者皆爲柔然。

另外，部份柔然—阿瓦爾同族論者爲了克服突厥征服阿瓦爾、嚈噠的次序顛倒這一障礙，假定 Theophylact Simocatta 所述阿瓦爾係被土門擊破後西逃之柔然餘眾。但是，這樣一來，等於否定了上述構成了柔然—阿瓦爾同族論的重要基礎。因爲漢文史籍所載逃入西魏者乃是柔然汗國破滅後之餘眾，決不是餘眾之餘眾。[10]

要之，Theophylact Simocatta 所載突厥可汗致拜占庭皇帝書無助於柔然—阿瓦爾同族論成立。

四

突厥可汗致拜占庭皇帝書與悅般—阿瓦爾同族論。

阿瓦爾的淵源，除柔然說外，另有悅般說。[11] 今案：相對於柔然—阿瓦爾同族論，此說似較合理，茲據 Theophylact Simocatta 所載突厥可汗致拜占庭皇帝書審核之。

1. Avar 和悅般就名稱而言，無疑可以勘同。

2. 悅般見諸《魏書·西域傳》。據傳，其先是匈奴部落之一，隨北匈奴單于西遷，留居於龜茲之北，後發展成一個強大的部族，有眾二十萬，與新興的柔然爲敵。可能因不堪柔然騷擾，終於消失於塞北和西域舞臺。換言之，悅般很可能西徙了，其時間上限爲 448 年。[12]

而如前述，阿瓦爾人役屬突厥早於嚈噠。Theophylact Simocatta 所傳可汗征服 Avar 事，不管是達頭追隨室點密乘戰勝嚈噠之餘威再次打擊阿瓦爾人，還是達頭協同俟毗追剿阿瓦爾之叛眾，與依據漢文史料推出的悅般人西遷的時間均無矛盾。

要之，無論對突厥可汗致拜占庭皇帝書之性質及所傳史實作何種詮釋，均無妨悅般—阿瓦爾同族論成立。

五

突厥可汗致拜占庭皇帝書與僞阿瓦爾問題。

擊破阿瓦爾後，據 Theophylact Simocatta，"此可汗又征服了所有 Ogur 部落。Ogur 人衆而强，習攻戰，居於東方 Til 河上，突厥習呼爲該河爲黑河（Melas）。其古酋長有名 Var 與 Chunni 者，若干部落因以爲名焉"。（VII, 7, 13-14）而這些以 Var 與 Chunni 命名的 Ogur 部落，據 Theophylact Simocatta 記載：

> Justinian 帝在位時期（Justinian I, 527—565），部份 Var 和 Chunni 人逃離其祖先之部落，定居歐洲。他們自稱 Avar 人，其首領則僭稱"可汗"。其人改名具有特別的意義。Barselt、Onogurs、Sabir 以及其他 Hun 人部落發現有若干 Var 和 Chunni 人逃入他們的領地，以爲這些移民可能是 Avar 人，恐

懼至極，遂以貴重的禮品向這些亡命者致敬，希冀換取安全的保障。Var 和 Chunni 人發覺其亡命生涯出現轉機，便利用這些來使的錯誤，自稱 Avar 人。蓋斯基泰諸族中，Avar 人最爲出眾。事實上，時至今日，僞 Avars 業已案其血統區分，若干稱 Var，若干稱 Chunni。(VII, 8, 1-5)

這就是所謂僞阿瓦爾的來歷。從中，我們似乎可以得出以下幾點認識：

1. Var 和 Chunni 人定居歐洲，並冒稱阿瓦爾，時在 Justinian 帝在位時，說明 Var 和 Chunni 人西徙遲於阿瓦爾人。儘管如此，Theophylact Simocatta 所傳突厥討伐僞阿瓦爾人一事依然存在兩種可能：既可能是達頭追隨室點密所爲，也可能是達頭偕同俟毗所爲。

2. Theophylact Simocatta 稱 Var 和 Chunni 冒稱阿瓦爾其實是一種誤解。其實，所謂"Var 和 Chunni"纔是 Ogur 人的冒稱，並非原名爲 Var 和 Chunni 之部落冒稱 Avar。Var 不妨視作 [A]var 之略，Chunni 應卽 Hunni。因此"Var 和 Chunni"可連讀作"Avar Huns"。這些 Ogur 人冒稱 Avar，而自稱或被稱爲"Avar Huns"，從 Avar 人卽悅般的角度就不難理解了：悅般原係匈奴之部落，故"Avar Huns"就是"悅般匈奴"。這"悅般匈奴"譯成希臘語就成了 Οὐαρχωνῖται (Menander, 19.1: Exc. de Leg. Rom. 14)。Theophylact Simocatta 不僅誤一爲二，而且將冒稱誤作原名。

3. 說者認爲 Var 是嚈噠國城市，因而指 Var 爲嚈噠。[13] 今案：

其誤不待辯。別的不說，Theophylact Simocatta 的記載本身已將 Var 和嚈噠作了清楚的區分。

■ 注釋

[1] Michael and Mary Whitby, *The History of Theophylact of Simocatta: An English Translation with Introduction and Notes*. Oxford University Press 1986.

[2] J. Harmatta, "The Letter Sent by the Turk Qaγan to the Emperor Mauricius." *Acta Antiqua Academiae Scientiarum Hungaricae* 41 (2001): pp. 109-118.

[3] 主此說者較最早如：J. de Guignes, *Histoire générale des Huns, des Turcs, des Mongols et des autres Tartares occidentaux, etc*, I. Paris, 1756, pp. 344-366. E. Chavannes, Documents sur les Tou-kiue (Turcs) occidentaux. Paris, 1903. pp. 221-259.

[4] 注 2 所引 J. Harmatta 文。

[5] R. C. Blockley, *The History of Menander the Guardsman, Introductory Essay, Text, Translation, and Historiographical Notes*. Published by Francis Cairns Ltd., Printed in Great Britain by Redwood Burn Lid. Trowbridge, Wiltshire, 1985.

[6] 關於 Taugast，參看注 3 所引 E. Chavannes 書，p. 230。

[7] 參看内田吟風"柔然（蠕蠕）アヴァール同族論考"，《史泉》23·24（1962 年），pp. 23-34。

[8] 同注 7。

[9] 說見注 2 所引 J. Harmatta 文。

[10] 參看本書下卷第四篇。

[11] 最早提出此說者爲 E. H. Parker, "China, the Avars, and the Franks." *Asiatic Quarterly Review and Oriental and Colonial Record.* Series 3, XIII, 1902, pp. 346-360, esp. 351-352。論證參看本書下卷第四篇。

[12] 關於悅般，詳見本書下卷第四篇。

[13] 說見 J. Markwart, Wehrot und Arang. Leiden 1938, p. 45。

徵引文獻之一

漢語文獻（1）

《抱朴子內篇校釋》（增訂本），（晉）葛洪撰，王明校釋，中華書局，1985年。

《抱朴子外篇校箋》，（晉）葛洪撰，楊明照校箋，中華書局，1997年。

《北戶錄》，（唐）段公路撰，文淵閣四庫史部（第589冊）。

《北堂書鈔》，（隋）虞世南撰，天津古籍出版社影印，1988年。

《本草綱目》，（明）李時珍撰，文淵閣四庫全書史部（第772—774冊）。

《博物志》，（西晉）張華撰，范寧校證，中華書局，1980年。

《初學記》，（唐）徐堅等著，中華書局，1985年。

《楚辭章句》，（東漢）王逸撰，文淵閣四庫全書集部（第1062冊）。

《春秋釋例》，（晉）杜預撰，文淵閣四庫全書經部（第146冊）。

《大清一統志》，（清）穆彰阿、潘錫恩等纂修，《續修四庫全書》史部（第598—612冊）。

《洞冥記》，（東漢）郭憲撰，文淵閣四庫全書子部（第1042冊）。

《讀書雜志》，（清）王念孫著，中華書局，1991年。

《爾雅》,《十三經註疏》本,中華書局影印,1991年。

《爾雅校箋》,周祖謨校箋,江蘇教育出版社,1984年。

《格致鏡原》,(清)陈元龍编,文淵閣四庫全書子部(第1031—1032冊)。

《廣雅疏證》,(魏)張揖撰,(清)王念孫疏證,上海古籍出版社,1983年。

《廣志》,(北魏)郭義恭撰,輯本見(清)馬國翰《玉函山房輯佚書》(子編雜家類第八帙卷七四),長沙嫏嬛館補校刊,1883年。

《漢紀》,(東漢)荀悅撰,張烈點校,中華書局,2002年。

《漢書》,(東漢)班固撰,(唐)顏師古注,中華書局,1975年。

《漢書補注》,(清)王先謙撰,中華書局影印,1983年。

《漢書地理志補注》,(清)吳卓信撰,開明書局,1937年,《二十五史補編》第1冊,pp. 507-1022。

《漢書地理志校注》,(清)王紹蘭撰,開明書局,1937年,《二十五史補編》第1冊,pp. 471-506。

《漢書西域傳補注》,(清)徐松撰,《二十五史三編》(第三分冊),嶽麓書社,1994年。

《後漢紀》,(東晉)袁宏撰,張烈點校,中華書局,2002年。

《後漢書》,(劉宋)范曄撰,(唐)李賢等注,中華書局,1973年。

《淮南子校釋》,張雙棣校釋,北京大學出版社,1997年。

《晉書》,(唐)房玄齡等撰,中華書局,1982年。

《舊唐書》,(後晉)劉昫等撰,中華書局,1975年。

《括地志輯校》,(唐)李泰等著,賀次君輯校,中華書局,1980年。

《禮記》,《十三經註疏》本,中華書局影印,1991年。

《梁書》,(唐)姚思廉撰,中華書局,1973年。

《穆天子傳彙校集釋》，王貽梁、陳建敏選，華東師範大學出版社，1994年。

《南方草木狀》，（晉）嵇含撰，文淵閣四庫全書史部（第589冊）。

《三國志》，（晉）陳壽撰，中華書局，1975年。

《三國志集解》，盧弼撰，中華書局影印，1982年。

《山海經校注》，袁珂校注，巴蜀書社，1993年。

《尚書正義》，《十三經註疏》本，中華書局影印，1991年

《神異經》，題（漢）東方朔撰，（晉）張華注，文淵閣四庫全書子部（第1042冊）。

《詩毛氏傳疏》，（清）陳奐撰，皇清續經解，南菁書院本。

《史記》，（漢）司馬遷撰，中華書局，1975年。

《世說新語箋疏》，余嘉錫撰，中華書局，1983年。

《說文解字注》，（東漢）許慎撰，（清）段玉裁注，上海古籍出版社，1984年。

《宋書》，（梁）沈約撰，中華書局，1983年。

《隋書》，（唐）魏徵、令狐德棻撰，中華書局，1982年。

《太平寰宇記》，（宋）樂史撰，文淵閣四庫全書史部（第489—470冊）。

《太平御覽》，（宋）李昉等撰，中華書局影印，1985年。

《太清金液神丹經》，題（東漢）長生陰真人傳，《正統道藏》第31冊，藝文印書館，1977年。

《唐會要》，（宋）王溥撰，中華書局，1955年。

《通典》，（唐）杜佑撰，王文錦等點校，中華書局，1988年。

《通志》，（宋）鄭樵撰，中華書局影印，1987年。

《魏書》，（北齊）魏收撰，中華書局，1984年。

《文獻通考》，（元）馬端臨撰，中華書局，1986年。

《文選》，（梁）蕭統編，（唐）李善注，中華書局影印，1983年。

《新斠注地里志集釋》,(清)錢坫撰、徐松集釋,《二十五史補編》第 1 冊,開明書局,1937 年,pp. 1023-1185。

《新唐書》,(宋)歐陽修、宋祁撰,中華書局,1975 年。

《玄中記》(《郭氏玄中記》、《元中記》),(晉)郭璞撰,輯本見(清)馬國翰《玉函山房輯佚書》(子編小說家類第八帙卷七六),長沙嫏嬛館補校刊,1883 年。

《藝文類聚》,(唐)歐陽詢撰,汪紹楹校,上海古籍出版社,1985 年。

《禹貢錐指》,鄒逸麟整理,上海古籍出版社,1996 年。

《玉臺新詠箋注》,(陳)徐陵編,(清)吳兆宜注、程琰刪補,穆克宏點校,中華書局,1999 年。

《戰國策集注彙考》,諸祖耿撰,江蘇古籍出版社,1985 年。

《證類本草》,(宋)唐慎微撰,文淵閣四庫全書史部(第 740 冊)。

《資治通鑒》,(宋)司馬光編著,(元)胡三省音注,中華書局,1976 年。

漢語文獻(2)

《北山錄》,(唐)神清撰,慧寶注,《大正新脩大藏經》T52, No. 2113。

《長阿含經》,(後秦)佛陀耶舍、竺佛念譯,《大正新脩大藏經》T1, No. 1。

《大般涅槃經》,(北涼)曇無讖譯,《大正新脩大藏經》T12, No. 374。

《大般涅槃經》,(宋)慧嚴依《泥洹經》加之,《大正新脩大藏經》T12, No. 375。

《大寶積經》,(唐)菩提流志譯,《大正新脩大藏經》T11, No. 310。

《大唐西域記校注》，（唐）玄奘、辯機撰，季羨林等校注，中華書局，1985 年。

《大唐西域求法高僧傳校注》，（唐）義淨撰，王邦維校注，中華書局，1988 年。

《大莊嚴論經》，馬鳴菩薩造，（後秦）鳩摩羅什譯，《大正新脩大藏經》T4, No. 201。

《法華傳記》（唐）僧詳撰，《大正新脩大藏經》T51, No. 2068。

《法苑珠林》，（唐）道世撰，周叔迦、蘇晉仁校注本，中華書局，2003 年。

《翻譯名義集》，（宋）法雲編，《大正新脩大藏經》T54, No. 2131。

《佛本行集經》，（隋）闍那崛多譯，《大正新脩大藏經》T3, No. 0190。

《佛使比丘迦旃延說法沒盡偈經》，佚名譯，《大正新脩大藏經》T49, No. 2029。

《高僧傳》，（梁）慧皎撰，湯用彤校注，中華書局，1992 年。

《經律異相》，（梁）寶唱等撰，《大正新脩大藏經》T53, No. 2121。

《歷代三寶記》，（隋）費長房撰，《大正新脩大藏經》T49, No. 2034。

《洛陽伽藍記校注》,（北魏）楊衒之撰,范祥雍校注,上海古籍出版社,1978 年。

《那先比丘經》（甲種），佚名譯，《大正新脩大藏經》T32, No. 1670A。

《那先比丘經》（乙種），佚名譯，《大正新脩大藏經》T32, No. 1670B。

《菩薩善戒經》，（劉宋）求那跋摩譯，《大正新脩大藏經》T30, No. 1582。

《普曜經》，（西晉）竺法護譯，《大正新脩大藏經》T3, No. 186。

《十二遊經》，（東晉）迦留陀伽譯。《大正新脩大藏經》T4, No. 195。

《十誦律》，（後秦）弗若多羅、鳩摩羅什譯，《大正新脩大藏經》T23, No. 1435。

《釋迦方誌》，（唐）道宣撰，范祥雍點校，中華書局，1983 年。

《釋氏要覽》，（宋）道誠集，《大正新脩大藏經》T54, No. 2127。

《續高僧傳》，（唐）道宣撰，《大正新脩大藏經》T50, No. 2060。

《續一切經音義》，（宋）希麟集，《大正新脩大藏經》T54, No. 2129。

漢語文獻（3）

安居香山、中村璋八《緯書集成》（上），河北人民出版社，1994年，pp. 61—67。

辭海編輯委員會《辭海》，上海辭書出版社，1979年。

蔡鴻生《唐代九姓胡與突厥文化》，中華書局，1998年。

岑仲勉"黎軒、大秦與拂懍之語義及範圍"，《西突厥史料補闕及考證》，中華書局，1958年，pp. 222-234。

岑仲勉《漢書西域傳地里校釋》，中華書局，1981年。

杜琛"DNA，期待解析驪靬人身世——晨報記者跟隨調查組前往甘肅尋找古羅馬第一軍團足蹟"，《新聞晨報》2005年6月24日星期五 A9。

郝樹聲、張德芳《懸泉漢簡研究》，甘肅文化出版社，2009年。

黃文弼"羅布淖爾漢簡考釋"，《黃文弼歷史考古論集》，文物出版社，1989年，pp. 375-408。

黃烈"'守白力'、'守海'文書與通西域道路的變遷"，《中國古代民族史研究》，人民出版社，1987年，pp. 431-458。

李劍國《唐前志怪小說史》，南開大學出版社，1984年。

李劍國《唐五代志怪傳奇敘錄》，南開大學出版社，1993年。

劉偉毅《漢唐方志輯佚》，北京圖書館出版社，1997年。

馬泰來"蜜香紙·抱香履——傳本《南方草木狀》辨偽舉隅",《大陸雜誌》38(1969年), pp. 199-202。

馬泰來"《南方草木狀》箋證二十則",華南農業大學農業歷史遺產研究室編《〈南方草木狀〉國際學術討論會論文集》,農業出版社,1990年, pp. 50-77。

馬雍"新疆佉盧文書中之 kośava 即氍毹考——兼論'渠搜'古地名",《西域史地文物叢考》,文物出版社, 1990年, pp. 112-115。

馬雍"巴基斯坦北部所見'大魏'使者的巖刻題記",《西域史地文物叢考》,文物出版社, 1990年, pp. 129-137。

孟凡人《樓蘭新史》,光明日報出版社, 1990年。

孫培良"《山海經》拾證",《文史集林》(人文雜誌叢刊) 1986年第4期, pp. 137-150。

孫毓棠"安息與烏弋山離",《文史》第5輯(1978年), pp. 7-21。

汪受寬"駁古羅馬軍團安置驪靬城說",《甘肅社會科學》1999年第6期, 34-38。

汪受寬"驪靬縣名由來與設置年代檢論",《敦煌學輯刊》2000年第1期, 114-120。

王國維"西胡考",《觀堂集林》(卷一三),中華書局, 1959年, pp. 606-616。

王國維"《流沙墜簡》序",《觀堂集林》(卷一七),中華書局, 1959年, pp. 819-834。

王利华"《廣志》成書年代考",《古今農業》1995年第3期, pp. 51-58。

吳楓《隋唐歷史文獻集釋》,中州古籍出版社, 1987年。

徐祥浩"關於《南方草木狀》植物名稱的一些考證和討論",華南農業大學農業歷史遺產研究室編《〈南方草木狀〉國際學術討論會論文集》,農業出版社，1990 年，pp. 209-215。

楊希枚"評德效騫著《古中國境內一個羅馬人的城市》——兼論所謂羅馬人的幾種文化成份"，《書目季刊》第 2 輯（1969 年），pp. 3-24。

余太山"條枝、黎軒、大秦和有關的西域地理"，《中國史研究》1985 年第 2 期，pp. 57-74。

余太山"董琬、高明西使考"，《嚈噠史研究》，齊魯書社，1986 年，pp. 217-244。

余太山《塞種史研究》，中國社會科學出版社，1992 年。

余太山《兩漢魏晉南北朝與西域關係史研究》，中國社會科學出版社，1995 年。

余太山《古族新考》，中華書局，2000 年。

余太山《兩漢魏晉南北朝正史西域傳研究》，中華書局，2003 年。

余太山"《後漢書》、《魏略》有關大秦國桑蠶絲的記載"，《西域研究》2004 年第 2 期，pp. 14-16。

余太山"《那先比丘經》所見'大秦'及其他"，《歐亞學刊》第 9 輯，中華書局 2009 年 12 月，pp. 109-114。

章鴻釗《石雅·寶石說》，上海古籍出版社，1993 年。

張德芳"漢簡確證：漢代驪靬城與羅馬戰俘無關"，《敦煌懸泉漢簡釋粹》，上海古籍出版社，2001 年，pp. 222-229。

張維華"漢張掖郡驪靬縣得名之由來及犁靬眩人來華之經過"，《漢史論集》，齊魯書社，1980 年，pp. 329-339。

周連寬"漢婼羌國考"，《中亞學刊》第 1 輯，中華書局，1983 年，pp. 81-90。

周振鶴《西漢政區地理》，人民出版社，1987 年。

漢語文獻（4）

A

《東域紀程録叢》，[英] H. 裕爾撰、[法] H. 考迪埃修訂，張緒山譯，雲南人民出版社，2002。

《歷史》，[古希臘] 希羅多德著，王以鑄譯，商務印書館，1985 年。

《南傳彌蘭王問經》，巴宙譯，中國社會科學出版社，1997 年。

《唐代外來文明》，[美] 謝弗著，吳玉貴譯，中國社會科學出版社，1995 年。

《中國伊朗編》，[美] 勞費爾著，林筠因譯，商務印書館，1964 年。

B

[法] 伯希和"四天子說"，馮承鈞譯，《西域南海史地考證譯叢三編》，商務印書館，1962 年，pp. 84-103。

[法] 伯希和"犛軒爲埃及亞歷山大城說"，馮承鈞譯，《西域南海史地考證譯叢七編》，商務印書館，1957 年，pp. 34-35。

日語文獻

藤田豊八"條支國考"，《東西交涉史の研究・西域篇》，東京：荻原星文館，1943 年，pp. 211-252。

藤田豊八"黎軒と大秦"，《東西交涉史の研究・西域篇》，東京：荻原星文館，1943 年，pp. 466-497。

藤田豐八"榻及び毾㲪氍毹につきて",《東西交涉史の研究・南海篇》,荻原星文館,1943年,pp. 611-627。

桑原隲藏"波斯灣の東洋貿易港に就て",《東西交通史論叢》,東京:弘文堂,1944年,pp. 360-394。

松田壽男《古代天山の歷史地理學的研究》,東京:早稻田大學出版社,1970年。

松田壽男"イラン南道論",《東西文化交流史》,東京:雄山閣,1975年,pp. 217-251。

宮崎市定"條枝と大秦と西海",《史林》24～1(1939年),pp. 55-86。

森雅子"西王母の原像——中國古代神話における地母神の研究——",《史學》56～3(1986年),pp. 61-93。

小川琢治"歷史地理の地名學的研究",《支那歷史地理研究》,東京:弘文堂,1939年,pp. 376-404。

白鳥庫吉"大秦國及び拂菻國に就きて",《白鳥庫吉全集・西域史研究(下)》(第7卷),東京:岩波,1971年,pp. 125-203。

白鳥庫吉"條支國考",《白鳥庫吉全集・西域史研究(下)》(第7卷),東京:岩波,1971年,pp. 205-236。

白鳥庫吉:"大秦傳に現はれたる支那思想",《白鳥庫吉全集・西域史研究(下)》(第7卷),東京:岩波,1971年,pp. 237-302。

白鳥庫吉:"大秦傳より見たる西域の地理",《白鳥庫吉全集・西域史研究(下)》(第7卷),東京:岩波,1971年,pp. 303-402。

白鳥庫吉"拂林問題の新解釋",《白鳥庫吉全集・西域史研究(下)》(第7卷),東京:岩波,1971年,pp. 403-592。

白鳥庫吉"大秦の木難珠と印度の如意珠",《白鳥庫吉全集・西域史研究(下)》

(第 7 卷)，東京：岩波，1971 年，pp. 597-641。

相馬隆 "海西雜考"，《流沙海西古文化論考》，東京：山川出版社，1977 年，pp. 291-317。

相馬隆 "條支國考"，《流沙海西古文化論考》，東京：山川出版社，1977 年，pp. 319-344。

鈴木治 "絹路考"，《天理大學學報》43（1964 年），pp. 39-65。

鈴木治 "絹路補考"，《天理大學學報》46（1965 年），pp. 32-60。

內田吟風 "魏書西域傳原文考釋（下）"，《東洋史研究》31 ～ 3（1972 年），pp. 58-72。

內田吟風 "《異物志》考"，《森鹿三博士頌壽記念論文集》，京都：同朋舍，1977 年，pp. 275-296。

西方文獻

Allen, H. J. "Where was Ta-ts'in?" *Journal of the North China Branch of the Royal Asiatic Society* 21 (1886): pp. 91-97.

Chavannes, E. "Les pays d'Occident d'après le *Wei-lio*." *T'oung Pao* 6 (1905): pp. 519-571.

Chavannes, E. "Trois Généraux Chinois de la dynastie des Han Orientaux. Pan Tch'ao (32-102 p. C.); – son fils Pan Yong; – Leang K'in (112 p. C.). Chapitre LXXVII du *Heou Han chou*." *T'oung Pao* 7 (1906): pp. 210-269.

Chavannes, E. "Les pays d'Occident d'après le *Heou Han chou*." *T'oung Pao* 8

(1907): pp. 149-234.

Davids, T. W. R. tr. *The Questions of King Milinda*, translated from Pâli. Clarendon, 1890.

Debevoise, N. C. *A Political History of Parthia*. Chicago, 1938.

Dewing, H. B., tr. *Procopius, History of the Wars, with an English Translation*, vol. 1. New York, 1914.

Downey, G. *A History of Antioch in Syria*. Princeton, 1961.

Dubs, H. H. "A Roman City in Ancient China." In S. H. Hansford, ed. *China Soceity Sinological Series* No. 5 (1957): pp. 1-48.

Enoki, K. "The Location of the Capital of Lou-lan and the Date of Kharoṣṭhī Inscriptions." *Memoirs of the Research Department of the Toyo Bunko* (The Oriental Library) 22 (1963): pp. 125-171.

Hermann, A. "Die Lage des Lands Ta Ts'in." *Ostasiatische Zeitschrift* 14 (1927/28): pp. 196-202.

Hirth, F. *China and the Roman Orient*. Shanghai and Hongkong, 1885.

Hitti, Ph. K. *History of Syria*. London, 1951.

Hitti, Ph. K. *History of Arabs*. New York, 1957.

Hudson, G. F. *Europe and China*. Boston, 1931.

Hulsewé A. F. P. & M. A. N. Loewe, *China in Central Asia, the Early Stage: 125 B. C.-A. D. 23*. Leiden: 1979.

Jones, H. L., tr. *The Geography of Strabo, with an English translation*. 8 vols. London, 1916-1936.

Leslie, D. D. and K. H. J. Gardiner, *The Roman Empire in Chinese Sources*. Roma,

1996.

Li Hui-lin 李惠林. tr. *Nan-fang-ts'ao-mu-chuang: A fourth Century Flora of Southeast Asia*. Hongkong, 1979.

Ma Tai-loi 馬泰來. "The Authenticity of Na Fang Ts'ao-Mu-Chuang." *T'oung Pao* 64 (1978): pp. 218-252.

Müller, C. *Fragmenta Historicorum Græcorum (IV), Disposuit, Notis et Prolegomenis Illustravit*. Paris, 1851.

Narain, A. K. *The Indo-Greeks*. Oxford, 1957.

Levi, P., tr. *Pausanias, Guide to Greece*, vol. 2. Penguin, 1971.

Pelliot, P. "Li-kien, autre nom du Ta-ts'in." *T'oung Pao* 16 (1915): pp. 690-691.

Pelliot, P. "Note sur las Anciens Itinéraires Chinois dans l'Orient Romain." *Journal Asiatique* XI Serie, 17 (1921): pp. 139-145.

Rackham, H., tr. Pliny, *Natural History, with an English translation*. London, 1949.

Rapson, E. J., ed. *The Cambridge History of India*. Delhi, 1922.

Raschke, M. G. "New Studies in Roman Commerce with the East." In Aufstieg und Niedergang der römischen Welt II (Principat), vol. 9.2, ed. by H. Temporini. Berlin/N.Y., 1976, pp. 604-1233, esp. 622-623.

Richthofen, F. F. von. *China. Ergebnisse eigener Reisen und darauf gegründeter Studien*, vol. 1. Berlin, 1877.

Tarn, W. W. *The Greek in Bactria and India*. London: Cambridge, 1951.

Yarshater, E., ed. *The Cambridge History of Iran*, vol. 3 (1), (2): *The Seleucid, Parthian and Sasanian Periods*, CUP: 1983.

徵引文獻之二

漢語文獻（1）

《北齊書》，（唐）李百藥撰，中華書局，1972 年。

《北史》，（唐）李延壽撰，中華書局，1983 年。

《漢書》，（東漢）班固撰，（唐）顏師古注，中華書局，1975 年。

《漢書西域傳補注》，（清）徐松撰，《二十五史三編》（第三分冊），嶽麓書社，1994 年。

《後漢紀》，（東晉）袁宏撰，張烈點校，中華書局，2002 年。

《後漢書》，（劉宋）范曄撰，（唐）李賢等注，中華書局，1973 年。

《晉書》，（唐）房玄齡等撰，中華書局，1982 年。

《舊唐書》，（後晉）劉昫等撰，中華書局，1975 年。

《梁書》，（唐）姚思廉撰，中華書局，1973 年。

《南齊書》，（梁）蕭子顯撰，中華書局，1974 年。

《南史》，（唐）李延壽撰，中華書局，1975 年。

《三國志》，（晉）陳壽撰，中華書局，1975 年。

《十六國春秋輯補》，（清）湯球輯補，商務印書館，1958年。

《史記》，（漢）司馬遷撰，中華書局，1975年。

《宋書》，（梁）沈約撰，中華書局，1983年。

《隋書》，（唐）魏徵、令狐德棻撰，中華書局，1982年。

《太平御覽》，（宋）李昉等撰，中華書局影印，1985年。

《通典》，（唐）杜佑撰，王文錦等點校，中華書局，1988年。

《通志》，（宋）鄭樵撰，中華書局，1987年。

《魏書》，（北齊）魏收撰，中華書局影印，1984年。

《新唐書》，（宋）歐陽修、宋祁撰，中華書局，1975年。

《元和郡縣圖志》，（唐）李吉甫撰，賀次君點校，中華書局，1983年。

《元和姓纂》（附四校記），（唐）林寶撰，岑仲勉校記，中華書局，1994年。

《周書》，（唐）令狐德棻等撰，中華書局，1983年。

《資治通鑑》，（宋）司馬光編著，（元）胡三省音註，中華書局，1976年。

漢語文獻（2）

《高僧傳》，（梁）慧皎撰，《大正新脩大藏經》T50, No. 2059。

《洛陽伽藍記校注》，（北魏）楊衒之撰，范祥雍校注，上海古籍出版社，1978年。

《續高僧傳》，（唐）道宣撰，《大正新脩大藏經》T50, No. 2060。

《一切經音義》，（唐）慧琳撰，《大正新脩大藏經》T54, No. 2128。

漢語文獻（3）

曹永年 "柔然源於雜胡考"，《歷史研究》1981 年第 2 期，pp. 106-112。

岑仲勉 "伊蘭之胡與匈奴之胡"，《真理雜誌》第 1 卷第 3 期（1944 年），pp. 309-314。

岑仲勉《突厥集史》，中華書局，1958 年。

方壯猷 "匈奴語言考"，《國學季刊》第 2 卷第 2 號（1930 年），pp. 693-740。

馮承鈞 "樓蘭鄯善問題"，《西域南海史地考證論著彙編》，中華書局香港分局，1976 年，pp. 25-35。

馮承鈞 "高車之西徙與車師鄯善國人之分散"，《西域南海史地考證論著彙輯》，中華書局香港分局，1976 年，pp. 36-47。

馮承鈞 "高昌事輯"，《西域南海史地考證論著彙輯》，中華書局香港分局，1976 年，pp. 48-83。

馮家昇 "匈奴民族及其文化"，林幹編《匈奴史論文選集》，中華書局，1983 年，pp. 155-170。

郭平梁 "匈奴西遷及一些有關問題"，中國社會科學院民族研究所民族歷史研究室編《民族史論叢》第 1 輯，中華書局，1987 年，pp. 103-114。

何星亮 "匈奴語試釋"，《中央民族學院學報》1982 年第 1 期，pp. 3-11。

何震亞 "匈奴與匈牙利"，《中外文化》第 1 卷第 1 期（1937 年），pp. 39-48。

黃文弼 "古代匈奴民族之研究"，《邊政公論》第 2 卷第 3，4，5 期（1943 年），pp. 35-39。

黃文弼 "論匈奴族之起源"，《黃文弼歷史考古論集》，文物出版社，1989 年，pp. 85-90。

金元憲"北匈奴西遷考",《國學論衡》第 5 期（1935 年）, pp. 37-42。

林幹"試論匈奴的族源族屬及其與蒙古族的關係", 林幹編《匈奴史論文選集》, 中華書局, 1983 年, pp. 75-87。

林幹"北匈奴西遷考略",《內蒙古社會科學》, 1984 年第 1 期, pp. 58-65。

林幹《匈奴歷史年表》, 中華書局, 1984 年。

林梅村"敦煌出土粟特文古書信的斷代問題",《中國史研究》1986 年第 1 期, pp. 87-99。

馬長壽《北狄與匈奴》, 三聯書店, 1962 年。

馬長壽《烏桓與鮮卑》, 上海人民出版社, 1962 年。

馬雍"新疆巴里坤、哈密漢唐石刻叢考",《西域史地文物叢考》, 文物出版社, 1990 年, pp. 16-23。

孟凡人《北庭史地研究》, 新疆人民出版社, 1985 年。

齊思和"匈奴西遷及其在歐洲的活動",《歷史研究》1977 年第 3 期, pp. 126-141。

邱克、王建中"關於匈奴西遷歐洲的質疑",《西北民族文叢》1984 年第 2 期, pp. 58-67。

唐長孺"南北朝期間西域與南朝的陸道交通",《魏晉南北朝史論拾遺》, 中華書局, 1983 年, pp. 168-195。

唐長孺"魏晉雜胡考",《魏晉南北朝史論叢》, 三聯書店, 1995 年, pp. 382-450。

田廣金"桃紅巴拉的匈奴墓",《考古學報》1976 年第 1 期, pp. 131-143。

王國維"西胡續考",《觀堂集林》（卷一三）, 中華書局, 1959 年, pp. 616-620。

夏鼐"青海西寧出土的波斯薩珊朝銀幣",《考古學報》1958年第1期, pp. 105-110。

蕭之興"關於匈奴西遷過程的探討",《歷史研究》1978年第7期, pp. 83-87。

熊存瑞"先秦匈奴及其有關的幾個問題",《社會科學戰線》1983年第1期, pp. 110-113。

姚薇元《北朝胡姓考》, 科學出版社, 1958年。

余大鈞"公元91年後居留新疆北部一帶的北匈奴",《中華文史論叢》1986年第1期, pp. 151-168。

余太山《嚈噠史研究》, 齊魯書社, 1986年。

余太山《塞種史研究》, 中國社會科學出版社, 1992年

章炳麟"匈奴始遷歐洲考",《太炎文錄初編‧別錄》卷二,《章太炎文集》(四), 上海人民出版社, 1985年, p. 381。

章巽"《水經注》中的扞泥城和伊循城",《中亞學刊》第3輯, 中華書局, 1990年, pp. 71-76。

中國科學院考古研究所編著《灃西發掘報告》, 文物出版社, 1963年。

周連寬"蘇聯南西伯利亞所發現的中國式宮殿遺址",《考古學報》1956年第4期, pp. 55-66。

周偉洲"魏晉十六國時期鮮卑族向西北地區的遷徙和分佈",《民族研究》1983年第5期, pp. 31-38。

周偉洲《敕勒與柔然》, 上海人民出版社, 1983年。

周偉洲《吐谷渾史》, 寧夏人民出版社, 1985年。

周偉洲《漢趙國史》, 山西人民出版社, 1986年。

漢語文獻（4）

A

《中亞古國史》，[美] 麥高文著，章巽譯，中華書局，1958 年。

《西突厥史料》，[法] 沙畹著，馮承鈞譯，中華書局，1958 年。

B

[蘇] 耶茲 "俄國科斯洛夫探險隊外蒙考古發現紀略"，向達譯，《東方雜誌》第 24 卷第 15 號（1927 年），pp. 29-40。

日語文獻

イノストランツエフ著《匈奴研究史》，善隣協會蒙古研究所，東京：生活社，1942 年。

榎一雄 "魏書粟特國傳と匈奴・フン同族問題"，《東洋學報》37～4（1955 年），pp. 1-48。

榎一雄 "ソグディアナと匈奴 1-3"，《史學雜誌》64～6（1955 年），pp. 1-28；64～7（1955 年），pp. 31-49；64～8（1955 年），pp. 31-54。

榎一雄一雄 "匈奴フン同族論の批判——江上波夫著《ユウラシア古代北方文化》"，《東洋文化》1（1950 年），pp. 150-157。

江上波夫 "匈奴・フン同族論"，《ユウラシア古代北方文化——匈奴文化論考》，東京：山川出版社，1954 年，pp. 319-402。

石黑富男 "鮮卑遊牧國家の領域"，《北大史學》4（1957 年），pp. 80-91。

松田壽男《古代天山の歷史地理學的研究》，東京：早稻田大學出版部，1970 年。

護雅夫"いわゆる'北丁零'、'西丁零'について"，《瀧川博士還曆記念論文集・東洋史篇》，東京：長野中澤印刷，1957年，pp. 57-71。

護雅夫"丁令に關する魏略西戎傳の記事について"，《東洋學報》40～1（1957年），pp. 82-109。

護雅夫《漢とローマ》，東京：平凡社，1970年。

嶋崎昌"姑師と車師前・後王國"，《隋唐時代の東トウルキスタン研究――高昌國史研究を中心として――》，東京：東京大學出版會，1977年，pp. 3-58。

白須淨真"高車王・彌俄突に下した北魏・宣武帝の詔――その脫字補充に至る牛步の考と師の示教――"，《季刊東西交涉》3～4（1984年），冬の號，pp. 47-49。

白鳥庫吉"蒙古民族の起源"，《白鳥庫吉全集・塞外民族史研究（上）》（第4卷），pp. 23-61。

白鳥庫吉"東胡民族考"，《白鳥庫吉全集・塞外民族史研究（上）》（第4卷），東京：岩波，1970年，pp. 63-320。

白鳥庫吉"蒙古及び突厥の起源"，《白鳥庫吉全集・塞外民族史研究（上）》（第4卷），東京：岩波，1970年，pp. 541-547。

白鳥庫吉"塞民族考"，《白鳥庫吉全集・西域史研究（上）》（第6卷），東京：岩波，1970年，pp. 361-480。

白鳥庫吉"粟特國考"，《白鳥庫吉全集・西域史研究（下）》（第7卷），東京：岩波，1971年，pp. 43-123。

白鳥庫吉"西域史上の新研究・大月氏考"，《白鳥庫吉全集・西域史研究（上）》（第6卷），東京：岩波，1970年，pp. 97-227。

白鳥庫吉"亞細亞北族の辮髮に就いて"，《白鳥庫吉全集・塞外民族史研究

（下）》（卷五），東京：岩波，1970年，pp. 231-301。

內田吟風"柔然族史序說"，羽田博士還曆記念會編《羽田博士頌壽記念東洋史論叢》，京都：東洋史研究會，1950年，pp. 131-171。

內田吟風"蠕蠕の寄多羅月氏領バルク地方侵入について"，《東洋史研究》18～2（1959年），pp. 23-34。

內田吟風"柔然（蠕蠕）アヴァール同族論考"，《史泉》23·24（1962年），pp. 23-34。

內田吟風"柔然アヴァール同族論に關する諸問題"，《東洋史研究》21（1962年），pp. 76-89。

內田吟風"西突厥初始史の研究"，《研究》33（1964年），pp. 44-60。

內田吟風"匈奴西移考"，《北アジア史研究·匈奴篇》，京都：同朋舍，1975年，pp. 115-141。

內田吟風"匈奴の人種體型について"，《北アジア史研究·匈奴篇》，京都：同朋舍，1975年，pp. 143-165。

內田吟風"フン匈奴同族論研究小史"，《北アジア史研究·匈奴篇》，京都：同朋舍，1975年，pp. 167-200。

內田吟風"南匈奴に關する研究"，《北アジア史研究·匈奴篇》，京都：同朋舍，1975年，pp. 201-365。

西方文獻

Altheim, F. *Attila und die Hunnen*. Wiesbaden, 1951.

Bailey, H. W. "A Khotanese Text concerning the Türks in Kantson." *Asia Major* 1 (1949): pp. 28-52.

Bailey, H. W. *Indo-Scythian Studies, being Khotanese Texts*, vol. 7. Cambridge, 1985.

Barthold, W. "Der heutige Stand und nächsten Aufgaben der geschichtlichen Erforschung der Türkvölker." *Zeitschrift der Deutschen Morgenländischen Gesellschaft, Neue Folge*, 8 (1929), pp. 121-142.

Bazin, L. "Un Texte Proto-Turc du IVE Siecle: Le Distique Hiong-nou du, 'Tsin-chou'." *Oriens* 1 (1948): pp. 208-219.

Bishop, C. "Notes on the Tombs of Ho-Chu-ping." *Aribus Asiae* 1 (1925): pp. 31-40.

Blockley, R. C. *The Fragmentary Classicising Historians of the Later Roman Empire II*, Text, *Translation and Historiographical Notes*. ARCA Classical and Medieval Texts, Papers and Monographs 10, Francis Cairns, 1981-1983.

Blockley, R. C. *The History of Menander the Guardsman, Introductory Essay, Text, Translation, and Historiographical Notes*, Published by Francis Cairns Ltd., Printed in Great Britain by Redwood Burn Lid. Trowbridge, Wiltshire, 1985.

Boor, Carolvs de. *Theophanis Chronographia*, I. Bonnae, 1841.

Bostock, J. and H. T. Riley, tr. *The Natural History of pliny*. London, 1855.

Charpentier, J. "Die ethnographische Stellung der Tocharen." *Zeitschrift der Deutschen Morgenländischen Gesellschaft* 71 (1917): pp. 347-388.

Chavannes, E. *Documents sur les Tou-Kiue (Turcs) Occidentaux*. Paris, 1903.

de Guignes, J. *Histoire générale des Huns, des Turcs, des Mongols et des autres Tartares occidentaux, etc*, I-II. Paris, 1756

Dewing, H. B., tr. Procopius, *History of the Wars, with an English Translation*, vol. 1.

New York, 1914.

Dolden, O. M., tr. *The History of the Franks by Gregory of Tours*. Oxford, 1927.

Harmatta, J. "The Letter Sent by the Turk Qaɣan to the Emperor Mauricius." *Acta Antiqua Academiae Scientiarum Hungaricae* 41(2001): pp. 109-118.

Hirth, F. "Hunnenforschungen." *Keleti Szemle* 2 (1901): pp. 81-91.

Hirth, F. "Über Wolga-Hunnen und Hiung-nu." *Sitzungsberichte der Preussischen Akademie der Wissenschaften*. Phil.-hist. Klasse. 1899, II, pp. 245-278.

Frank, O. *Beiträge aus chinesischen Quellen zur Kenntnis der Türkvölker und Skythen Zentralasiens*. Berlin, 1904.

Haloun, G. "Zur Üe-tṣï-Frage." *Zeitschrift der Deutschen Morgenländischen Gesellschaft* 91 (1937): pp. 243-318.

Hamilton, F. J. and E. W. Brooks., tr., *The Syriac chronicle known as that of Zachariah of Mitylene*. London: Methuen & Co., 1899.

Haussig, H. W. "Theophylakts Exkurs über die Skythischen Völker." *Byzantion* 23 (1953), 275-462.

Haussig, H. W. "Die Quellen über die Zentralasiatische Herkunft der Europäischen Awaren." *Central Asiatic Journal* II (1956): pp. 21-43.

Henning, W. B. "The Date of the Sogdian Ancient Letters." *Bulletin of the School of Oriental Studies* 12 (1947-1948): pp. 601-615.

Howorth, H. H. "The Avar", *The Journal of the Royal Asiatic Society* 1889, pp. 721-810.

Jones, H. L., tr. *The Geography of Strabo, with an English translation*. 8 vols. London, 1916-1936.

Klaproth, J. "Mémoire sur l'identité des Toukiue et des Hiougou avec les Turcs."

Journal Asiatique 7 (1825): pp. 257-268.

Liu Mau-tsai. *Die chinesischen Nachrichten zur Geschichte* der *Ost-Türken (Tu-küe)*. Wiesbaden 1958.

Macartney, C. A. "On the Greek Sources for the History of the Turks." *Bulletin of the School of Oriental and Afirican Studies* 11 (1944): pp. 266-275.

Maenchen-Helfen, O. J. "Pseudo-Huns." *Central Asiatic Journal*, vol. 1 (1955): pp. 101-106.

Maenchen-Helfen, O. J. *The World of the Huns*. London, 1973.

Markwart, J. *Wehrot und Arang*, Leiden, 1938.

Marquart, J. *Ērānšahr nach der Geographie des Ps. Moses Xorenaci*. Berlin: 1901.

McGovern, W. M. *The Early Empires of Central Asia. A Study of the Scythians and the Huns and the Part they placed in World History. With Special Reference to the Chinese Sources*. Chapel Hill: University of North Carolina Press, 1939.

Mierow, C. C., tr. *The Gothic History of Jordanes, with an English translation*. Princeton, 1915.

Moravcsik, Gy. *Byzantinoturicica*, II. Berlin, 1958.

Müller, C. *Fragmenta Historicorum Græcorum* IV, *Disposuit, Notis et Prolegomenis Illustravit*. Paris, 1851.

Müller, C., ed. *Geographi Græci Minores*, II. Paris, 1885.

Némäti, Kálmán. "The Historic-geographical Proofs of the Hiung-nu-Hun Identity." *Asiatic Quarterly*, 3rd. Ser. 29 (1910): pp. 325-369.

Parker, E. H. "China, the Avars, and the Franks", *Asiatic Quarterly Review and Oriental and Colonial Record*. Series 3, 13 (1902): pp. 346-360.

Parker, E. H. *A Thousand Years of the Tartars*. London, 1895.

Rackham, H., tr. Pliny, *Natural History, with an English translation*. Lodon, 1949.

Remusat, A. *Recherches sur les languages Tartares*. Paris, 1820.

Rolfe, J. C., tr. *Ammianus Marcellinus, with an English translation*. London, 1939.

Schmidt, I. J. *Forschungen im Gebiete der älteren religiösen, politischen und literarischen Bildungsgeschichte der Völker Mittel-Asiens vorzüglich der Mongolen und Tibeter*. St. Petersburg, 1824.

Stevensen, E. L., tr. & ed., *Geography of Claudius Ptolemy*. New York, 1932.

Takács, Z. de. "Chinesische Kunst bei den Hunnen." *Ostasiatische Zeitschrift* 4 (1915/1916): pp. 174-188.

Takács, Z. de. "Some Irano-Hellenistic and Sino-Hunnish Art Forms." *Ostasiatische Zeitschrift* 15 (1929): pp. 142-148.

Takács, Z. de. "Congruencies between the Arts of Eurasiatic Migrations Periods." *Artibues Asiae* 5 (1935): pp. 177-202.

Tarn W. W. *The Greek in Bactria and India*. London: Cambridge, 1951.

Vambery, A. *Ursprung der Magyaren*. Leipzig, 1882.

Walford, E., tr. *Evagrius Scholasticus, Ecclesiastical History (AD 431-594)*. London, 1846.

Whitby, Michael and Mary. *The History of Theophylact of Simocatta: An English Translation with Introduction and Notes*. Oxford University Press 1986.

俄語文獻

Иностранцев, К. *Хун-ну и Гунны*. СНБ, тин, ки. В. П. Мещерского, 1900.

索引

【說明】本索引收入正文中主要人名、地名、族名等，分漢文、西文兩部份，按音序排列。條目後數字爲本書頁碼。

上卷

阿蘭 29, 35, 84

阿荔散 22, 23, 134, 135, 165, 166, 167, 168

阿羅得布 75, 79

阿蠻 25, 29, 34, 35, 53, 57, 58, 63, 82, 97

安都 89, 90, 91, 99, 101

安敦 24, 25, 61, 77, 88, 89, 99, 105, 158, 161

安谷 28, 29, 30, 31, 32, 34, 35, 63, 70, 71, 72, 79, 81, 90, 106

安求書（鴦崛梨書）137, 138, 170

安佉書（阿迦羅書）137, 138, 170

安息 7, 8, 9, 10, 11, 12, 13, 14, 15, 16, 17, 18, 19, 20, 24, 25, 26, 27, 28, 29, 30, 32, 33, 34, 35, 44, 45, 46, 49, 50, 51, 53, 54, 55, 56, 57, 58, 61, 62, 63, 64, 68, 69, 70, 71, 72, 74, 75, 76, 80, 81, 82, 83, 86, 87, 90, 91, 92, 94, 97, 98, 99, 102, 103, 104, 106, 132, 135, 136, 139, 140, 141, 144, 157, 158, 162, 169, 175, 177

安息雀 12, 56, 57

安息聲 139

巴則布 75, 79

白礬 115

白附子 75, 80

白龍堆（龍堆）66, 67
白馬朱髦（白馬朱鬣）77, 90, 91, 102, 103
班超 8, 12, 13, 15, 24, 52, 53, 56, 57, 62, 64, 65, 87, 94, 110
薄佉利 140
抱木 119
卑鞮候井, 66
北 道 26, 35, 48, 53, 63, 67, 68, 95, 96, 142
比丘 22, 23, 133, 134, 135, 137, 140, 164, 165, 166, 168, 169, 170, 171, 172
波羅 24, 136, 140, 169
撥羅 135, 136, 169
車渠 75, 77, 102, 104, 120
車師 48, 67, 68
臣槃 75, 76
絺 75, 76
遲散（烏遲散、烏丹）23, 28, 31, 32, 35, 63, 70, 71, 72, 79, 101
赤螭 75, 77, 102, 103
赤石帶 76
雌黃 75, 78
次玉石（琦石）75, 76
刺金縷繡 60, 75, 78, 86, 87, 142
葱嶺（葱領）8, 23, 29, 53, 65, 66, 81, 94, 97, 132, 143
翠羽（翠爵羽翮）77, 92, 93, 131
大貝 75, 77, 86, 102, 104

大爵（大鳥、大雀、大馬爵）9, 11, 12, 20, 46, 49, 50, 51, 55, 56, 57, 93, 97, 104, 124, 177
大鳥卵 20, 51, 104, 177
大秦 5, 6, 8, 12, 13, 14, 15, 16, 18, 20, 21, 22, 23, 24, 25, 26, 27, 28, 29, 30, 31, 32, 33, 34, 35, 36, 49, 52, 55, 56, 57, 58, 59, 60, 61, 62, 63, 64, 68, 69, 70, 71, 72, 73, 74, 75, 76, 77, 79, 80, 81, 82, 83, 84, 85, 86, 87, 88, 89, 90, 91, 92, 94, 96, 97, 98, 99, 100, 101, 102, 103, 104, 105, 106, 107, 108, 109, 110, 111, 112, 113, 114, 115, 116, 117, 118, 119, 120, 121, 122, 123, 125, 126, 127, 128, 129, 130, 131, 132, 133, 134, 135, 136, 137, 138, 139, 140, 141, 142, 143, 144, 157, 158, 160, 161, 162, 164, 165, 166, 168, 169, 170, 171, 172, 175, 176, 177, 178, 180
大秦聲 138, 139
大秦書（耶寐尼書、邪寐尼書）137, 138, 170
大宛 6, 7, 8, 9, 11, 12, 14, 19, 20, 22, 27, 35, 36, 44, 45, 46, 48, 49, 51, 53, 55, 58, 62, 64, 65, 68, 69, 70, 73, 79, 83, 84, 86, 87, 94, 96, 97, 104, 108, 109, 110, 111, 112, 122, 124, 125, 135, 166, 171, 176, 177, 178, 179

大夏 7, 19, 45, 54, 82, 83
大益 9
大月氏 7, 14, 19, 44, 45, 47, 50, 51, 53, 56, 57, 63, 64, 65, 82, 83, 94, 95, 96, 97, 108, 109, 111, 170, 171, 172
擐國（檀國）21, 52, 98, 99, 178
狄提 75, 80
都護井 66
兜勒 53, 54
兜納（䏦納）75, 80, 122
度代布 75, 79
短人國（小人國）84, 89, 105, 122, 124
燉煌 65, 114
發陸布 75, 78
番兜 50
梵書（梵天所說之書）137, 138, 170
梵志 140
飛橋 16, 29, 32, 62, 63, 81, 82, 99, 107, 123
緋持布（緋持渠布）75, 78
犎牛 97
佛迦羅書（富沙迦羅仙人說書）137, 138, 170
扶拔（符拔、桃拔）50, 56, 57, 50, 57
扶南 88, 89, 107, 108, 110, 113, 119, 130, 131, 132, 144
浮圖 63, 64, 96
菝篧（拂菻）104, 123, 124
符采玉 75, 78

甘英 8, 12, 13, 15, 16, 17, 24, 25, 30, 53, 54, 55, 56, 57, 58, 62, 64, 71, 87, 94, 97, 110, 115, 132
高昌 67, 68
高附 63, 64
枸緣子 119
姑墨 94, 95
古奴調（古奴、古奴斯調）113, 129, 130, 131, 132, 143, 144
媯水 44, 45, 50
龜茲 20, 53, 66, 67, 94, 97, 141, 142, 177
貴霜 54, 64, 65, 83, 95, 108, 111, 112, 136, 139, 141
海曲 89, 90, 91, 92, 101
海西布 75, 103, 157
海西國 23, 31, 58, 71, 101, 176
海西人 21, 52, 98, 178
駭雞犀 60
和櫝 25, 35, 53, 56, 58, 63, 97
河南城 94
黑水 82
橫坑 67
鵠國 124, 125
虎珀（虎魄）60, 75, 78
扈利 108, 113
花蹄牛 125
幻人 21, 22, 52, 73, 93, 98, 102, 104, 178
黃支 120, 121
火布（火浣布）60, 61, 75, 78, 79, 86,

87, 92, 93, 116, 117, 144
積石 29, 33, 34, 35, 63, 81, 82, 123
寄六（薰陸）75, 80, 118, 121, 131
罽賓 12, 13, 47, 48, 50, 54, 60, 75, 77, 88, 93, 94, 95, 100
罽帳 75, 76, 103, 104
加郍調（迦那調）108
堅沙 82, 83
絳地金織帳 75, 79
交頸 130, 132
交趾 29, 80, 81, 88, 89, 90, 92, 110
焦僥國 84, 122
金碧（青碧、碧）60, 75, 78, 87, 88
金剛 60, 126, 127, 130, 133
金縷罽 60, 87, 98
金縷繡 60, 75, 78, 86, 87, 142
金縷織成 109
金塗布（黃金塗）60, 61, 75, 78
錦鳳（繡鸞）106
靖人 84
九色鳥（九尾鳥）105, 106
酒泉郡 20, 179, 180
居盧倉（居盧訾）66
菌人 84
康居 7, 19, 29, 30, 50, 56, 84, 94, 97, 180, 181, 183
孔雀 7, 12, 55, 60, 97
藍氏城 96
琅玕 60, 75, 78, 87, 88, 90, 91

黎軒（犂軒、犂鞬、犛軒、驪軒）5, 6, 7, 8, 11, 13, 18, 19, 20, 21, 22, 23, 28, 36, 44, 45, 47, 48, 49, 51, 52, 58, 69, 70, 73, 85, 86, 89, 90, 97, 100, 102, 104, 135, 166, 175, 176, 177, 178, 179, 183
驪軒縣 20, 23, 48, 49, 175, 176, 177, 178, 179, 180, 182, 183
林邑 85, 118
流離（琉璃）60, 75, 78, 85, 98, 102, 103, 112, 126
流沙 16, 29, 62, 66, 82, 105, 130, 132, 143
龍伯 128, 129
樓蘭 66, 67
裸形聲 139
驢 29, 32, 34, 35, 63, 74, 78, 81, 82, 106, 107
瑪瑙 75, 77, 102, 104
滿屈 12, 25, 56, 57
曼佉書（菅伽羅書）137, 138, 170
玫瑰 75, 78
蒙奇 53, 54
迷迭（迷迷）75, 80, 121
彌蘭王 133, 134, 135, 164, 165, 166, 167, 168, 171, 172
蜜香樹（沉香木）118
蜜香紙 118
明月珠（明珠）60, 75, 78, 86, 87, 88, 90, 91, 93, 102, 103
末利花（散沫花）117, 118

木鹿城 56
木難 102, 104, 116, 126
那先（龍軍）22, 23, 133, 134, 135, 137,
　164, 165, 166, 167, 168, 170, 171, 172
那先比丘經 22, 23, 133, 134, 135, 137,
　164, 165, 166, 168, 170, 171, 172
南道 11, 13, 25, 26, 29, 33, 35, 49, 50,
　54, 63, 65, 66, 81, 95
南金 75, 77
難兜 96
寧彌 100
排特 12, 55, 68, 69, 78
磐起 63, 64
盤越 64, 96
皮山 12, 13, 50, 54
辟毒鼠 75, 77, 102, 104
剽國（剝國）80, 122
頗黎 126
撲挑 13, 47, 48
蒲犁 96
且蘭 29, 33, 34, 74, 81, 82, 123
且彌 94, 95
秦論 88
秦人 22, 27, 58, 73, 88, 103, 111, 128,
　131, 133, 166, 176
丘就卻 111
璆琳 75, 78, 90, 91
佉留書（佉盧虱吒書、佉盧瑟吒書）
　137, 138, 170

佉沙聲 139
氍毹（氀毼）75, 76, 103, 104
日南 24, 61, 77, 81, 88, 89, 98, 105, 120,
　158, 161
若水 46, 47
弱水 9, 11, 12, 16, 18, 46, 47, 49, 62, 68,
　70, 93, 99, 105, 106, 143
婼羌 65, 66
塞種 47, 48, 112
三隴沙 66, 67
三童國 106
沙西井 66
莎車 94, 95, 96, 100
珊瑚 29, 34, 60, 75, 82, 85, 86, 87, 88, 98,
　102, 103, 104, 112, 123, 126, 130, 132
善眩人（眩人）20, 22, 51, 52, 73, 104,
　177, 178
鄯善 11, 13, 48, 49, 50, 65, 66, 67
舍竭（沙竭）133, 134, 168, 169
身毒 7, 19, 20, 63, 64, 96, 144, 175
獅子（師子）12, 16, 28, 50, 55, 56, 57, 62,
　72, 74, 93, 97, 99, 101, 102, 141, 142
首下黿黿 75, 78
疏勒（疎勒）53, 68, 75, 76, 94, 97, 139
屬繇國 82, 83
水精（水晶）59, 73, 74, 75, 78, 86, 98, 101,
　109, 112, 120, 121, 130
水羊毾 60, 61, 75, 76, 157
水羊毛 98, 103

思陶 29, 33, 35, 63, 81, 82

斯賓 25, 26, 29, 34, 35, 53, 57, 58, 63, 82, 97

斯調 113, 120, 129, 131, 132, 143, 144

斯羅 25, 26, 29, 34, 82, 83

笘篛竹, 119, 120

汜復 26, 29, 33, 34, 35, 63, 74, 75, 79, 81, 82, 83

蘇合 60, 61, 75, 80, 87, 88, 98, 102, 121

粟特聲 138, 139

毦毵（氀毲）75, 76, 78, 103, 104

天竺 14, 15, 24, 61, 63, 64, 76, 86, 87, 88, 92, 96, 98, 104, 109, 111, 126, 127, 132, 136, 137, 171

佛國 128, 129

條枝（條支）5, 6, 7, 8, 9, 10, 11, 12, 13, 14, 15, 16, 17, 18, 19, 20, 25, 28, 30, 35, 36, 44, 45, 46, 47, 49, 50, 51, 53, 54, 55, 56, 57, 58, 62, 63, 64, 68, 69, 70, 71, 74, 75, 76, 79, 89, 90, 91, 92, 93, 94, 97, 99,100, 101, 104, 132, 175

條支大鳥 12, 56, 57

條枝國城 17, 55

通犀（駭雞犀）60, 75, 77, 86, 87, 92, 93, 102, 103

陀毘羅國聲 138, 139

危須 94, 95

微木 75, 80

尉犁（尉黎）53, 94, 95

溫宿 75, 79, 94, 95

溫宿布 75, 79

烏秅 12, 13, 50, 54

烏孫 7, 14, 19, 45, 51

烏弋山離（烏弋、山離）11, 12, 13, 16, 19, 47, 48, 49, 50, 54, 56, 62, 63, 68, 69, 78, 93, 94, 95, 97, 99, 100

無雷 96

蕪荑 115

五船 67

五色斗帳 75

五色桃布 75

五色玉 75

戊己校尉 67, 68

西海 5, 8, 9, 11, 12, 13, 17, 46, 49, 52, 53, 55, 63, 64, 80, 85, 86, 87, 93, 96, 97, 101, 102, 121, 122, 124, 125, 126, 132, 171, 172

西王母 9, 11, 12, 16, 29, 46, 47, 49, 62, 82, 83, 90, 94, 105, 106, 143

犀牛 12, 50, 55, 93, 97

細布 60, 75, 98, 103, 104, 157

鮮卑聲 139

賢督 29, 33, 34, 35, 63, 74, 81, 82, 83

縣度（懸度）12, 50, 54, 65, 97

象牙 25, 61, 75, 77, 99, 105, 131, 158, 161

小安息 56

新道 67, 68

雄黃 75, 78
休修 94, 95
贊 102, 104
軒渠 105, 106
玄熊 75, 77, 102, 103
玄珠 130, 132
削玉刀 126, 127
薰陸 113, 114
薰草木 76
焉耆 52, 53, 94, 95
閻浮利（閻浮提）136, 137, 141
奄蔡 7, 9, 19, 20, 29, 44, 45, 84, 175
陽關 11, 13, 49, 50, 64, 65, 66, 132
耶悉茗花 117, 118
野蠶繭 60, 61, 98, 157
夜光璧（神璧）60, 78, 86, 87, 90, 92, 102, 103, 130, 132
夜光珠 75, 78, 88, 93
益州 29, 81, 90, 92, 99, 110
雍由調 21, 52, 178
永昌 29, 52, 81, 90, 92, 110, 183
泑澤 67
優波離 140
扜彌（拘彌）100
于羅 25, 26, 29, 33, 34, 35, 53, 57, 58, 63, 74, 75, 82, 83, 97
于闐（于寘）94, 95, 100
隅巨（喁巨）127
羽翮 75, 77, 93

玉門（玉門關）11, 13, 49, 50, 64, 65, 66, 67, 68, 132
鬱金 75, 80, 87, 88
員渠 94, 95
月氏（月支）7, 14, 19, 44, 45, 47, 50, 51, 53, 56, 57, 63, 64, 65, 82, 83, 94, 95, 96, 97, 108, 109, 111, 136, 137, 138, 139, 141, 170, 171, 172
月支聲 138, 139
芸膠 75, 80
雜色綾 60, 75, 98, 142
澤散 29, 31, 32, 34, 35, 63, 72, 74, 79, 81, 82, 106, 107
張騫 6, 7, 8, 9, 11, 14, 15, 18, 19, 20, 21, 45, 46, 48, 51, 64, 65, 69, 104, 125, 175, 176, 177, 179
張掖 20, 23, 48, 49, 175, 177, 179, 180, 182
漲海 103, 104, 112, 113
真白珠 75
真丹聲 139
枝扈黎（拔扈利）107, 108, 113
織成（織成細布）60, 75, 76, 87, 103, 104, 109, 112, 157, 159
指甲花 118
中道 66, 67, 68, 79, 133, 134, 168, 169
中秦國 128, 129
中天竺 87, 88
周饒 84
朱丹 60

注賓 67
紫金 130, 132

下卷

阿拔 321, 322, 323, 326, 327, 334
阿惡 200
阿伏至羅 295, 296, 297, 298, 299
阿羅多 214, 227, 228
阿那瓌 302, 308, 323, 324, 325
阿瓦爾 307, 308, 309, 310, 311, 312, 313, 314, 315, 316, 317, 318, 319, 320, 321, 322, 323, 325, 326, 327, 328, 329, 330, 331, 332, 333, 334, 335, 336, 345, 346, 347, 348, 349
安得 212
安息 193, 195, 244
安習 193, 195, 244
奧鞬日逐王 241
拔也稽 224, 275, 307
跋利延 299
白力 277
白山 203, 212, 255
白英 219
班超 207, 213, 216, 218, 219, 221
班勇 204, 207, 208, 213, 217, 219, 220, 241
薄羅城 294
卑陸 209, 240
卑闐 247

北鞬支 216, 222
北匈奴 203, 204, 207, 213, 214, 216, 219, 239, 240, 241, 242, 243, 244, 245, 246, 247, 248, 250, 347
比適 301
波斯 262, 263, 309, 314, 321, 327, 333
步度根 265
步鹿孤 265
曹俊 213, 241
曹宗 203, 241
閶吾陸谷 213, 240
常惠 196, 211, 215, 217
嘗歸 206, 222
車鹿會 328, 329
車師 195, 196, 199, 200, 201, 202, 203, 204, 206, 207, 208, 209, 210, 211, 212, 213, 214, 215, 216, 220, 222, 227, 228, 240, 241, 245, 246, 255, 286
車伊洛 279
臣磐〔疏勒王〕32
陳睦 216
陳忠 207
赤谷城 198, 223, 280, 282
達頭可汗 318, 321, 322, 326, 327, 334, 344, 345, 346, 348, 349
大檀 282, 283, 284, 332, 335
大宛 189, 190, 191, 192, 193, 194, 195, 197, 198, 202, 205, 206, 209, 215, 217, 220, 227, 244, 247, 248

大月氏 192, 205, 215, 293, 294, 307, 312

單于 189, 190, 191, 192, 193, 196, 197, 198, 199, 200, 202, 203, 205, 207, 209, 211, 212, 213, 215, 225, 237, 238, 239, 240, 241, 242, 243, 244, 245, 246, 251, 255, 257, 264, 281, 310, 331, 332, 334, 335, 342, 343, 344, 347

但欽 212, 216

登注 324

鄧叔子 321, 323, 324, 325, 326

丁零（丁令）244, 255, 264, 289, 296（199, 223, 245, 246, 247）

東胡 189, 328, 329, 336

董琬 226, 242, 280, 282

都賴水 198, 199

兜莫 211, 222

兜題［疏勒王］218

豆崘 295, 296, 298

竇固 203

竇憲 203, 213, 219, 238, 239, 242, 281, 331

獨洛河 334, 336

敦煌（焞煌、燉煌）189, 192, 203, 204, 207, 208, 213, 217, 223, 224, 225, 236, 240, 241, 243, 245, 275, 276, 277, 279, 291, 292, 298, 307, 314

多覽葛 334

頞根河 275, 307

貳師將軍 202, 206, 210

番辰 218

逢侯 241

馮奉世 220

弗敵沙 294

伏利具 334

伏連籌 289, 290

伏圖 300, 301

副伏羅部 294, 295, 296, 297, 298, 307

高昌 213, 227, 228, 276, 277, 278, 279, 285, 286, 287, 288, 289, 292, 293, 298, 299, 300, 307, 313, 314, 315

高昌壁 213

高車 250, 275, 289, 294, 295, 296, 297, 298, 299, 300, 301, 302, 307, 312, 313, 314, 323, 335

高羔子 278, 279

高明 226, 242

耿秉 203, 212

耿夔 203, 237, 238, 239

耿忠 203

姑墨 216, 218, 219, 282, 284, 286, 292, 307

姑師 205, 208, 209

關寵 212, 216

廣德［于闐王］221, 222

龜茲 207, 208, 213, 215, 216, 217, 218, 219, 220, 221, 222, 224, 242, 243, 280, 281, 282, 284, 285, 286, 288, 293, 294, 307, 331, 332, 334, 335, 347

貴霜 219, 293, 312, 314
郭舜 199, 200
郭恂 216
海西郡 288
韓拔 287
闞伯周 278, 279, 286, 315
闞爽 278, 279
河南國 288
紇單 264
闔蘇 198
赫連勃勃 254
呼得 246
呼韓邪 198, 241, 251
呼揭 190, 197, 199, 205, 222, 264, 342
呼衍王 203, 204, 213, 214, 240, 241, 243, 244
忽倪 248
狐蘭支 212
狐鹿姑單于 199, 215
斛薩 334
滑國 293
渾 334
渾邪王 192, 193, 201
渾庾（渾窳）246, 264
寄多羅 293, 312, 314
加特奴 213, 240
堅昆（鬲昆、隔昆）198, 199, 246, 255, 264
建［龜茲王］218

交河城 211, 212
解憂 195
介和王 210
金蒲城 212
金日磾 254
金山 293, 295, 298
金微山 238, 239, 242, 243, 281, 331
酒泉 202, 203, 204, 210, 211, 224, 321
酒泉塞 203
拘彌 218, 219
居延 201, 238, 239, 288
居延塞 238, 239
沮渠安周 278, 279, 285, 286, 315
沮渠豐周 278
沮渠蒙遜 277, 278, 285
沮渠無諱 278, 279, 285
軍臣單于 191, 192, 193, 196, 225
軍就 213
軍宿 210, 211
軍須靡 195, 197
開陵侯 210, 215
康居 197, 198, 199, 200, 218, 219, 222, 242, 243, 244, 245, 246, 247, 248, 281, 331
可汗 275, 279, 280, 282, 284, 285, 290, 292, 302, 308, 309, 310, 311, 312, 316, 317, 318, 319, 320, 321, 322, 323, 325, 327, 332, 341, 342, 343, 344, 345, 346, 347, 348
可賀敦 310

枯梧河 241
庫提 324
夸呂 290
昆莫（昆彌）192, 193, 194, 195, 196, 198
賴丹 217
老上單于 190, 191, 225
李寶 277
李徹 322, 326
李廣利 195, 206, 214, 217
梁慬 203, 219
獵驕靡 192, 193, 194, 196, 197, 201, 209
劉康 254
劉曜 254, 255
劉淵 254, 255
柳中 203, 204, 207, 212, 216, 219
樓蘭 190, 195, 205, 206, 207, 208, 209, 210, 214, 215, 217, 222, 251, 264, 342
盧監氏城 294
輪臺 217
呂光 278
馬儒 300
馬循 227
冒頓單于 189, 192, 197, 205, 209, 222, 225, 245, 254, 264, 342, 343, 344
彌俄突 299, 300, 301, 313
莫輿 264
万俟 265
木杆可汗 308, 316, 318, 325, 346

木骨閭 309, 328, 329
慕容廆 265
那鼻 247, 248
那蓋 295, 296, 298, 300
那連提黎耶舍 325
難兜靡 192, 201
泥靡 197
裴岑 204
匹婁 264
破洛那 226, 227, 280
蒲類 200, 201, 202, 203, 204, 209, 240, 243, 244, 300
蒲頭 265
蒲陰王 202
僕骨 334, 335
祁連 189, 192, 201, 203
乾歸 288
且彌 209, 213, 240
且末 290, 291
秦海 204, 243, 244
窮奇 295, 299, 301, 313
屈射 246, 264
屈突 264
麴嘉 300
渠犁 211
去賓 301
闕特勤碑 331
任尚 203, 219, 238, 239
日逐王 199, 211, 214, 215, 222, 241

柔然（蠕蠕、蝚蠕、芮芮、茹茹）
224, 225, 242, 250, 275, 276, 277,
278, 279, 280, 281, 282, 283, 284,
285, 286, 287, 288, 289, 290, 291,
292, 293, 294, 295, 296, 297, 298,
299, 300, 301, 302, 307, 308, 309,
310, 311, 312, 313, 314, 315, 316,
317, 320, 321, 322, 323, 324, 325,
326, 327, 328, 329, 330, 331, 332,
333, 334, 335, 336, 346, 347

若洛廆 265

塞種 209

沙鉢略 321, 322

莎車 206, 216, 218, 219, 220, 221, 222, 224

山國 216

鄯善 206, 207, 208, 212, 215, 220, 221, 222, 241, 278, 284, 285, 286, 287, 288, 289, 290, 291, 292, 293, 299, 307

鄯朱那 290

社崙 224, 275, 276, 280, 282, 283, 284, 285, 292, 307, 312, 332

施多那都藍 322, 326

室點密 312, 318, 344, 345, 348, 349

釋法獻 287, 288, 289

疏勒（疎勒）218, 219, 220, 224, 288

俟毗 344, 345, 348, 349

疏榆谷 200, 201

樹洛干 264

思結 334

宋雲 289

蘇薤 247, 248

素目伽 290, 314

粟特（粟弋）236, 247, 248, 249

索班 203, 207, 213, 241

塔寒（達官、達幹）311

蹋頓 310

曇無竭 288

檀石槐 223, 224, 225, 227, 244, 245

唐和 276, 277, 278, 279, 286

唐契 278, 279

天山 189, 193, 195, 200, 201, 202, 203, 205, 208, 210, 235, 288, 298, 332

鐵伐 324

鐵勒 302, 320, 334, 336

僮僕都尉 214, 215, 216, 222

突厥 250, 261, 262, 263, 264, 275, 301, 302, 307, 308, 309, 310, 312, 313, 316, 317, 318, 319, 320, 321, 322, 323, 324, 325, 326, 327, 331, 333, 334, 335, 341, 342, 343, 344, 345, 346, 347, 348, 349

突屈 325, 326

土門 302, 308, 325, 347

吐谷渾（土谷渾）264, 265, 276, 287, 288, 289, 290, 291, 299, 300, 313, 334

吐屯 310

拓跋氏 226, 227, 280, 281, 293, 307, 311,

328, 329
拓跋鮮卑 226, 227, 307, 311, 328, 329
嘔昏 336
萬度歸 285, 286, 287, 292
萬年［莎車王］220
王恢 205
危須 210, 214, 215, 216, 217
尉多侯 277, 291
尉眷 277
尉犁（尉黎）210, 214, 215, 216, 217, 221
尉頭 218, 219
尉屠耆 206
衛寮 278
溫那沙 248
溫宿 218, 219, 282
翁歸靡 195, 197
屋引 264
烏禪幕 199
烏場 325
烏貴 210, 222
烏秅 301
烏揭 199
烏就屠 198
烏壘 218
烏孫 190, 191, 192, 193, 194, 195, 196, 197, 198, 199, 200, 202, 205, 209, 210, 211, 214, 217, 219, 222, 223, 224, 225, 226, 237, 239, 242, 243,

244, 245, 246, 264, 280, 281, 282, 283, 284, 294, 307, 315, 331, 332, 335, 342
烏貪訾離 202
勿吉 226, 280, 309, 334
戊部候 213
戊己校尉 202, 203, 211, 212, 213, 216, 227
西海郡 288, 289, 298, 301
西 魏 290, 308, 309, 317, 321, 323, 325, 346, 347
西域長史 204, 207, 217, 219
西域大都尉 221
西域都護 203, 207, 212, 216
細君 194, 195
點戛斯 255
先賢撣 211, 215
鮮卑 189, 223, 224, 225, 226, 227, 228, 241, 244, 245, 263, 264, 265, 266, 275, 280, 281, 307, 311, 328, 329
賢［莎車王］218, 221
新梨（薪犁）246, 264
匈奴 189, 190, 191, 192, 193, 194, 195, 196, 197, 198, 199, 200, 201, 202, 203, 204, 205, 206, 207, 208, 209, 210, 211, 212, 213, 214, 215, 216, 217, 218, 219, 220, 221, 222, 223, 224, 225, 226, 234, 235, 236, 237, 238, 239, 240, 241, 242, 243, 244, 245, 246, 247, 248, 249, 250, 251, 252, 253, 254, 255, 256, 257, 258, 259, 260, 261, 262, 263, 264, 265, 266,

275, 280, 281, 284, 296, 297, 307, 310, 311, 331, 335, 336, 342, 343, 344, 347, 349
休屠王 201, 254
須卜 265
須置離 212
徐幹 218
徐普 211
焉耆 206, 207, 208, 210, 211, 214, 215, 216, 217, 219, 221, 222, 224, 255, 275, 276, 279, 284, 285, 286, 287, 292, 293, 300, 301, 307, 312, 314
延［莎車王］220
鹽澤 209
奄蔡 248, 249
菴羅辰 321, 324, 325, 326
楊終 208
嚈噠 228, 248, 249, 266, 289, 291, 292, 293, 294, 299, 300, 301, 312, 313, 314, 316, 317, 318, 319, 320, 321, 322, 325, 326, 333, 336, 342, 343, 345, 346, 347, 348, 349, 350
伊匈 301
伊利可汗 308
伊列 244, 247, 248
伊吾 200, 203, 204, 207, 208, 213, 214, 240, 241, 242, 246, 255, 276, 277, 278, 279, 291, 292, 300
伊吾盧 203, 207

伊循 206, 208, 220
壹斗眷 264
宜禾都尉 207
移支 240
乙弗 228, 263
乙息記可汗 325
挹怛 316, 321, 322, 327
右賢王 190, 192, 197, 202, 205, 210, 254, 255, 264, 342
扜泥城 208
於除鞬 203, 251
于闐（于寘）208, 216, 218, 220, 221, 222, 287, 288, 290, 291, 292, 293, 307, 314, 321（, 207, 218, 219, 221）
杅彌 217
玉具劍 251, 252
玉門關 204, 205, 214, 240
郁久閭 309, 328, 329
元貴靡 196
元孟 216
月氏 189, 190, 191, 192, 193, 194, 197, 201, 205, 209, 215, 219, 222, 225, 235, 244, 245, 264, 293, 294, 307, 312, 342, 343
悅般 242, 243, 245, 249, 266, 280, 281, 282, 283, 284, 294, 307, 315, 316, 331, 332, 333, 334, 335, 336, 347, 348, 349
越居 301
則羅［龜茲王］218

張瑄 204, 243, 244
張軌 278
張騫 191, 192, 193, 194, 202, 205, 209
張孟明 298, 300
張掖 204, 211, 224, 225, 275, 276, 279, 307, 314
者舌 226
鄭吉 211, 215
郅支單于 198, 199, 200, 222, 243, 244, 245, 255, 257
忠［疏勒王］218, 219
兹力支 202

Abdel (Abdeli) 317, 320, 325, 342
Akatir 264
Alans 249, 251, 260, 319
Angisciri 264
Attila 259, 260, 265
Avar (Abaroi, Apar) 237, 252, 308, 309, 313, 317, 318, 319, 320, 330, 331, 335, 342, 343, 345, 347, 348, 349
Bagarsik 320
Baianos 310
Baina 310
Balamber 260
Bardores 264
Barselt 265, 318, 348
Bittugur 265
Böqalabras 311

Bulgar 237, 265, 320
Chionitae 249, 309
Dirmar 320
Ephthalite 237, 320
Gagan-us 310
Gepid 308
Gyrnaei 235, 236
Hermichions 309, 327, 336
Huni (Chuni) 236, 247
Huniscite (Huniscythae) 236
Hunugur (Onogur) 264, 312, 318, 348
Ildica 260
Kadisenoi 264
Karl 308
Kermichions 309, 327, 336
Khasar 320
Khorthrigor 320
Khulas 320
Kidāra Kushān 312
Koutrigouroi (Kutrigur) 264
Lombard 308
Mauricius 317, 341, 342, 343, 344, 345
Mucri 309, 317, 346
Mundzucus 265
Ogur (Ogor) 264, 308, 312, 318, 319, 320, 335, 336 348
Oungri (Ougri) 262
Outigouroi 264
Phruni (Phryni) 234, 235

Pipin 308

Qaγan 310

Sabir (Sabiroi) 265, 313, 315, 318, 320, 333, 348

Sacara 236

Saragur (Sarurgur) 264, 265, 312, 315, 320

Sarakha 265

Scythae 235, 251, 256

Seres 234, 235, 236

Seresoppidum 236

Sigibert 308

Silzibul 319

Sogdiana (Soghd) 236, 247, 249, 314

Sorosgoi (Saragur) 264, 265, 312, 315

Stembis 317, 318, 322, 326, 342, 344, 345

Sughdak 247, 249

Tanais 309

Targitios 310

Taugast 308, 309, 317, 319, 333, 346

Terkhan 311

Til 318, 336, 348

Tochari 235

Toghosun 265

Toungoures 264

Tschuvaschen (Čuvashes), 262

Tudun, 310

Ṭukhāresān 312

Türk 308, 309

Ultinčur 264

Unnogur 320

Urogi 312

Var 318, 348, 349, 350,

Zalio 264

後記

　　本書不是一個預定研究計劃的產物，所收各篇寫作的時間跨度較大。這兩組文章的內容恰好分屬"古代地中海和中國"的兩個分支，因此彙成一編。

　　上卷有關條支、黎軒、大秦地理的一篇初刊於 1985 年，輯注羅馬帝國漢文史料的一篇則刊於 2005 年，其餘三篇短文依次發表於 2004 年，2009 年和 2011 年。

　　下卷關於柔然的兩篇初刊於 1985 年，關於匈奴的兩篇則於 1989 年和 1990 年發表，第五篇是新作。第一篇和第三篇可以分別視爲第二篇和第四篇的鋪墊，第五篇則是第四篇的補充。

　　在很長一段時間內，我的興趣一直圍繞著同一個課題而並不自覺，直到中國社科院外事局"古代地中海和中國"課題立項，我纔意識到這一點。

　　早年發表的各篇，這次略作文字加工，去掉明顯的錯誤。囿於當時條件，下卷第二篇有關拜占庭史家的記載多是轉引，這次將本該看到的論著逐一列出。

上卷第一篇和下卷前兩篇均經孫毓棠先生審閱，上卷第一篇是由先生推薦到《中國史研究》發表的。下卷第二篇還得到周一良先生的讚賞。此誌。

2011 年 11 月 11 日

余太山主要出版物目録

一、專著

1 《嚈噠史研究》，齊魯書社，1986年9月。
2 《塞種史研究》，中國社會科學出版社，1992年2月。
3 《兩漢魏晉南北朝與西域關係史研究》，中國社會科學出版社，1995年6月。
4 《古族新考》，中華書局，2000年6月。
5 《兩漢魏晉南北朝正史西域傳研究》，中華書局，2003年11月。
6 《兩漢魏晉南北朝正史西域傳要注》，中華書局，2005年3月。
7 《早期絲綢之路文獻研究》，上海人民出版社，2009年5月。

二、論文

1 《魏書·嚈噠傳》考釋，《文史》第20輯（1983年），pp. 258-263。
2 《魏書·粟特國傳》辨考，《文史》第21輯（1983年），pp. 57-70。

3 嚈噠史研究中的若干問題,《中亞學刊》第 1 輯(1983 年),中華書局,pp. 91-115。

4 《魏書·小月氏、大月氏傳史實辨考》,《學習與思考(中國社會科學研究生院學報)》1984 年第 3 期,pp. 64-69。

5 關於頭羅曼和摩醯邏矩羅,《南亞研究》1984 年第 3 期,pp. 9-15。

6 嚈噠史二題,《中華文史論叢》1985 年第 2 期,pp. 189-204。

7 關於嚈噠的覆亡,《西北史地》1985 年第 4 期,pp. 38-43。

8 柔然與西域關係述考,《新疆社會科學》1985 年第 4 期,pp. 67-77, 80-81。

9 柔然、阿瓦爾同族論質疑——兼說阿瓦爾即悅般,《文史》第 24 輯(1985 年),pp. 97-113。

10 條支、黎軒、大秦和有關的西域地理,《中國史研究》1985 年第 2 期,pp. 57-74。

11 關於董琬、高明西使的若干問題,《文史》第 27 輯(1986 年),pp. 31-46。

12 馬雍《西域史地文物叢考》編後,《新疆社會科學》1986 年第 4 期,pp. 124-126。

13 嚈噠的族名、族源和族屬,《文史》第 28 輯(1987 年),pp. 109-125。

14 《太伯里史》所載嚈噠史料箋證(宋峴漢譯),《中亞學刊》第 2 輯(1987 年),中華書局,pp. 51-64。

15 烏孫考,《西北史地》1988 年第 1 期,pp. 30-37。

16 奄蔡、阿蘭考,《西北民族研究》1988 年第 1 期,pp. 102-110, 114。

17 《漢書·西域傳》所見塞種,《新疆社會科學》1989 年第 1 期,pp. 67-78。

18 匈奴、鮮卑與西域關係述考,《西北民族研究》1989 年第 1 期,pp. 153-171。

19 大夏和大月氏綜考，《中亞學刊》第 3 輯（1990 年），中華書局，pp. 17-46。

20 匈奴、Huns 同族論質疑，《文史》第 33 輯（1990 年），pp. 57-73。

21 Who were Toramana and Mihirakula? *Asia-Pacific Studies* 1990, pp. 95-108.

22 塞種考，《西域研究》1991 年第 1 期，pp. 19-33。

23 大宛和康居綜考，《西北民族研究》1991 年第 1 期，pp. 17-45。

24 關於鄯善都城的位置，《西北史地》1991 年第 2 期，pp. 9-16。

25 安息與烏弋山離考，《敦煌學輯刊》1991 年第 2 期，pp. 82-90。

26 罽賓考，《西域研究》1992 年第 1 期，pp. 46-61。

27 關於 Huns 族源的臆測，《文史》第 34 期（1992 年），pp. 286-288。

28 張騫西使新考，《西域研究》1993 年第 1 期，pp. 40-46。

29 東漢與西域關係述考，《西北民族研究》1993 年第 2 期，pp. 19-39。

30 西漢與西域關係述考，《西北民族研究》1994 年第 1 期，pp. 9-24；第 2 期，pp. 125-150。

31 兩漢西域戊己校尉考，《史林》1994 年第 1 期，pp. 8-11，7。

32 貴霜的族名、族源和族屬，《文史》第 38 輯（1994 年），pp. 18-28。

33 漢魏通西域路線及其變遷，《西域研究》，1994 年第 1 期，pp. 14-20。

34 前秦、後涼與西域關係述考，《中國邊疆史地研究》1994 年第 4 期，pp. 68-73。

35 西涼、北涼與西域關係述考，《西北史地》1994 年第 3 期，pp. 1-5。

36 第一貴霜考，《中亞學刊》第 4 輯（1995 年），北京大學出版社，pp. 73-96。

37 新疆出土文書劄記：I. 吐魯番出土文書所見"緣禾"、"建平"年號，II. 關於"李柏文書"，《西域研究》1995 年第 1 期，pp. 77-81。

38 前涼與西域關係述考，《中國史研究》1995 年第 2 期，pp. 139-144。

39 兩漢西域都護考,《學術集林》卷五,上海遠東出版社,1995 年, pp. 214-242。

40 兩漢魏晉南北朝時期西域的綠洲大國稱霸現象,《西北史地》1995 年第 4 期, pp. 1-7。

41 《榎一雄著作集》第 1—3 卷《中亞史》(書評),《敦煌吐魯番研究》第一卷(1995 年),北京大學出版社,1996 年, pp. 381-389。

42 南北朝與西域關係述考,《西北民族研究》1996 年第 1 期, pp. 1-32。

43 《後漢書・西域傳》與《魏略・西戎傳》的關係,《西域研究》1996 年第 3 期, pp. 47-51。

44 說大夏的遷徙——兼考允姓之戎,《夏文化研究論集》,中華書局,1996 年, pp. 176-196。

45 《魏書・西域傳》原文考,《學術集林》卷八,上海遠東出版社,1996 年, pp. 210-236。

46 允姓之戎考——兼說大夏的西徙,《中國國際漢學研討會論文集》,中國社會科學出版社,1996 年, pp. 673-711。

47 關於兩漢魏晉南北朝正史"西域傳"的體例,《西北師大學報》1997 年第 1 期, pp. 17-22, 92。

48 兩漢魏晉南北朝時期西域南北道綠洲諸國的"兩屬"現象——兼說貴霜史的一個問題,《中國邊疆史地研究》1997 年第 2 期, pp. 1-5。

49 《史記・大宛列傳》與《漢書・張騫李廣利傳、西域傳》的關係,《學術集林》卷一一,上海遠東出版社,1997 年, pp. 162-179。

50 曹魏、西晉與西域關係述考,《文史》第 43 輯(1997 年), pp. 61-71。

51 有虞氏的遷徙——兼說陶唐氏的若干問題,《炎黃文化研究(炎黃春秋增刊)》第 4 期（1997 年），北京：炎黃春秋雜誌社，pp. 52-59，67；第 5 期（1998 年），pp. 62-66，75。

52 兩漢魏晉南北朝正史"西域傳"所見西域族名、國名、王治名，《慶祝楊向奎先生教研六十年論文集》，河北教育出版社，1998 年，pp. 238-251。

53 《梁書·西北諸戎傳》與《梁職貢圖》，《燕京學報》新 5 期，北京大學出版社，1998 年，pp. 93-123。

54 昆吾考，《中華文史論叢》第 58 輯（1999 年），上海古籍出版社，pp. 245-257。

55 評斯坦因《西域考古圖記》漢譯本，中華人民共和國新聞出版署主辦《中國出版》1999 年第 4 期，中心插頁。

56 兩漢魏晉南北朝正史西域傳的里數，《文史》第 47 輯（1999 年第 2 期），pp. 31-48；第 48 輯（1999 年第 3 期），pp. 129-141。

57 讀蔡鴻生《唐代九姓胡與突厥文化》，《書品》1999 年第 4 期，pp. 29-34。

58 關於甘英西使，《國際漢學》第 3 輯，鄭州：大象出版社，1999 年，pp. 257-263。

59 犬方、鬼方、舌方與獫狁、匈奴同源說，《歐亞學刊》第 1 輯，中華書局，1999 年，pp. 7-28。

60 中國史籍關於希瓦和布哈拉的早期記載，《九州》第 2 輯，商務印書館，1999 年，pp. 157-160。

61 荀悅《漢紀》所見西域資料輯錄與考釋，《中亞學刊》第 5 輯，新疆人民出版社，2000 年，pp. 216-238。

62 馬雍遺作目錄，《中國史研究動態》2000 年第 3 期，pp. 26-29。

63 樓蘭、鄯善、精絕等的名義——兼說玄奘自于闐東歸路線，《西域研究》

2000年第2期，pp. 32-37。

64 義渠考，《文史》第50輯（2000年第1期），pp. 153-158。

65 漢晉正史"西域傳"所見西域諸國的地望，《歐亞學刊》第2輯，中華書局，2000年，pp. 37-72。

66 嚈噠史若干問題的再研究，《中國社會科學院歷史研究所學刊》第1集，北京：社會科學文獻出版社，2001年，pp. 180-210。

67 讀華濤《西域歷史研究（八至十世紀）》，《書品》2001年第4期，pp. 35-39。

68 兩漢魏晉南北朝正史"西域傳"所見西域山水，《史林》2001年第3期，pp. 50-56。

69 兩漢魏晉南北朝正史"西域傳"所見西域諸國的宗教、神話傳說和東西文化交流，《西北民族研究》2001年第3期，pp. 115-127。

70 兩漢魏晉南北朝正史"西域傳"所見西域農業、手工業和商業，《吐魯番學研究》2001年第1期，pp. 116-123；第2期，pp. 104-111。

71 兩漢魏晉南北朝正史"西域傳"所見西域諸國的制度和習慣法，《西北民族研究》2001年第4期，pp. 5-14。

72 兩漢魏晉南北朝正史"西域傳"所見西域人口，《中華文史論叢》第67輯（2001年第3期），上海古籍出版社，pp. 62-76。

73 兩漢魏晉南北朝正史"西域傳"所見西域諸國的人種和語言、文字，《中國史研究》2002年第1期，pp. 51-57。

74 兩漢魏晉南北朝正史"西域傳"所見西域諸國的社會生活，《西域研究》，2002年第1期，pp. 56-65。

75 兩漢魏晉南北朝正史"西域傳"所見西域諸國物產，《揖芬集——張政烺先生九十周年華辰紀念文集》，社會科學文獻出版社，2002 年 5 月，pp. 437-453。

76 南北朝正史西域傳所見西域諸國的地望，《歐亞學刊》第 3 輯，中華書局，2002 年 4 月，pp. 163-183。

77 魚國淵源臆說，《史林》2002 年第 3 期，pp. 16-20。又載山西省北朝文化研究中心主編《4-6 世紀的北中國與歐亞大陸》，科學出版社，2006 年，pp. 140-147。

78 有關嚈噠史的笈多印度銘文——譯注與考釋（劉欣如譯注），《西北民族論叢》第 1 輯，中國社會科學出版社，2002 年 12 月，pp. 44-66。

79 新發現的臘跋闍柯銘文和《後漢書·西域傳》有關閻膏珍的記載，《新疆文物》2003 年第 3—4 輯，pp. 43-47。

80 兩漢魏晉南北朝正史"西域傳"的認知和闡述系統，《西北民族論叢》第 2 輯，中國社會科學出版社，2003 年 12 月，pp. 43-47。

81 《史記·大宛列傳》要注，《暨南史學》第 2 輯，2003 年，pp. 56-79。

82 《水經注》卷二（河水）所見西域水道考釋，《中國社會科學院歷史研究所學刊》第 2 集，2004 年 4 月，pp. 193-219。

83 《梁書·西北諸戎傳》要注，《西北民族研究》2004 年第 2 期，pp. 93-104。

84 《後漢書·西域傳》和《魏略·西戎傳》有關大秦國桑蠶絲記載淺析，《西域研究》2004 年第 2 期，pp. 14-16。

85 《周書·異域傳下》要注，《吐魯番學研究》2003 年第 2 期，pp. 54-72。

86 《後漢書·西域傳》要注，《歐亞學刊》第 4 輯，中華書局，2004 年 6 月，pp. 261-312。

87 《隋書·西域傳》的若干問題，《新疆師範大學學報》2004 年第 3 期，pp.

50-54。

88 渠搜考，中國社會科學院歷史研究所編《古史文存·先秦卷》，社會科學文獻出版社，2004 年 11 月，pp. 331-344。

89 隋與西域諸國關係述考，《文史》第 69 輯（2004 年第 4 期），pp. 49-57。

90 《漢書·西域傳上》要注，《中國社會科學院歷史研究所學刊》第 3 集，2004 年 10 月，pp. 125-178。

91 《隋書·西域傳》要注，《暨南史學》第 3 輯，2004 年，pp. 92-123。

92 漢文史籍有關羅馬帝國的記載，《文史》第 71 輯（2005 年第 2 期），pp. 31-96。

93 匈奴的崛起，《歐亞學刊》第 5 輯，中華書局，2005 年 6 月，pp. 1-7。

94 裴矩《西域圖記》所見敦煌至西海的"三道"，《西域研究》2005 年第 4 期，pp. 16-24。

95 兩漢魏晉南北朝正史西域傳有關早期 SOGDIANA 的記載，《粟特人在中國——歷史、考古、語言的新探索》（《法國漢學》第 10 輯），中華書局，2005 年 12 月，pp. 276-302。

96 《通典·邊防七·西戎三》要注，《文史》第 74 輯（2006 年第 1 期），pp. 139-160。（與李錦繡合作）

97 《魏略·西戎傳》要注，《中國邊疆史地研究》2006 年第 2 期，pp. 43-61。

98 《魏書·西域傳》(原文)要注，《西北民族論叢》第 4 輯，中國社會科學出版社，2004 年，pp. 24-75。

99 宋雲行紀要注，《蒙元史暨民族史論集——紀念翁獨健先生誕辰一百周年》，社會科學文獻出版社，2006 年，pp. 565-591。

100 兩漢魏晉南北朝正史關於東西陸上交通路線的記載，《中國古代史論叢——黎虎教授古稀紀念》，世界知識出版社，2006年，pp. 242-251。

101 關於法顯的入竺求法路線——兼說智猛和曇無竭的入竺行，《歐亞學刊》第6輯(古代內陸歐亞與中國文化國際學術研討會論文集卷上)，中華書局，2007年6月，pp. 138-154。

102 劉文鎖著《沙海古卷釋稿》序，中華書局，2007年7月，pp. 1-3。

103 《漢書·西域傳下》要注，《中國社會科學院歷史研究所學刊》第4集，2007年8月，pp. 187-233。

104 伊西多爾《帕提亞驛程志》譯介與研究，《西域研究》2007年第4期，pp. 5-16。

105 《穆天子傳》所見東西交通路線，《傳統中國研究集刊》第3輯，上海人民出版社，2007年，pp. 192-206。

106 希羅多德《歷史》關於草原之路的記載，《傳統中國研究集刊》第4輯，上海人民出版社，2008年，pp. 11-23。

107 宋雲、惠生西使的若干問題——兼說那連提黎耶舍、闍那崛多和達摩笈多的來華路線，《中國社會科學院歷史研究所學刊》第5集，2008年4月，pp. 25-45。

108 馬小鶴著《摩尼教與古代西域史研究》序。中國人民大學出版社，2008年10月，pp. 1-2。

109 托勒密《地理志》所見絲綢之路的記載，《歐亞學刊》第8輯，中華書局2008年12月，pp. 85-98。

110 《那先比丘經》所見"大秦"及其他，《歐亞學刊》第9輯，中華書局2009年12月，pp. 109-114。

111 "History of the Yeda Tribe (Hephthalites): Further Issues." *Eurasian Studies* I, The Commercial Press, 2011, pp. 66-119.

112 Αλοχον 錢幣和嘛噠的族屬，《中國史研究》2011 年第 1 輯，pp. 5-16。

113 《絲瓷之路——古代中外關係史研究》發刊詞，《絲瓷之路——古代中外關係史研究》創刊號，商務印書館，2011 年，pp. i-iii。

114 關於驪軒問題的劄記，《絲瓷之路——古代中外關係史研究》創刊號，商務印書館，2011 年，pp. 235-244。